中國人權評論 | 译丛
总主编 张永和

Equality:
The Legal Framework
(Second Edition)
Bob Hepple

平等法

(第二版)

[英] 鲍勃·赫普尔 著
李满奎 译

法律出版社 LAW PRESS·CHINA

EQUALITY [Second Edition]
By Bob Hepple

This translation is published by arrangement with
Bloomsbury Publishing Plc.

著作权合同登记号
图字：01-2019-3225

作者简介

鲍勃·赫普尔 Bob Hepple （1934～2015年）

勋爵，剑桥大学荣誉退休法学教授，曾任剑桥大学卡莱尔学院院长，兼任劳动法研究会（Industrial Law Society）荣誉会长、平权信托（Equal Rights Trust）荣誉理事长，在侵权责任法、行政法、劳动法、反歧视法等领域著述颇丰。2000年，由其牵头起草的《剑桥评估报告》对英国2010年《平等法》出台起到至关重要的作用，是该法的主要设计者。2013年被国际劳动法研究联盟会议授予终身成就奖，2014年被南非政府授予卢图利勋章(金奖)。

译者简介

李满奎

西南政法大学法学学士（2004年）、民商法学硕士（2007年）、法学博士（2014年），美国密苏里州立大学法学院法学硕士（2008年）。现任西南政法大学经济法学院副教授、博士研究生导师。2009年入选“中加学者交换计划”，应邀赴加拿大渥太华大学法学院担任访问学者（2009～2010年）。主要从事劳动与社会保障法的教学和研究工作。在《环球法律评论》、Industrial Relations/Relations Industrielles、J Occup Rehabil等期刊发表论文数篇，出版《工伤保险的强制性及其实施路径研究》（专著）、《职场生态的新观念：职场欺凌的法律规制》（译著）等著作。

译丛序

“人权是一个伟大的名词。”这种伟大，在于人权终于穿透理想与现实、传统与变革、道德与法律的迷离，使人的价值和尊严以权利的样式彰显出来。

人权成为这个时代普遍接受的概念和全球性话语，既是对“人的存在”及其张力的追问，亦是对差异性和争端所引灾难的反思。人权观念自古典甚或更早时期的滥觞，历经中世纪人学理论在神学人格中的遮蔽，启蒙时代对人(man)的永恒权利的宣告，及至价值主义的消解，历史唯物主义、实证主义、存在主义等人权多元化理论源脉的开启，两次世界大战中虚无主义的蔓延……有血有肉的历史常常通过经典作家的文本而呈现。

人权研究在不同的文明中接棒和扩展，其或建构于意志内容的深刻检省,或诉诸于理想类型的清晰建构,或求助于对既有经验的反复权衡。哲学、政治学、法学、社会学、人类学等学者们从此在中汲取,延续着理论渊源中的谱系,厚植人权的学理基础。

今日中国对人权之理解,已在批判地借鉴西方人权理念的基础上,包容并扩充了其原初语义,然仍需面对文化相对主义、道德多元主义等立场上的人权意见。欲形成人权的跨文明正当性根基或概念之下的更大共识,增进世界的交流互鉴,需扩展和充实人权的话语空间。

2012 年,西南政法大学人权研究院创办《中国人权评论》,展示中国学人对人权理论与实践的独特理解,以及对世界人权发展所作出的评价,受到越来越多的关注。近年来,国际人权学界从经验角度来研究和呈现人权的作品正逐渐增多,以一种远离意识形态角力的叙事来表达人权,这或许有助于更真切地认识人权样态。鉴于此,我们推出"中国人权评论译丛",希望能向国内同仁引介这些内容。

翻译是一场跨越文化的交流。翻译之事,须有中西文法之背景,须有训诂和考据之根基,更须有对作者的"定在"和"意欲"之深度洞察,以孜孜以求的姿态避免悖谬并达致"直观"。身临其境和驻足远眺终归是一对难以调和的矛盾,唯有始终立足文化本根,明确心向,从人世的终极目标,思索世界诸族裔中的优秀文化,以探求"传统和现代""东方和西方"主体间行为之理解、矛盾之消解、共识之形成。

尚书云：亲仁善邻，国之宝也；百姓昭明，协和万邦。唯愿通过译学学人拳拳之心，戮力同心，为“各美其美、美美与共”之人类命运的理论超越贡献绵薄之力。

張永和[*]

2020 年 5 月

---

* 西南政法大学人权研究院执行院长，教授、博士研究生导师。

第二版序

在本书第1版面世后的4年时间里，由于自2010年以来形成的保守党—自由民主党联合政府对英国《平等法》所作出的改变，包括对平等与人权委员会权力的削减，对英国2010年《平等法》的若干规定通过政府规章的方式进行解释等，使本书的第2版变得必要。对于平等与人权委员会权力的大幅削减以及2013年对裁判庭案件受理费的引入对执法的影响已经有一些评论文章。英国最高法院和欧洲人权法院的一些重要判例对平等的含义进行了澄清，但是在一些案件中确实难以解释清楚，本书会对这些案例进行讨论。在讨论的这些案例判决中，有些对本书的第1版进行了引用，对此，我深受鼓舞。

本书涉及的法律更新至2014年6月30日。英国议会在2013～

2014 年审议的《去规制法案》(the Deregulation Bill),一直持续到 2014 ~2015 年,并很有可能在不远的将来变成法律[该法案于 2015 年 3 月 26 日获得皇家御准,正式成为法律,即 2015 年《去规制法》(Deregulation Act 2015)。——译者注]。除非另有交代,本书假定英国《平等法》及修正案中的内容为现行有效;但是建议读者确认该法的某一部分是否仍然有效。本书的基本结构仍然保持不变,但是,增加了一些内容对 2010 年后的最新进展进行讨论,包括种姓歧视和交叉/多重歧视,并对公共部门的平等义务进行了扩充讨论。

对于那些在百忙之中抽出时间给我提供信息的人,我深表感激;对于乔舒亚·赫普尔(Joshua Hepple)提供的高效研究协助谨致谢忱。一如既往地,我的研究得益于夫人玛丽·库西(Mary Coussey)的启发与鼓励,以及她在平等机会问题上的渊博学识和经历。

第一版序(2011 年)

平等法是一个具有重要社会意义且在智识上颇具挑战的话题。它之所以重要,是因为它试图用法律作为改变社会固有态度、行为和机制的一种方式,以便能够实现平等这一基本人权。这一话题之所以具有挑战性,是因为它涉及对全新法律关系和程序的构建和演绎。理解法律的这些观念和技术结构非常重要,只有理解它们,才能理解法律的社会重要性,并在追求平等权利的过程中加以利用。我们不能只关心法律和程序的一些核心要素。平等法也不是在法庭上由律师或者在大学里由哲学家和法学理论家把玩的智力游戏。它在人们的日常生活中形成,并对人们的日常生活产生至关重要的影响。因此,我们需要了解平等法所赖以存在的社会背景和价值。

我写这本书的目的是帮助人们了解英国 2010 年《平等法》制定

的社会背景。这不是一本写给实务人员的教科书,但我希望它能够为法律、社会科学专业的学生、人权活动家、律师以及其他在将来会用到或者影响法律的人所阅读。另外,对于想了解更多有关这一主题知识的读者,本书也会对他们有所助益。正是考虑到这一点,我在写作的过程中尽可能地用通俗的语言对法律进行解释,而避免过多地陷入技术性细节。

谨以此书献给所有为平等事业而奋斗的人们。

这是一本广受赞誉的著作，由英国 2010 年《平等法》（Equality Act 2010）的主要设计师执笔，讲述了这一立法出台的历史背景、立法的意蕴，立法通过后 4 年的时间里联合政府以及法院系统对该法的执行和适用情况。本书的第 2 版涵盖了立法修正案、平等与人权委员会的权力和预算削减、引入劳动关系裁判庭案件受理费的影响评估，以及对平等法律和政策的未来发展方向等内容的讨论。

缩略语

Advisory, Conciliation and Arbitration Service（ACAS） 英国咨询、调解仲裁服务局

alternative dispute resolution（ADR） 替代性纠纷解决机制

Black and Minority Ethnic（BME） 黑人与少数族群

British Sign Language（BSL） 英式手语

Citizens Advice Bureaux（CABx） 公民咨询办公室

Campaign Against Racial Discrimination（CARD） 反种族歧视运动

Confederation of British Industry（CBI） 英国产业联合会

Convention on the Elimination of All Forms of Discrimination Against Women（CEDAW）《消除针对妇女的一切形式歧视公约》

Commission for Equality and Human Rights（CEHR） 平等与人权委员会（现为 EHRC）

Convention on the Elimination of All Forms of Racial Discrimination（CERD） 《消除一切形式的种族歧视公约》

conditional fee agreement（CFA） 有条件的律师费用协议

Code of Federal Regulations（CFR） 《联邦规则法典》

Community Legal Service（CLS） 社区法律服务

Case Management Discussion（mediation）（CMD） 调解案件管理讨论服务

Community Relations Commission（CRC） 社群关系委员会

Commission for Racial Equality（CRE） 种族平等委员会

Convention on the Rights of Persons with Disabilities（CRPWD）《残疾人权利公约》

damages-based agreement（DBA） 以损害赔偿金为基础的协议

Disability Discrimination Act 1995（DDA） 1995 年《消除残障歧视法》

Disability Rights Commission（DRC） 残障人权利委员会

Equality Act（EA） 《平等法》(原则上指 2010 年《平等法》,除非明确指出是 2006 年《平等法》)

Employment Appeal Tribunal（EAT） 劳动关系上诉裁判庭

European Convention on Human Rights（ECHR） 《欧洲人权公约》

Court of Justice of the European Union（ECJ） 欧盟法院

Equality Commission for Northern Ireland（ECNI） 北爱尔兰平等委员会

European Economic Community（EEC） 欧洲经济共同体

Equality and Human Rights Commission（EHRC） 平等与人权委员会

Explanatory Notes to the Equality Act 2010（EN） 《2010 年〈平等法〉立法释义》

Equal Opportunities Commission（EOC） 平等机会委员会

Equal Opportunities Review（EOR） 《平等机会评论》

Equality Law Reports（EqLR） 《平等法律报告》

Employment Rights Act 1996（ERA） 1996 年《劳动权利法》

Employment and Regulatory Reform Act 2013（ERRA） 2013 年《劳动与规制改革法》

Equal Rights Trust（ERT） 平等权利信托

European Social Charter 1961（ESC） 1961 年《欧洲社会宪章》

European Union（EU） 欧盟

Fair Employment Commission(Northern Ireland)（FEC） （北爱尔兰)公平就业委员会

Government Actuary's Department（GAD） 政府精算师办公室

Government Equalities Office（GEO） 政府平等事务办公室

House of Commons（HC） 下议院

House of Lords（HL） 上议院

International Covenant on Civil and Political Rights（ICCPR）《公民权利与政治权利国际公约》

International Covenant on Economic, Social and Cultural Rights（ICESCR）《经济、社会及文化权利国际公约》

International Labour Organization（ILO） 国际劳工组织

Industrial Relations Law Reports（IRLR）《产业关系法报告》

House of Commons and House of Lords Joint Committee on Human Rights（JCHR） 议会联合人权委员会

non-departmental public body（NDPB） 非政府部门公共机构

Office of the Chief Rabbi of the United Hebrew Congregation of the Commonwealth（OCR） 英联邦统一犹太人联合会首席拉比办公室

Office for Disability Issues（ODI） 残障问题办公室

Office for National Statistics（ONS） 全国统计办公室

House of Commons Public Bill Committee（Equality Bill）PBC（EB） 下议院公共法案委员会(平等法案)

Political and Economic Planning（PEP） 政治与经济规划

Race Relations Act 1976（RRA） 1976 年《种族关系法》

Race Relations Board（RRB） 种族关系委员会

Sex Discrimination Act 1975（SDA） 1975 年《消除性别歧视法》

Third Country Nationals（TCNs） 第三国国民

Treaty on the Functioning of the European Union（TFEU）《欧盟运行公约》

Trades Union Congress（TUC） 英国工会联盟

UN Convention on the Rights of the Child（UNCRC）《联合国儿童权利公约》

Universal Declaration of the Human Rights（UNDHR）《世界人权宣言》

目　录

案例目录

(本目录中页码均为原著页码)

立法目录

(本目录中页码均为原著页码)

UK Statutes 英国制定法

UK Statutory Instruments 英国制定法文件

EU Legislation 欧盟立法

National Legislation 国别立法

International Legislation 国际立法

第一章　平等法的目的

一、平等法的历史演进

(一)2010 年《平等法》

2010 年《平等法》的出台是英国在追求平等权利的长期征程中的一个标志性事件。本书会讲述该法为什么通过,如何通过,它的法律内涵,它能给英国社会带来哪些变化,并且同样重要的是,也会阐明该法无能为力的地方。在保守党—自由民主党联合政府治下,这一法律框架自 2010 年以来已经被各种变化所冲击,这些变化包括该法的一系列修正案,对平等与人权委员会的权力削减,以及在歧视案件中限制获得法律救济的途径等。本书第 2 版将对这些变化的性质和影响进行评估。

该法有三个显著的特征,这些特征并未受到上述变化的冲击和影响。首先,该法是一部综合性的法律,就平等采取了一种一元论或整体论的方式,由平等与人权委员会统一负责执行。平等与人权委员会依据2006年《平等法》第一章建立,取代了此前存在的三个与平等有关的委员会,[1]并从2007年10月1日开始正式运作。统一的委员会和统一的《平等法》预示着从单一身份(如种族、宗教、性别、性取向、残障和年龄等)的政治和法律,到基本人权的政治和法律的根本转型。其次,2010年的法律整合、澄清并拓展了歧视、骚扰和欺凌的概念,并将其统一适用于九种受保护的特征。最后,它还包含了一些指标,这些指标被称为"变革式平等"(transformative equality),将公共机构的积极义务扩大至对消除歧视的需要进行适当考虑,提升机会的均等,并在不同的群体之间培养良好的关系。关注的重点
2 从消极义务到积极义务的转变,前者指不得歧视、骚扰与欺凌的义务,后者指应当增进平等的义务,从而证明了将这一法律部门重新命名为"平等法"的正当性。因为在这一法律部门中,反歧视法只是一个关键部分,并不是唯一的内容。该法取代了此前存在的9

---

〔1〕 这三个委员会为种族平等委员会(CRE)、平等机会委员会(EOC)以及残障人权利委员会(DRC)。2006年《平等法》第一章,与2010年《平等法》和2013年《企业与规制改革法》(ERRA)所衍生出来的修正案均仍然有效。

部法律，[2]这些法律分别与性别、种族、残障、宗教/信仰、性取向以及年龄有关。它也尝试在这些领域中完全执行相关欧盟指令[3]的有关规定。

这一立法是平等法专家和人权机构经过13年倡导的结果。至于此前的反歧视立法框架为什么需要改革，原因是多方面的。[4] 三种反歧视制度（性别、种族和残障）和三个委员会之间存在不一致和不协调的地方。同时，在将歧视的事由拓展至性取向、宗教/信仰和年龄方面，以及对公共机构规定提升平等的积极义务问题上，立法者

---

〔2〕 1970年《同工同酬法》(Equal Pay Act 1970)，1975年《消除性别歧视法》(Sex Discrimination Act 1975, SDA)，1976年《种族关系法》(Race Relations Act 1976, RRA)，1995年《消除残障歧视法》(Disability Discrimination Act 1995, DDA)，上述几部法律均有不同程度的修改。2003年《就业平等（宗教/信仰）条例》[Employment Equality (Religion or Belief) Regulations 2003, SI 2003/1660]，2003年《就业平等（性取向）条例》[Employment Equality (Sexual Orientation) Regulations 2003, SI 2003/1661]，2006年《就业平等（年龄）条例》[Employment Equality (Age) Regulations 2006, SI 2006/1031]；2006年《平等法》第二章，2007年《平等法（性取向）条例》[Equality Act (Sexual Orientation) Regulations 2007, SI 2007/1263]。

〔3〕 关于在人与人之间不考虑种族或民族起源而实行平等原则的第2000/43/EC号指令（以下简称《种族指令》）；关于建立就业和职业中同等待遇总体框架的第2000/78/EC号指令（以下简称《就业框架指令》）；关于在获得物品和提供服务方面实现男女同等待遇的第2004/113/EC号指令（以下简称《平等待遇修正指令》）；关于在就业和职业问题上实现男女平等机会和待遇的欧洲议会和理事会第2006/54/EC号指令（修订）（以下简称《平等待遇指令修订版》）。与此相关的还有《欧盟运行条约》第157条[此前为《欧共体条约》第141条（更早为《欧洲经济共同体条约》第119条）]。2008年1月，欧洲委员会公布了一项新的指令草案，旨在禁止基于残障、宗教/信仰、性取向和年龄而在物品、服务供给，住房，社会保护，社会保障以及社会待遇方面实施歧视。这一草案仍在讨论过程中。

〔4〕 See Bob Hepple, Mary Coussey and Tufyal Choudhury, *Equality: A Framework* (*Report of the Independent Review of the Enforcement of UK Anti-Discrimination Legislation*) (2000) ch 1.

面临着压力。根据《欧共体条约》第 13 条(该条经由《阿姆斯特丹条约》修订增加)制定的欧盟《种族指令》和《就业框架指令》,要求英国就这些问题制定国内法,并相应地修改现行法律有关性别、种族和残障歧视的规定。同时,英国国内立法与欧盟法所规定的权利和义务之间还存在若干抵牾,且英国批准的国际条约的相关规定也未能得到完全的遵守。

种族平等委员会、平等机会委员会和残障人权利委员会就立法改革的必要性数次作出报告,法院和裁判庭也指出在女性同工同酬领域法律程序上存在的严重缺陷。这些不仅仅是律师和平等活动家们的抱怨。各种社会研究表明,尽管反歧视立法已经消除了很多个
3 体在求职、住房和服务问题上所面临的障碍,并且与上一代人相比,显性歧视已经大幅减少,但女性仍然持续受到职业隔离的影响,多集中在低薪、非全日制岗位,不平等收入、怀孕歧视和性骚扰仍然困扰着她们;少数民族、残障人、同性恋和跨性别群体,以及老年人仍然在工作能力问题上受到刻板印象的影响。与第一批反歧视立法通过时相比,歧视和排斥变得更为复杂和隐蔽。在对史蒂芬·劳伦斯(Stephen Lawrence,黑人少年)被谋杀案进行调查时发现,在组织内部存在态度、政策和操作实践等方面的问题,可以统称为“制度化的

种族主义”(institutional racism)。[5] 很明显,要消除制度化的障碍,必须更关注变动不居的组织文化。

在1997年大选之前,我和皇室法律顾问莱斯特勋爵(Lord Lester of Herne Hill QC)在正义和朗尼迈德基金会(Justice and the Runnymede Trust)的赞助下举办了一个小范围的研讨会,邀请平等问题专家参加。[6] 我们的会议资料列出了现行法律存在问题的地方,包括内容相互冲突和繁杂、大不列颠与北爱尔兰之间存在的不必要的差异、间接歧视的模糊定义、同工同酬程序的迂回复杂、对怀孕妇女权利规定的不充分、执法效果不佳以及未充分执行国际和欧盟法律规定的义务。我们提出一系列的改革建议供随后当选的政府参考。在大选结束后,我和莱斯特勋爵与工党的时任内政大臣杰克·斯卓(Jack Straw)及其同僚进行了会面,建议新政府对反歧视法律和实践进行检视。他告诉我们,新政府有很多其他事情要做,但是他支持我们向纳菲尔德基金(Nuffield Foundation)和约瑟夫·朗特里慈善信托(Joseph Rowntree Charitable Trust)申请资助,并以剑桥公法中心(Cambridge Centre for Public Law)和贾吉管理研究院(Judge Institute of Management Studies)的名义开展为期一年的独立研究。

---

〔5〕 Stephen Lawrence Inquiry(1999)*Report of an inquiry by Sir William Macpherson of cluny*,Cm 4262 – I(London:HMSO).

〔6〕 Bob Hepple, Anthony Lester, Evelyn Ellis, Dinah Rose and Rabinder Singh, Improving Equality Law:The Options,Justice and the Runnymede Trust,March 1997.

这一研究在由莱斯特勋爵担任主席的咨询委员会指导下,由我、玛丽·库西、图福育·乔杜里(Tufyal Choudhury)具体实施。[7] 我们针对大不列颠、北爱尔兰以及美国的雇主开展有针对性的研究,以便理解在不同的立法体制下雇主的行为方式。在英国,我们开展了广泛的咨询和访谈,并与主要的利益相关者召开了一场磋商会议。作为研究成果的报告于2000年7月公开发表。它解释了现行法律中
4 存在的缺陷,并对通过新框架对不同的立法和机构进行整合的做法进行了论证。最重要的建议是,鼓励采取一种包容性、主动且非对抗的方式来实现平等参与和公平准入。这包括将公共机构的义务扩展至积极促进平等的实现,如利用政府采购合同和政府补贴提出合规要求,以及规定雇主有义务制定就业平等和同工同酬的方案。我们还提出了完善法院和裁判庭程序,以及使救济更有效的详细建议。

这一报告受到了工党政府的欢迎,被称为是一份“独一无二、质量上乘的研究指引”。[8] 对于要求综合性改革的主张,包括对不同立法的协调以及将积极义务拓展至性别与残障的主张,政府承认其合理性,但是表态说其“需要时间来考虑如何在现实中构建这种综合

---

〔7〕 Hepple, Coussey and Choudhury (2000) *Equality: A Framework* (*Report of the Independent Review of the Enforcement of UK Anti-Discrimination Legislation*) (2000) ch 1(以下简称《剑桥评估报告》, Cambridge Review). 随后,在宗教歧视问题上,在内政部的委托下,还形成了另外一份研究报告,参见 Bob Hepple & Tufyal Choudhury, Tackling Religious Discrimination: Practical Implications for Policy-Makers and Legislators, London: HMSO, 2001。

〔8〕 菲尔孔纳勋爵(Lord Falconer of Thoroton QC)在2000年7月25日报告首发仪式上的评价。

性的框架”。[9] 这一空洞的“时机不成熟原则”[10]使政府引入统一的平等法草案的时间被整整延误了 7 年。为了推进这一程序，并向政府展示统一平等法律的可行性，剑桥公法中心和奥德修斯信托（Odysseus Trust）公布了一部单一平等法草案的建议稿，该建议稿吸纳了报告中的主要建议，并考虑了《欧共体条约》第 13 条所规定的欧盟指令。在 2003 年 1 月，这一法案被莱斯特勋爵以私人议案（Private Members' Bills）的形式[11]在上议院提出，并获得了跨党派以及内阁成员和非内阁成员的支持。这一法案通过了上议院的所有程序，并由 200 名以上议员签署了一项早期动议（early day motion），要求政府及时在议会中提出这一法案。

尽管政府对莱斯特勋爵的议案给予了高度评价，称其为“优秀议案”[这一议案由斯蒂芬妮·格伦迪（Stephanie Grundy）起草，其具有丰富的法案起草经验]，并承诺不会让这一议案石沉大海，[12]但是后来事态发生了变化。2003 年，政府决定采取“腊肠切片”（salami-slicing）的方式。在《欧共体条约》第 13 条规定的欧盟指令得到执行

---

[9] Hansard HL Vol. 624 col 1448 (25 April 2001) (Baroness Blackstone).

[10] 科恩福德认为：“对于人们彼时认为正确的想法，不应当现时付诸实施，因为他们认为正确的时机还没有到来。” See Cornford, F (1908), *Microcosmographia Academica: Being a Guide for the Young Academic* (Cambridge, Bowes and Bowes).

[11] Hansard HL Vol. 643 col 1636 (14 January 2003) (1R); Vol. 645 col 525 (28 February 2003) (2R); Vol. 645 col 1631 (committee); Vol. 646 col 1629 (4 April 2003) (Report).

[12] Hansard HL Vol. 645, col 584 (28 February 2003) (Lord Mcintosh of Haringey).

之前,统一立法的时机被认为是不成熟的。“腊肠切片”是通过根据
《欧共体法》(European Communities Act)制定次级立法的方式实现
的。这样,就避免了事后在宗教/信仰、性取向和年龄问题上再通过
修正案,而这些修正案又会充满争议。尽管这些政治策略可以理解,
但这样做的结果是使法律与以前相比变得更复杂且缺乏协调性,不
仅需要对现有立法有关性别、残障和种族歧视的规定进行修正,还要
5 增加宗教/信仰、性取向和年龄方面的三套规则。但制定统一立法的
时机依然被认为是不成熟的。2004 年,政府决定在成立统一委员会
之前现行有关平等的各立法应当维持原状。根据 2006 年《平等法》
成立的平等与人权委员会,为各种障碍和争议所困扰,这也阻滞了转
型的过程,拖延了统一平等法的出台。[13] 2006 年《平等法》中体现
了一些改革的元素,在欧盟指令的要求之外,增加了在物品、服务和
教育的提供方面禁止基于宗教/信仰原因实施歧视的规定,授权政府
在性取向问题上制定规章进行类似的扩充规定,并将公共部门的平
等义务扩充到性别领域(从 2007 年 4 月开始),如同此前 2005 年将
这一义务扩充至残障领域一样(2006 年 12 月起生效)。统一的平等
法仍然未见踪影。

在 2005 年的大选宣言中,工党承诺要通过统一的平等法。但大

[13] 参见原著第 177 页。

选2年过后,政府公布了《平等评估报告》(Equalities Review)[14]和《反歧视法评估报告》(Discrimination Law Review),[15]此时时机仍然尚未成熟。前者对英国存在的不平等现象进行了广泛的研究,并就实现更大程度的平等提出了若干措施,包括一个更简洁明了的法律框架和一套效果更好的执法机制。后者就整合、简化平等相关法律,使其更现代化、更高效,提出了若干与《剑桥评估报告》所提建议类似的建议。不过,有些建议也受到了批评。比如,未将间接歧视的适用范围拓展至残障歧视,在同工同酬问题上未引入假定的参照对象,并且,在同工同酬问题上仍然维持着以合同为基础的诉求和不以合同为基础的诉求的差异。有些缺陷在事后的磋商程序中得到了纠正。不过,最严重的缺陷莫过于疏于规定开展就业平等和同工同酬评估的要求。在磋商过程中,政府共收到了4000份意见反馈。[16]经过了长时间的准备,时任保守党议员特蕾莎·梅(Theresa May,后来出任保守党政府内政大臣)将这一阶段描述为"充斥着错误起点、

〔14〕 Department of Communities and Local Government(2007),*Fairness and Freedom: The Final Report of the Equalities Review*(London,DCLG).负责起草评估报告的评估小组组长是种族平等委员会主席特雷弗·菲利普斯(Trevor Phillips),后来出任平等与人权委员会的主席。

〔15〕 Department of Communities and Local Government(2007b)*Discrimination Law Review:A Framework for Fairness. Proposals for a Single Equality Bill for Great Britain*(London,DCLG).

〔16〕 Government Equalities Office(2008),*The Equality Bill-Government Response to the Consultation*,Cm 7454(London,The Stationery Office).

空洞宣言和不计其数的拖延”的时期,[17]政府的《平等法(草案)》最终于2009年4月由时任妇女与平等事务大臣哈里特·哈曼(Harriet Harman)向议会正式提交。

6 保守党议员在法案的第二次审议中投了反对票。尽管他们宣称“对法案中的许多内容表示欢迎”,但是法案中包含了一些“不切实际并且官僚主义倾向严重的建议”,在经济不景气时期对工商业会构成“不必要的负担”。[18] 自由民主党的议员虽然支持这一法案,但是他们认为法案应当更进一步,特别是在同工同酬和加入平等与人权委员会提议的概括性“平等保障”(equality guarantee)条款问题上。[19] 最后通过的立法是议会近一年时间密集和细致的讨论磋商的结果。下议院公共法案委员会(Public Bills Committee, PBC)举行了听证,由各利益相关组织出示各种证据,持续了4天;并对300份修正案建议举行了16次会议,持续38小时;在总结汇报阶段,又耗时5.5小时。这一法案还受到议会联合人权委员会(Joint Committee on Human Rights, JCHR)和工作与养老金特别委员会(Work and Pensions Select Committee)的审议。在该法案被送至上议院审议时,莱斯特勋爵督促其他议员要克制,尽量少提修正案,以便法案能够在

---

〔17〕 Hansard HC Vol. 492 cols 565 – 67(11 May 2009).特蕾莎·梅从2010年5月起开始在联合政府中担任内政大臣,以及妇女与平等事务大臣。

〔18〕 Hansard HC Vol. 492 cols 565 – 67(Theresa May).

〔19〕 Hansard HC Vol. 492 cols 577 – 78(Lynne Featherstone,自2010年5月起成为妇女和平等事务副大臣).

大选前获得皇室御准。最后上议院在 8 天的时间里完成了委员会的听证和总结汇报。该法案最终于 2010 年 4 月 8 日获得了皇室御准，这也是工党政府在任期内完成的最后一批任务，随后，工党政府在 2010 年 5 月的大选中落败。在这一阶段，《平等法》获得了跨党派的支持。

（二）2010 年后的《平等法》

2010 年 5 月上台的保守党—自由党联合政府面临两个方向，一个是加强管制，另一个是去管制。[20] 前一个方向与工党政府的“第三条道路”，即通过管制实现社会融合并保持竞争性，具有一致性。这包括从 2010 年 10 月开始将《平等法》的大部分规定付诸实施。[21] 保守党作为当时的反对党，明确表示其上台后不会执行《平等法》中的 3 个条文。首先是第 1 条的规定，该条规定，公共机构在作出具有战略性质的决策时，应当适当考虑消除因经济社会不公导致的不平等现象的必要性（所谓的“哈曼条款”）。这一条从一开始就没有生效，并在 2013 年被废止，理由是“歧视的救济与预防歧视的权力与‘社会经济不公’的解决方案完全不同”。[22] 一些自由民主党的议员 7

---

〔20〕 Hepple, B (2013), “Back to the Future: Employment Law under the Coalition Government”, 42 *Industrial Law Journal* 203.

〔21〕 本书写作的前提是《平等法》的所有规定均生效，除非另有说明。

〔22〕 PBC (EB), 5th sitting col 129 (11 June 2009) (Mark Harper).

还批评这一规定“模糊不清并缺乏可操作性”。[23] 其次,保守党议员还反对要求大型雇主披露性别薪酬差距信息的规定,[24]更倾向于在自愿基础上鼓励雇主披露。这一条也未得到后来上台的保守党政府的执行。最后,保守党反对在不歧视原则之外规定一个例外,雇主在招聘和晋升中可以“并列择一”[25](tie-breaker),但是在自由民主党的压力下,保守党在上台后,同意让这一条生效,不过似乎这一条在实践中很少用到。

在经济危机、衰退以及政府开支削减时期,联合政府执行《平等法》面临着困难。不过,联合政府还是表现出了执行“家庭友好型”政策的意愿,旨在提升工作中的灵活性和选择性。比如,将要求灵活工作的权利拓展适用于所有员工,共享育婴假和育婴假期间工资的新规定,怀孕女职工的伴侣陪同进行产检的权利,以及雇员参加收养程序的时间视为工作时间的规定等。[26] 政府对那些倡导实行强制性同工同酬审计的人作了一个重要的让步,即对于那些被发现违反劳动合同中的平等条款或者以其他方式在劳动报酬上实施性别歧视

---

〔23〕 Hansard HL Vol. 715 col 1416(15 December 2009)(Lord Lester of Herne Hill QC and to similar effect PBC(EB)5th sitting(11 June 2009)(Lynne Featherstone)). 对此的批评,参见本书的第1版,第141~143页。

〔24〕 EA 2010, s 78.

〔25〕 参见原著第159页。

〔26〕 Children and Families Act 2014.

的雇主,劳动关系裁判庭可以命令对其进行审计。[27]

而在另一个方向上,在平等权利得到拓展的同时,政府发起了“简政放权运动”(red tape challenge),目的是减轻“企业负担”,增加企业的竞争力。这造成了对许多劳动权利的限制,包括将主张不公平解雇的资格期限从 1 年提高到 2 年。这一做法的意想不到的效果是鼓励那些原来想主张不公平解雇的人转而主张基于《平等法》所规定的禁止歧视事由而被解雇,[28]此种情形并没有资格期限的要求。并且,出于对欧洲人权法院裁决[29]的回应,英国对 1996 年《劳动权利法》进行了修改,对于基于政治观点或者立场而被解雇的情形,取消资格期限的要求。[30] 其他有很多去管制措施并不适用于歧视方 8
面的诉求,例如,将不公平解雇的赔偿金上限定为本人 12 个月工资,并对赔偿金的年度上浮调整公式进行修改以防止赔偿金的增幅超过通胀率。

然而,将“企业负担”作为理由提出来是为了废除 2010 年《平等法》中一些重要的平等权利。例如,2010 年《平等法》曾规定雇主应当就雇员对第三方如顾客或者客户实施的骚扰承担责任,这一规定被废除;[31]同样被废除的还有有关交叉歧视的规定(两种歧视的事

---

[27] ERRA 2013, s 98. 参见原著第 133 页。

[28] ERA 1996, s 108.

[29] Redfearn v. Serco Ltd. [2013] IRLR 51.

[30] ERRA 2013, s 13, amending ERA 1996, s 108.

[31] ERRA 2013, s 65 repealing EA ss 40(2) - (4).

由重叠,如年龄与性别,不可分地纠缠在一起的情形)。[32] 借鉴以前的立法而规定的调查问卷程序也被废除,本来通过这一程序认为自己被非法歧视、骚扰或者欺凌的人可以获得相关信息。[33] 2010 年《平等法》赋予劳动关系裁判庭作出超出影响申诉人事项建议的权力,也将被废除。[34] 联合政府竭力推动这些去管制措施落地,尽管它们所依据的证据多半是雇主的主观认知而非事实。[35]

这一新的法律框架所面临的最严重的挑战与执行有关。首先,通过在劳动关系裁判庭的启动、审理程序,以及劳动关系上诉裁判庭的上诉程序中引入案件受理费,使歧视行为的受害者寻求正义更困难。[36] 其次,平等与人权委员会的部分权力被剥夺,被限缩至"核心"功能,预算被削减 2/3,职员随后也大量流失。[37]

当然,也有一些人一直努力避免 2010 年《平等法》的立法愿景被削弱,他们也取得了一项重大进展,经过英国工会联盟(TUC)和英国公共服务业总工会(UNISON)这两个卓有成效的组织,政府废除 2006 年《平等法》第 3 条的企图被挫败。该条规定,平等与人权委员会负有一项概括义务,即有义务鼓励和支持一个没有偏见与歧视,尊

---

〔32〕 ERRA 2013, s 65 repealing EA 2010, s 14.

〔33〕 ERRA 2013, s 66 repealing EA 2010, s 138.

〔34〕 Deregulation Bill 2014, cl 2, amending EA, s 124.

〔35〕 See Hepple, B(2013), "Back to the Future: Employment Law under the Coalition Government", 42 *Industrial Law Journal* 203, 213.

〔36〕 参见原著第 195 页。

〔37〕 参见原著第 191 页。

重和珍视个体人权、个体尊严和价值、参与社会的平等权利和多元化,并在对平等和人权普遍尊重的基础上各群体之间相互尊重的 9
社会。[38]

政府认为这一条“并无具体的法律功能”,并“会让人们对作为平等事务规制机构的平等与人权委员会的作用产生不切实际的期望,既包括积极的也包括消极的期望”。[39] 他们称,废除这一条只是“立法清理”和“清除镀金层”(gold-plating)。[40] 围绕废除第3条展开的议会辩论被证明具有重要的象征意义。围绕这一议题存在两个阵营,一个阵营认为那些有关普遍人权的宏大声明均为欺骗性的修辞,被联合政府于2012年任命为平等与人权委员会主席的奥尼尔女男爵(Baroness O'Neil)在其学术著作中称其为“高贵的谎言”,因为实现这些权利对应的义务主体并不存在。[41] 这种观点推导的结论就是其第3条并无“重大的实践意义”。[42] 这一条体现的是“倡导性

---

〔38〕 参见原著第17页。

〔39〕 Government Equalities Office (2011) *Building a Fairer Britain: Reform of the Equality and Human Rights Commission* (London, GEO) 11 – 12, para 1.8.

〔40〕 Hansard, HC, 11 June 2013, cols 75 – 6 (Dr Vince Cable).

〔41〕 O'Neil, O (2005), "The Dark Side of Human Rights", 81 *International Affairs* 427, 437, and see Browne, J (2013), "O'Neil and the Political Turn against Human Rights", *International Journal of Political Science* for comment.

〔42〕 Letter by Baroness O'Neil as Chair of EHRC to the Chair of the Joint Committee on Human Rights: see www parliament. co. uk/documents/joint committees/human rights//Baroness_O'Neil_on_Enterprise_Regulatory_Reform_Bill. pdf.

的规定”(aspirational provisions),[43]无法执行。[44] 另一个阵营[45]则认为,废除第3条意味着将移除链接平等权与其他基本人权的统一原则。[46] 这一链接在平等与人权委员会对接受居家照顾的老年人受到虐待问题进行的范围广泛的调查中得到体现,这一问题既是平等问题,又是人权问题。第3条的拥趸认为,该条有具体的法律功能,能够为解释《平等法》提供有用的指引,使那些适用该法的人填补空白和消除歧义。在废除第3条的法案在下议院与上议院之间来回穿梭的过程中,下议院投票赞成废除第3条,上议院又恢复了第3条的规定。随后,下议院对此又表示了异议,但是在法案再次回到上议院时,上议院拒绝作出让步。在政府的动议遭遇挫败后,政府重新考虑了自己的立场,并撤回了这一动议。随后,概括义务条款成为《平等法》的一部分。然而,平等与人权委员会有关关注最新进展的职责
10 则仅限于2006年《平等法》第8条、第9条规定的具体人权义务,而不包括第3条规定的概括义务。[47]

保守党与自由民主党联合政府面临的两个法律与政策方向,即

---

〔43〕 Hansard HL Deb,14 November 2012,col 1533(Lord Lester of Herne Hill QC).

〔44〕 Hansard HL Deb,9 January 2013,col GC 51.

〔45〕 Lord Lloyd of Berwick,HL,Deb,22 April 2013,citing Memorandum by Prof Sir Bob Hepple on the proposed repeal of s 3 of the Equality Act 2006 by clause 52 of the Enterprise and Regulatory Reform Bill(7 March 2013).

〔46〕 Hansard HL Deb,15 June 2005 col 1219(Lord Falconer of Thoroton LC),col 1230(Lord Lester of Herne Hill QC).

〔47〕 参见原著第181页。

加强管制与去管制,反映了“社会正义自由主义”(或者仅是“社会自由主义”)与市场原教旨主义之间的联盟存在的紧张关系。这些理论的共同核心是个人自由。社会自由主义者在某种程度上支持经济自由主义,但也承认政府在减少不平等现象、矫正市场所导致的财富和权力分配不公平方面起一定的作用。这与新工党(New Labour,特指20世纪90年代中期至2010年由托尼·布莱尔和戈登·布朗领导下的工党。——译者注)提出的“第三条道路”有很多相同之处,这一理论声称在不受约束的市场与国家干预和集体主义之间找到了一条平衡之道。

本书第八章会对自2010年以来平等法律框架的改变所造成的影响以及可能的替代方案进行评估。

延伸阅读1.A　北爱尔兰、苏格兰和威尔士

《平等法》的适用范围涵盖了大不列颠(英格兰、威尔士,除个别例外外,也包括苏格兰),但是,除了极个别的规定外,[48]并不适用于北爱尔兰,因为在平等机会和反歧视方面的权力已经被下放至北爱尔兰,并且似乎将继续其目前的反歧视立法的做法,而非通过一部统一的立法,尽管北爱尔兰平等委员会(ECNI)也确定了一些改革的优先领域。本书原则上并不涉及北爱尔兰的立法,但是由

〔48〕 See EA, ss 82, 105.

于在引入新路径消除不平等问题上北爱尔兰也堪称开拓者,这一点在《平等法》中也有体现,这些内容会偶尔涉及。该法中还有一些特别规定涉及对苏格兰的权力下放问题,比如,苏格兰的大臣们有权要求苏格兰的公共部门承担具体的平等义务,以及苏格兰大臣们也有权制定次级立法。[49] 平等机会问题的权限并未下放给威尔士,但是该法也授予威尔士大臣们特定的权力,如与公共部门的平等义务有关的权力。[50]

11 **(三)立法历史回顾**

为了理解《平等法》所代表的从单一身份的政治和法律到人权的政治和法律转型的重要性,有必要对立法历史进行简要回顾。根据2010年《平等法》和2006年《平等法》第一章的规定,英国建立了平等与人权委员会,这是其第五代平等和反歧视法的核心要素(参见延伸阅读1.B)。

英国的第一代平等立法,是建立在形式平等基础上的,即"相同的人应当给予相同的待遇",根植于移民和种族的政治。1965年《种族关系法》是工党政府针对当时来自加勒比海和印度次大陆新移民普遍存在的显性歧视而作出的回应。在某种意义上,该法是对1962年《英联

〔49〕 See EA, ss 2, 37, 96, 151, 154, 162, sched 11 para 4, sched 14 para 2, sched 17 para 10.
〔50〕 See EA, ss 2, 151, 152, 153, sched 19.

邦移民法》的一种救赎(*quid pro quo*),《英联邦移民法》使黑人和亚洲移民进入英国更困难。工党政府于1964年以微弱优势上台,一方面承诺继续对移民加强管控,另一方面也承诺通过刑法的手段禁止在公共场所(如公共建筑和酒店)基于种族原因实施直接歧视。反种族歧视运动(Campaign Against Racial Discrimination,CARD)的法律事务主管安东尼·莱斯特(Anthony Lester)说服时任工党内政大臣弗兰克·索斯凯斯勋爵(Sir Frank Soskice),让其认识到在种族歧视问题上,民事制裁比刑事处罚更有效。索斯凯斯向议会提交法案,引入地方调解委员会(local conciliation committee)来调查和解决相关投诉,这一法案也获得了保守党的支持。只有在调解失败且歧视行为可能会持续的情况下,种族关系委员会才可以将这一案件提交给总检察长(Attorney-General),由其申请禁止令救济。总体而言,1965年《种族关系法》被视为公共秩序管制的一部分,而非人权机制的一部分。

第二代平等立法,以1968年《种族关系法》为代表,彰显的仍然是形式平等。该法仍然限于直接的种族歧视,但是将适用范围扩展至劳动就业、住房、物品和服务的供给领域。这是英国政治中一段比较明显的"自由主义时光"(liberal hour)所带来的结果。[51] 索斯凯

---

〔51〕 See Rose, EJB and associates(1969) *Colour and Citizenship: A Report on British Race Relations* (Oxford, Oxford University Press for Institute of Race Relations) 511 – 50; Lester, A and Bindman, G (1972) *Race and Law* (Harmondsworth, Penguin) 107 – 49; and Hepple, B (1970) *Race, Jobs and the Law in Britain*. 2nd edn (Harmondsworth, Penguin) 156 – 74.

斯的内政大臣职务被罗伊·詹金斯(Roy Jenkins)取代,詹金斯任命马克·伯恩汉姆–卡特(Mark Bonham-Carter)为种族关系委员会的首任主席,二者精心策划了一场运动,旨在对1965年《种族关系法》的内容进行扩充。制定新法的政治压力来自两份报告,一份是由政治和经济规划组织(Political and Economic Planning,PEP)在种族歧视的存在无法再被否认的情况下,就种族歧视的程度所作的报告;[52]另一份是由哈里·斯崔特教授(Harry Street)、皇室顾问杰弗里·豪勋爵(Sir Geoffrey Howe QC)和杰弗里·宾德曼(Geoffrey
12 Bindman)共同撰写的报告,这一报告在移植美国和加拿大的反歧视立法模式问题上影响重大。[53] 到1967年詹金斯离开内政部,转任财政大臣时,他已经在很大程度上克服了政府内部对新法案的反对意见。他的继任者詹姆士·卡拉汉(James Callaghan)肩负着让新法案在议会通过的重任。新法中有关执行程序的规定存在严重的缺陷,英国工业联合会(the Confederation of British Industry)和英国工会联盟更倾向于将法律程序从种族歧视的控制措施中完全排除,但是在政府干预上面临的挑战使他们不得不开发以自愿为基础的程序(voluntary procedures),并且,1968年《种族关系法》给予这些程序优

---

〔52〕 Political and Economic Planning(1967)*Report on Racial Discrimination* (London, PEP).

〔53〕 Street, H, Howe, G and Bindman, G (1967) *Anti-Discrimination Legislation* (London, PEP).

先于种族关系委员会的地方调解委员会程序的效力。这一做法是与当时在产业关系领域盛行的集体自治(collective laissez-faire)相一致的,但这也意味着歧视行为的受害人不得不将他们的投诉提交给行业组织,而那些实施歧视行为的人又恰恰依附于这些组织。[54] 民事诉讼程序只有种族关系委员会才可以提起,作为最后的救济手段,不过,其利用率很低。尽管该法的支持者受到美国民权运动所取得的法律胜利的启示,英国当时的政治现实是将该法作为融合移民政策的一部分,正如詹金斯所说,"这不是一个实行同化的扁平程序,而是在一个互相宽容的环境中与文化多样性伴生的平等机会问题"。这一政策的另一面为1968年《英联邦移民法》所体现,对于从东非逃离来的、具有亚裔血统的英联邦国家的国民,该法拒绝承认其公民身份。

第三代平等立法以1970年《同工同酬法》[55]和1975年《消除性别歧视法》为代表,将立法的适用范围扩展到基于性别所实施的歧视。这一点是工会、女权主义运动以及工党及其他倾向自由主义的政党长期所追求的。1974年,工党重新上台,承诺通过性别和种族方面的立法。罗伊·詹金斯又重新担任内政大臣,他任命安东尼·莱斯特为他的特别顾问。詹金斯敏锐地认识到,要想种族平等新立

---

[54] Hepple, B (1970) *Race, Jobs and the Law in Britain.* 2nd edn (Harmondsworth, Penguin) 175 – 95.

[55] 对同工同酬立法历史的详细介绍,参见原著第116页。

法获得政治支持,必须先提出一个新的有关性别歧视的法案。1975年《消除性别歧视法》标志着从形式平等到实质平等转型的开端,欧盟将实质平等称为“实践中的全面平等”(full equality in practice)。这包括了间接歧视或者反向影响歧视(从美国借鉴而来,并且在詹金
13 斯和莱斯特咨询了美国专家后决定将这一术语翻译为限定性更强的法律术语),[56]以及允许采取积极行动的规定。这一策略的另一个内容是将遵守该法的规定作为获得政府采购合同的前提条件,但是这一点并未付诸实施。《消除性别歧视法》在历史上第一次赋予个体以非法歧视为由请求赔偿的权利。这一权利在劳动争议案件中,在产业关系法庭(后改为劳动关系裁判庭)可以得到执行;在非劳动争议案件中,在郡法院也可以得到执行。平等机会委员会(EOC)得以设立,承担了战略执行和协助个体的职责。这一模式随后在1976年新的《种族关系法》中得到借鉴。根据该法成立了一个取代种族关系委员会的种族平等委员会(Commission for Racial Equality),其与社群关系委员会(Community Relations Commission)同时存在。

《消除性别歧视法》是在英国加入欧洲经济共同体2年以后通过的。《罗马条约》第119条确定了男女同工同酬的原则。当然,这一条在当时并未被看作人权条款,之所以规定在条约中,是因为法国是

---

〔56〕 Lester, A (Lord Lester of Herne Hill QC) (2001), “Equality and United Kingdom Law, Past Present and Future”, *Public Law* 77, 88; Hepple, B (2006), “The European Legacy of Brown v. Board of Education”, *University of Illinois Law Review* 605, 607 - 11.

当时的6个创始成员国中唯一有同工同酬立法的国家,其担心与其他国家特别是女性劳动力比例较高的意大利相比,会形成竞争上的劣势。这一规定和男女同工同酬的指令最初仅适用于直接歧视,或者说立法宗旨仅在于实现形式平等。随后,英国在平等机会委员会的支持下就性别平等问题提起了一系列的示范诉讼(test case),并且,德国的劳动法院也就相关案件征询过欧洲法院的意见。此后,间接歧视的概念才走进英国的反歧视法,并对非全日制和临时工作的女工的劳动条件产生了广泛而深远的影响。在这种背景下,性别平等才成为一种基本的人权,以及欧洲经济共同体法律的一项基本原则。〔57〕

1995年《消除残障歧视法》(Disability Discrimination Act 1995, DDA)在实质平等问题上又向前迈了一步。自20世纪60年代开始,残障人组织开始对在残障人问题上过分的父爱主义倾向进行批评,并要求认可他们的平等权利和独立生活的权利。受到美国1990年《残障人法》的启示,这些组织重新开始在英国推动民权立法的活动。不少于13份议员的私人议案在议会被提起,但是即使到了1993年,当时约翰·梅杰担任首相的保守党政府尽管承认残障人所处的不利境遇,但是并不支持反歧视立法的想法,而更倾向于"教育和说服"

---

〔57〕 这一段历史可参见 Kenner, J (2003) *EU Employment Law: From Rome to Amsterdam and Beyond* (Oxford, Hart Publishing); Ellis, E and Watson, P (2012) *EU Anti-Discrimination Law*, 2nd, edn (Oxford, Oxford University Press); Barnard, C (2012) *EU Employment Law*, 4th edn (Oxford, Oxford University Press)。

14 (education and persuasion)。[58] 直到1995年,在经过激烈的辩论后,《消除残障歧视法》才得以通过,明确规定雇主或者服务的提供者以残障为由实施歧视皆为非法,并要求他们对残障人士提供合理便利(reasonable adjustments)。但也存在显著例外,比如,教育和公共交通领域并不适用该法;同时,也没有成立专门的执法机构。1999年,在工党政府治下,残障人权利委员会(DRC)得以成立。该委员会在增强公众意识,并为个体诉讼提供支持方面成效显著,这一点得到了社会的广泛认同。英格兰和威尔士于2001年通过了《特殊教育需求与残障法》(Special Education Needs and Disability Act 2001),苏格兰于2004年通过了《教育(额外学习支持)法》[Education(Additional Support for Learning)Act 2004],将不歧视的义务拓展到中小学和教育主管部门以及高等教育机构。

第四代平等立法标志着综合平等(comprehensive equality)的开始,但是与各种特定身份有关的独立机制仍然存在。这源于《欧共体条约》第13条所规定的各种指令。第13条赋予欧洲理事会"采取适当行动消除基于性别、种族或民族、宗教/信仰、残障、年龄和性取向而实施的歧视"的权力。欧盟的社会行动计划(social action programme)将此视为提升欧洲社会包容程度的一种方式。这一直是

---

〔58〕 Doyle, B (1995) *Disabled Discrimination and Equal Opportunities: A Comparative Study of Employment Rights of Disabled Persons* (London, Mansell) 48.

一个“空洞的计划”(empty vessel),[59]但在奥地利极右翼、反移民的自由党(Freedom Party)获得越来越多的选民支持之后得以改变。包括英国政府在内的欧洲主流政治领导人,希望展现出反种族主义和反排外倾向的立场。欧洲理事会于 1999 年 10 月 15 ~ 16 日在芬兰城市坦佩雷召开会议,要求欧洲委员会拿出执行《欧共体条约》第 13 条的方案,作为提升人权和反对歧视策略的一部分。在数月之内,涵盖基于种族和民族原因的歧视的《种族指令》,和涵盖《欧共体条约》第 13 条所涉及的所有其他事由歧视(不含已为其他指令所规定的性别歧视)的《就业框架指令》,以全体一致的方式获得通过。性别歧视则继续延续扩张后的第 141 条的规定(此前为《欧洲经济共同体公约》第 119 条,现为《欧盟运行条约》第 157 条)。在英国内部,也面临着将反歧视立法的适用范围拓展至其他歧视事由的压力,如来自同性恋群体、宗教团体,特别是穆斯林群体,以及那些倡导反对年龄歧视的群体的压力。不过,如果不是在欧盟层面根据《欧共体条约》第 13 条出台了相关的指令,在当时的英国不大可能通过前述国内立法。在 2003 ~2007 年,英国又通过了一系列的政府规章来执行前述欧盟指令的规定。

以 2010 年《平等法》为代表的第五代平等立法,是对前述综合平

---

〔59〕 Kenner, J (2003) *EU Employment Law: From Rome to Amsterdam and Beyond* (Oxford, Hart Publishing) 393.

等立法方向的进一步延续,其特点在于实现了向单一人权视角的重
15 大转变。这也预示着变革式平等的开端;变革式平等包括性别主流化,消除制度化种族歧视的积极措施,以及为残障人提供合理便利。这些政策不是为了取代传统的反歧视法律,而是在其基础上更进一步,比如,要求平等影响评估和积极的劳动力市场政策。这些政策是建立在美国模式基础上的,最初是由来自美国和爱尔兰的天主教积极分子的压力所引发的,这些积极分子想在北爱尔兰提升天主教获得公平代表的权利。在 1989 年,《公平就业(北爱尔兰)法》规定大型雇主有积极的义务实现天主教和新教徒群体的公平参与。1998 年(执行贝尔法斯特协议/星期五和平协议的)《北爱尔兰法》则更进一步,规定公共机构不仅负有积极义务适当考虑提升新教徒和天主教徒之间平等机会的必要性,也有义务提升在年龄、残障状况、种族、宗教、性别、婚姻状况和性取向等方面实现平等机会的必要性。换句话说,公共机构需要在权力行使的过程中将平等问题主流化。在斯蒂芬·劳伦斯的调查报告(Stephen Lawrence inquiry)之后,这一方法在 2000 年跨越了爱尔兰海,为大不列颠在种族平等问题上所采用。[60]《种族关系法》的修正案不仅将反歧视法的适用范围拓展到警察和类似的公共机构,同时,也规定了公共部门所应当承担的概括平等义务和具体平等义务。2006 年 12 月,类似的公共部门的积极义

〔60〕 参见原著第 3 页。

务被引入残障领域;2007 年 4 月,被引入性别领域。2010 年《平等法》将这些义务扩展适用于所有受保护的特征。

2010 年后对统一《平等法》屡次修改的叠加效应削弱了第五代平等立法的结构,即综合和变革式平等,尽管到目前为止基本的模式并未改变。

其问题在于,统一的《平等法》在多大程度上能够成功地"简化"这一非常复杂的法律领域,并使民众实现正义的成本降低。莱斯特勋爵 2003 年的法案有 94 个条款、8 个附录,共计 111 页。2010 年《平等法》有 218 条,分为 16 章,含 28 个附录,共计 239 页;并且,在次级立法中还有极详细的实施细则、法定的操作指引(statutory codes of practice)和非法定的指南(non-statutory guidance)。与此形成对比的是,荷兰 1994 年《平等待遇法》共计 35 条,瑞典 2008 年《反歧视法》共计 71 条。这两部法律的共同点是规定了宽泛的原则,留由次级立法或者司法去细化。英国《平等法》与爱尔兰《平等法》类似,反映了盎格鲁 - 撒克逊普通法系与欧洲大陆民法法系不同的法典起草惯例。在这些惯例的限制之下,英国的法典起草者还是提供了一种 16
可能会影响其他国家和地区的模式。与该法相配套的还有一套非常实用、清晰明了的立法释义(Explanatory Notes),这有利于普通读者去了解法典非常晦涩的规定。[61] 操作指引和指南也已经发布。但

〔61〕 Explanatory Notes(EN),Equality Act 2010,c 15(rev edn,August 2010).

是,遇到法律问题时,仍然需要高质量的专业法律咨询。随着政府资助的公共法律援助的消失,以及平等与人权委员会的经费和人员的削减,会有大量的法律服务需求无法得到满足。如果没有有效的执行,《平等法》中规定的权利就会"像纸老虎,表面上很凶猛,却没有牙齿和爪子"。[62]

延伸阅读 1.B 五代平等立法概要

1. 1965 年《种族关系法》:公共场所中的直接种族歧视;建立了种族关系委员会(RRB),通过地方调解委员会对投诉进行调查;如果调解失败,且歧视可能会持续,种族关系委员会可以将案件提交给总检察长申请禁止令救济。

2. 1968 年《种族关系法》:劳动就业、住房和服务中的直接种族歧视;通过地方调解委员会或者自愿程序在 40 个行业中执行;如果调解程序失败,种族关系委员会可以在指定的郡法院提起法律程序。

3. 1970 年《同工同酬法》、1975 年《消除性别歧视法》,《欧洲经济共同体条约》第 119 条(后来《欧共体条约》第 141 条)(现为《欧盟运行条约》第 157 条)、欧盟理事会第 75/117/EEC 号和第

〔62〕 Hepple, B (2002), "Enforcement: The Law and Politics of Co-operation and Compliance", in B Hepple(ed.), *Social and Labour Rights in a Global Context: International and Comparative Perspectives*(Cambridge, University Press) 238.

76/207/EEC 号指令(修订)、1976 年《种族关系法》、1995 年《消除残障歧视法》、1999 年《残障人权利委员会法》:基于性别和种族原因的直接歧视和间接歧视;对残障人士直接歧视(的禁止)及提供合理便利的义务;个体可以在产业关系(劳动关系)裁判庭申请赔偿的权利;由平等机会委员会、种族平等委员会以及残障人权利委员会的战略执行及向个体提供的援助。

4. 2003 年《就业平等(宗教/信仰)条例》、2003 年《就业平等(性取向)条例》、2006 年《就业平等(年龄)条例》、2006 年《平等法》第二章、2007 年《〈平等法〉(性取向)实施条例》:执行欧盟理事会第 2000/78/EC 号指令,将反歧视立法的适用范围拓展至宗教/信仰、性取向和年龄;执行欧盟理事会第 2000/43/EC 号关于种族歧视的规定;执行欧盟理事会第 2004/113/EC 号关于在物品和服务提供过程中性别歧视的规定;执行欧盟理事会第 2006/54/EC 17
号关于男女在就业和职业中平等机会的规定。

5. 1989 年北爱尔兰《公平就业法》和 1998 年《北爱尔兰法》、2000 年《种族关系(修正)法》、2006 年《平等法》(公共机构的积极机会,统一的平等与人权委员会)、2010 年《平等法》:通过统一的立法取代了此前存在的各自为政的立法;拓展了公共部门平等义务的范围,强化有关反歧视、积极行动和救济的规定,但又被 2013 年《企业与规制改革法》和 2015 年《去规制法》削弱。

二、平等的内涵

(一)平等的意蕴[63]

对于《平等法》的内容,很多人都提出应当增加一条关于解释原则的表述,以帮助那些适用立法的人更好地了解立法目的,特别是在存在立法空白需要填补或者存有立法歧义需要解决时。不过,政府并未采纳这些建议。[64] 对于由平等与人权委员会和自由民主党提出的创设一项"平等权"(right to equality)或者增设"平等保障条款"的建议,政府也并未采纳。[65] 在这一法律问题上,政府之所以采取保守立场,是因为目的条款可能与该法的具体规定冲突,并会因此引发诉讼;并且,平等权或者平等保障会导致法院将平等立法的范围拓宽,进而会涉及对《欧洲人权公约》附件12(选择性)协定的批

[63] 这一部分在很大程度上参考了以下两本著作的相关章节:Hepple,B(2008),"The Aims of Equality Law",61 *Current Legal Problems* 1 和 Hepple,B(2009),"Equality at Work",in B Hepple and B Veneziani(eds.),*The Transformation of Labour Law in Europe:A Comparative Study of* 15 *Countries* 1945 -2004(Oxford,Hart Publishing)。

[64] See Bob Hepple, Mary Coussey and Tufyal Choudhury, *Equality: A Framework* (*Report of the Independent Review of the Enforcement of UK Anti-Discrimination Legislation*) (2000) 34 - 35; cf Government Equalities Office (2008) *The Equality Bill-Government Response to the Consultation*, Cm 7454(London, The Stationery Office) 175 -76.

[65] PBC(EB) 19th sitting col 726(7 July 2010)(Solicitor-General). 其中第12条要求确立一项独立的平等权。

准，这是政府到目前为止所竭力抵制的，尽管并无令人信服的理由。[66]

不过，就这一新的法律框架所依赖的平等理论，我们无须去别处找寻。2006年《平等法》第3条（2013年试图废除但并未成功）[67]规定平等与人权委员会的概括职责为：

> 鼓励和支持社会的发展，在该社会中：
>
> （a）人们实现自己潜力的能力不会受到偏见和歧视的影响；
>
> （b）每个个体的人权均能获得尊重和保护；
>
> （c）每个个体的尊严和价值都能获得尊重；
>
> （d）每个个体均享有平等的参与社会的机会；并且 18
>
> （e）基于对多元化的理解和珍视，以及对平等和人权的普遍尊重，不同群体之间相互尊重。[68]

《平等评估报告》[69]用在《反歧视法评估报告》中通篇使用的表述，将"平等社会"界定为：

---

〔66〕 Government Equalities Office (2008) *The Equality Bill-Government Response to the Consultation*, Cm 7454 (London, The Stationery Office) 175 – 76.

〔67〕 参见原著第8页。

〔68〕 EA 2006, s 3.

〔69〕 Department of Communities and Local Government (2007) *Fairness and Freedom: The Final Report of the Equalities Review* (London, DCLG) 16.

> (平等社会)保护和提供确保人们按照自己珍视和选择的方式生活,且人人享有实现成功的平等、真实的自由和实质机会。
>
> 一个平等的社会承认人们的不同需求、境遇和目标,并移除限制人们行动和实现自己目标的障碍。

如果对平等与人权委员会的法定目的,以及《平等评估报告》和《反歧视法评估报告》中所支持的各种平等理论进行解构,我们会发现平等的意蕴不少于以下七方面的内容:(1)将同等价值、尊严和身份作为基本人权加以尊重;(2)消除身份歧视和不利待遇;(3)一致对待/形式平等;(4)机会的实质平等;(5)能力的平等;(6)结果的平等;(7)公平。

以上各方面的内容对理解《平等法》都不可或缺。

(二)一元论的人权视角

平等与人权委员会概括义务的核心,免受歧视、骚扰和欺凌的具体权利以及2010年《平等法》规定的增进平等的积极义务背后隐含的均是对个体人权的尊重和保护。在第二次世界大战后的新世界秩序中,平等被提升到基本人权的高度。联合国在1948年12月10日通过的《世界人权宣言》第1条,声明"人人生而自由,在尊严和权利上一律平等"。第2条规定:

> 人人有资格享有本宣言所载的一切权利和自由，不分种族、肤色、性别、语言、宗教、政治或其他见解、国籍或社会出身、财产、出生或其他身分等任何区别。

这意味着，不仅是《世界人权宣言》中规定的公民和政治权利，许多经济和社会权利，也不应当受到各种身份歧视。然而，在“冷战”的气氛下，西方国家包括英国，不是特别热衷于可执行的社会经济权利（enforceable social and economic rights）理念，因为共产主义国家在这 19
一点上占据绝对的优势。相反，联合国在1966年（1976年生效）通过了两个单独的公约，均包括非歧视的权利：《公民权利与政治权利国际公约》（ICCPR）和《经济、社会及文化权利国际公约》（ICESCR）。此外，在1965年通过了《消除一切形式的种族歧视公约》（CERD）；1979年，通过了《消除针对妇女的一切形式的歧视公约》（CEDAW）；2006年，通过了《残疾人权利公约》（CRPWD）（本书涉及公约名称的部分根据公约译本使用“残疾人”一词，其他部分将统一使用“残障人士”的表述。——译者注）。在劳动就业领域影响平等问题的最重要、意义最深远的国际进展不是在联合国或者欧洲理事会层面的公约，而是国际劳工组织的两个公约：第100号《对男女工人同等价值的工作付予同等报酬公约》（1951年）和第111号《就业和职业歧视公约》（1958年）。

1950年《欧洲人权公约》［又称《欧洲保护人权与基本自由公约》

(ECHR)]的范围仅限于公民权利和政治权利(包括结社权),也包含了一项补充性的权利,其第 14 条规定在行使公约规定的权利的过程中享有不受身份歧视的权利。力度较弱的 1961 年《欧洲社会宪章》(ESC)包含男女工人同等价值工作付予同等报酬的规定,受雇的女性和母亲受到保护的权利,残障人士获得职业培训和康复的权利,以及移民工人的权利。但是,直到 1988 年《欧洲社会宪章》被附以另外的协定(Protocol)之后,在就业和职业领域获得不受性别歧视的平等机会和平等待遇的权利才被承认。1996 年修正后的《欧洲社会宪章》对最初有关弱势群体的规定作了拓展,增加了老年人和负有家庭责任的工人,并明确宣称根据《欧洲社会宪章》享有的权利不应该受到基于特定身份的歧视。

将经济社会权利中非歧视的权利和公民权利与政治权利中非歧视的权利隔离开来,对各种禁止歧视的事由采取分而治之的模式,将对平等作为基本人权的发展产生持续性的消极影响。通过《消除针对妇女的一切形式的歧视公约》将针对妇女的歧视,与通过《消除一切形式的种族歧视公约》规定的种族歧视隔离开来,并在欧盟层面性别歧视享有的相对于其他身份的歧视的特别优待,使追求平等的努力支离破碎,又在平等权利之间设置了三六九等,且标准也不统一。在劳动就业和其他社会经济领域反歧视的行动,又是与主流的争取人权的运动相互独立的,这两个运动反过来又都被削弱。平等与人权委员会的成立以及统一《平等法》的颁布,是对平等法与人权法的

具有历史意义的统一,这才回归到了《世界人权宣言》的本意。这不 20
仅仅是广受认同的法律面前人人平等的权利,前任资深法律勋爵汤姆·宾汉姆(Tom Bingham)将这一权利称为"我们社会的基石";[70]同时,这也是一项不论一个人的种族、宗教/信仰、性别、性取向、残障、年龄或者其他身份的影响而参与社会活动的社会经济权利。如果英国有自己现代版的"权利法案"(相对英国1689年《权利法案》而言。——译者注),在民事、政治、社会、文化和经济领域中享有平等权利一定会是该法案的基础。

(三)将对同等价值、尊严和身份的尊重作为基本人权

对个体的价值和尊严的尊重在许多信仰中有很深的根基,在启蒙运动的哲学中也是一样。它在现代对人权的讨论中发挥了核心作用。《世界人权宣言》作为对第二次世界大战期间大屠杀的直接回应,表明"对人之为人的尊严和价值……的信仰",并明确规定"人人生而自由,在尊严和权利上一律平等"。《欧盟基本权利宪章》第1条同样规定:"人的尊严不可侵犯。它必须得到尊重和保护。"在现代宪法中,如《南非宪法》,对人的尊严的承认和保护被视为政治和宪法秩序的"试金石"。南非宪法法院的凯特·奥瑞根法官(Judge Kate O'Regan)认为:"禁止不公平歧视的核心问题是根据宪法承认所有的人,无论他们在社会中的地位如何,必须被赋予同等的尊严。当一

---

[70] Bingham, T (2010) *The Rule of Law* (London, Allen Lane) 55.

个人被歧视的时候,他的尊严就受到了损害。”[71]

无论是从宗教的角度,还是从后启蒙运动时代的角度来理解尊严,其共识都是为了承认人的尊严,一个人应当按照我们共同的人性来对待其他任何人。这就是德沃金(Dworkin)所讲的“固有价值”原则,根据这一原则,每个人都有一种特别的客观价值。[72] 如果属于某一个特定群体的人相对于其他人群未获得同等的待遇,这意味着他们并没有被平等看待。尊重一个人的尊严,也意味着要尊重其与
21 其他人在性别、身体或者精神能力、文化经历、宗教/信仰方面存在的差异。事实上,我们每一个人都有多重身份。有些身份是可以改变的,另外一些身份则不能改变。正如阿玛蒂亚·森(Amartya Sen)在他的《身份与暴力》[73]一书中所表明的那样,认为世界上的人可以按照简单的公式进行分类的想法是很危险的。对某种特定身份的强调会滋生暴力,事实上,穆斯林并不一定都是好战分子。穆斯林和天主教徒一样,也有很多可能的公民的、宗教的以及政治方面的归属。多元文化主义的要旨是让人们能够有不同的文化选择和自由。这些背后统一的因素是什么?2006 年《平等法》提出,“建立在对多元化的

---

[71] Per O' Regan J in S v. Makawanyane 1995(6)BCLR 665(cc)para 329;Sachs J in National Coalition for Gay and Lesbian Equality v. Minister of Justice 1998(12)BCLR 1517(cc)paras 120 – 29.

[72] Dworkin, RM(2006)*Is The Democracy Possible Here*?(Princeton, NJ, Princeton University Press)9 – 11, 37 – 38, 160. 就尊严的第二方面的内容,即个人责任,参见原著第 21 页。

[73] Sen, A(2006)*Identity and Violence*:*The Illusion of Destiny*(London, Allen Lane).

理解和珍视,以及对平等和人权的普遍尊重基础上各群体之间相互尊重”。2005 年,一份基于不同背景的代表性调查表明,在英国人中最常见的、为所有人所认同的价值是对人权和自由的维护,对法治的坚守,以及对其他人的宽容和尊重。[74] 当时任英国首相戈登·布朗提议设立“英国”国庆日的时候,公众最中意的日期是6月15日,也就是作为我们自由象征的《大宪章》1215 年在兰尼米德(Runnymede)被签署的日子。[75]

然而,尊严作为一种伦理的和法律的价值,并非毫无争议。[76] 与尊严相关的利益并不仅限于禁止歧视的事由。比如,一个人可能会因为很多与受保护的特征如性别、民族、宗教、残障、年龄或性取向等无关的原因而受到骚扰或者欺凌,并且,很难证明骚扰者或者欺凌者的动机。[77] 换句话说,将骚扰或者欺凌的救济限于平等法范围内,会忽略那些并不具有受保护特征的受害者。

有些人认为,如果将对人的尊严的保护解释为通过国家的积极

---

〔74〕 Commission for Racial Equality (2005) Citizenship and Belonging: What is Britishness? (London, CRE).

〔75〕 不过,《大宪章》是当时时代的产物;比如,1215 年版本的《大宪章》第 10 条和第 11 条允许针对犹太放贷者的歧视,并且女性的劣等地位只有当对男性的财产权利构成影响的时候法律才会干预。See Hindley, G (1990) The Book of Magna Carta (London, Constable), chs 8, 9.

〔76〕 McCrudden, C (2008), “Human Dignity and the Judicial Interpretation of Human Rights”, 19 *European Journal of International Law* 655; Feldman, D (1999, 2000), “Human Dignity as a Human Value”, [1999] *Public Law* 682 – 702; [2000] *Public Law* 61 – 76.

〔77〕 参见原著第 97 页。

义务为尊严得到尊重创造条件,就会构成对个人自治的父爱主义式的干涉,且缺乏正当性。如果某一种平等理论仅关注人的尊严,那么,它对平等与个体自由和自治之间的冲突势必不甚敏感。我们假设,议会通过一项议案,[78] 内容是反歧视立法应当禁止基于个人体
22 貌特征(相貌)如肥胖等理由实施歧视。自由论者(libertarian)很明显会反对对个体自由的干涉,且古典自由主义者会认为因为没有对其他人造成伤害的充分证据,所以法律禁止缺乏正当性。但是,这一法律义务的创设会得到那些秉持社群主义价值或者连带或社会融合理念的人的支持。这些理念认为:在我们生活的社会中,每一个人的福祉均与整个社会的福祉息息相关。这并不是"父爱主义",后者通常被理解为"来自国家或者个人的对其他人的干预,这种干预是违背被干预者意志的,正当性理据是被干预者的处境会因此改善或者免受伤害"。[79] 自由论者与父爱主义者之外的"第三条道路"的观点可能是自由主义国家应当关注个体和社会层面的重要需求。这使公共机构拥有了就公民生活的优劣进行价值判断的权力,比如,应当避免肥胖,但剩下的事情应当由公民个人作决定。这种做法有时会被称

---

[78] Rubenstein, M(2007), "What Is the Next Frontier for Discrimination Law?", 166 *Equal Opportunities Reiew* 31. 体重和身高方面的不正常有可能构成《平等法》规定的"残障",如果这些不正常对一个人开展正常的日常活动会产生实质性的长期影响。参见原著第 43 页。

[79] Dworkin, RM (2002), "Paternalism", in *Stanford Encyclopedia of Philospohy*, available at http://plato.stanford.edu/entries/paternalism.

为“管理”模式(stewardship model)。“父爱主义”模式和这种“管理”模式的区别在于,后者不大可能支持出台统一的强制性措施,并更注重对个体选择的尊重。

通过设置法律权利与义务的方式进行的国家干预的正当性在于,它与保护特定公共利益(如社会团结、经济效率、公共健康)和保证个体尊严的合法目的是合比例的。并且,权利和义务应当是一个透明的、参与性的决策程序的结果,这一程序倚重证据,并使政府对可能限制个体选择的措施的合理性负责。[80] 与将尊严作为一个至高无上或者高位阶的价值的做法相比,适用比例原则能够得出更令人满意的结论。

(四)消除身份歧视与偏见

在现实中存在多种形式的不平等。《平等法》仅与身份平等相关,而身份平等关注的是特定特征(如种族、性别、年龄、残障、宗教、信仰以及性取向),与个体或者个体所属群体所获得的待遇之间存在联系。[81]

当今欧洲范围内的一项共识是,针对身份歧视的立法与其提升 23
社会团结和经济效率的合法目的是合乎比例的。这一点可以找到大

---

〔80〕 See Nuffield Council on Bioethics(2007) *Public Health*: *Ethical Issues* (London, NCOB) ch 3.

〔81〕 参见 McCrudden, C (2004), “Equality and Non-Discrimination”, in D Feldman (ed.), *English Public Law*(Oxtord, Oxford University Press) ch 11, 582 – 83。该书就英国公法中的平等与非歧视问题进行了类型化分析。

量证据支撑,包括2007年《平等评估报告》,[82]2010年《全国平等小组报告》(Report of the National Equality Panel),[83]以及很多其他的学术研究。[84]

欧洲1945年以后发展演进的社会民主主义和福利主义思潮被证明足够强大,能够对抗极端自由主义的观点,这些观点将反歧视法视为合同自由和有效市场产出的障碍。即使是英国的撒切尔政府,在其新自由主义的议程之下,还是在20世纪80年代接受了有关性别歧视的各种立法。从经济角度讲,人们通常认为黑人和女性寻找工作的自由并不会必然实现工资的平等或者同等的劳动条件。劳动力市场上有太多的障碍,使这些理想状态无法实现。

毫无疑问,前四代反歧视立法实现了种族关系委员会在其第一份年度报告[85]中作出的承诺,即作出明确的公共政策声明,并对那些不愿意受到歧视但迫于社会压力又不得不屈服于歧视的人提供支持。这些立法不仅为黑人和其他少数族群、女性、残障人士、老年人、同性恋、双性人以及跨性别的人提供了救济途径,它还具有重要的教育和说服的功能,且也有助于减少偏见。如种族关系委员会在其第

[82] See Department of Communities and Local Government (2007) *Fairness and Freedom: The Final Report of the Equalities Review* (London, DCLG) 15 - 18.

[83] National Equality Panel (2010) *An Anatomy of Economic Inequality-The UK Report of the National Equality Panel* (London, Government Equalities Office) 1 - 2.

[84] Hills, J, Sefton, T and Steward, K (2009) *Towards a More Equal Society? Poverty, Inequality and Policy since* 1997 (Bristol, Policy Press).

[85] Race Relations Board (1966 - 67) *First Annual Report* (London, HMSO) para 65.

一份年度报告中所说,“一部法律通过不鼓励能够传达偏见的行为可以减少偏见”。[86]《平等评估报告》中提到,“英国社会比以前更包容,并且平等获得了更强大的支持……但是我们还没有能够得心应手地处理我们的多样化问题”。[87] 1976 年后,通过将间接歧视的情形也纳入法律的调整范围,这些立法的影响得以增强。这使很多机构和组织对其政策和操作实践进行检视和重新定义,以免其对受保护的群体产生意想不到的负面影响。但是,其中仍然存在许多障碍。

女性面临的主要障碍是性别刻板印象(gender stereotyping),集中于低收入、非全日制和临时性的工作,收入不公平,怀孕歧视及骚扰。尽管年轻的女性现在拥有和男性一样,甚至更高的资历条件,且比之前的世代有更高的期望值,但她们在劳动力市场上仍然处于不 24
利地位。基本上所有民族、宗教群体中的女性收入都比男性群体中收入最低人群的收入还要低。[88] 针对民族和宗教少数族群,或者其他任何“跟我不一样”的人的歧视,可能是基于避免打交道(avoidance),或者偏好(preference)与其他社会和文化层面更熟悉的

---

〔86〕 Race Relations Board(1966 - 67) *First Annual Report*(London, HMSO) para 65;总体可参见 Hepple, B (1970) *Race, Jobs and the Law in Britain*, 2nd edn (Harmondsworth, Penguin) 30, 175 - 76。

〔87〕 Department of Communities and Local Government(2007) *Fairness and Freedom: The Final Report of the Equalities Review*(London, DCLG) 91.

〔88〕 细节请参见 National Equality Panel(2010) *An Anatomy of Economic Inequality-The UK Report of the National Equality Panel*(London, Government Equalities Office) 219 - 22。

人打交道而导致的,不见得是有意识的排斥决定,尽管这种表现形式仍然存在。来自同一社会、文化或者宗教背景的人可能会被优先考虑,因为作决定的人感觉跟他们打交道更舒服。然而,由此产生的影响与老式的种族主义并无二致,正如黑人和其他少数族群持续的高失业率所揭示的那样。他们的就业率与平均就业率之间的差距是15.5%,并且在穆斯林女性中就业的比例更是低至1/4。与没有残障的人相比,残障人群找不到工作的可能性是前者的2.5倍。特别是针对那些被认为精神上存在残障或者学习能力上有障碍的人,歧视广泛存在。[89] 同性恋和跨性别的人群在学校和工作中受到恐同者的欺凌和歧视。[90] 因此,法律的一个核心目的就是要减少这些不平等现象。

三、平等的维度

(一)形式平等

早期消除歧视的努力主要聚焦于形式平等这一自由主义理念,

[89] National Equality Panel(2010)*An Anatomy of Economic Inequality-The UK Report of the National Equality Panel* (London, Government Equalities Office) 237.

[90] National Equality Panel(2010)*An Anatomy of Economic Inequality-The UK Report of the National Equality Panel*(London, Government Equalities Office) 240.

即对相同的人给予相同的待遇(likes should be treated alike)。这一理念的核心问题在于：在什么情况下两个人的情况足够相似，需要给予他们同等待遇？正如《窈窕淑女》(*My Fair Lady*)中的希金斯(Higgins)教授所唱："女人为什么不能更像男人?""跟谁比平等?"这一问题的答案通常是"跟男人比平等"。这种依赖于男性模式的方式意味着，将以男性为主导的社会中的现存价值体系作为理所当然的通行价值。比如，承担抚育子女义务的女性雇员压根无法适应"男主外、女主内"观念下形成的工作模式。将怀孕的女性与生病的男性进行比较，毫无意义。[91] 而将少数民族或者少数宗教群体的成员与主流文化群体的成员相比较，事实上意味着要求同化或者服从，而非展示对个体尊严或者多样性的尊重。所以我们根本无法对形式平等的范式进行调整，借此去涵盖残障人群，因为他们与那些没有残障的人群相比并不具有相同的能力。[92] 同样，如果一个雇主以同样恶劣的 25
方式去对待所有的雇员，并不违反形式平等原则；并且，如果将两个情况相同的人的某种特定待遇同时剥夺(同时降低，leveling down)，就如同授予这两个人某种特定待遇一样(同时提高，leveling up)，均符合一致对待的要求。[93]

《平等法》仍然保有形式平等的原则，这主要体现在直接歧视上，

---

〔91〕 参见原著第61页。
〔92〕 参见原著第68页。
〔93〕 参见原著第69页。

即一个人要不是因为他受保护的特征,就不会受到不利的对待。[94]

(二)实质平等

对形式平等的各种批评,使实质平等原则得以产生和发展,欧盟的术语称为“实践中的全面平等”。英国的第三代平等立法通过间接的或者反向的影响歧视的概念衍生出机会平等的程序理念。间接歧视最初被界定为可以同样适用于不同性别或者不同种族的要求或者条件,但是,某一个性别或者种族中能够满足这一要求或者条件的人有可能比其他性别或者其他种族的人少得多。比如,工作的薪水很高,但要求全职工作,这一要求就间接歧视了女性,因为她们受困于家庭责任,很多女性只能从事非全日制工作。要求为残障人士提供合理便利的义务同样对于确保在残障问题上实现实质平等发挥着至关重要的作用。[95]

间接歧视的观念已经在欧盟的判例法和立法中被重新定义,在英国《平等法》中也被统一整合,且拓展至包括残障在内的所有禁止歧视的事由。[96] 这是一种以结果为导向的方式,“重要的不是给予个体的待遇的平等问题,而是因个体的弱势群体成员身份而对其产

---

〔94〕 参见原著第67页。

〔95〕 参见原著第91页。

〔96〕 参见原著第97页。

生差别影响这一事实”。[97] 尽管聚焦于结果,间接歧视的局限在于,如果没有排斥性的标准或者合适的参照对象,或者存在经济上的正当性,受指控的一方(respondent)不需要采取任何行动。用弗莱德曼教授(Fredman)的话讲,这一观念让人们想起了“比赛中的竞争者的生动隐喻”,“如果不同的人从不同的起跑线开跑,那么真正的平等将无法实现”。这样做的目的是实现起跑线的平等,也确实增加了很多 26
机会,但是“却无法确保更多的女性或者[少数民族的人]在事实上能够抓住这些机会”。[98] 并且,有关间接歧视的规定并没有设置义务要求消除错误的标准或者操作,除非作为歧视行为受害人的个体成功地提起了诉讼。

加重平等的积极义务,由于其主动的特点,在很大程度上消除了间接歧视规定的局限,[99] 并且积极行动的概念允许采取有利于特定弱势群体的特别措施,这是禁止直接歧视的例外。“平权行动”(affirmative action)这一概念最初出现在美国,用来描述那些旨在提升女性和少数族群在工作中的包容和参与程度的行动。这一术语被规定在1964年《民权法》的第七章,用来描述赋予法官纠正非法歧视

---

〔97〕 Fredman, S (1999) *A Critical Review of the Concept of Equality in UK Anti-Discrimination Law*, Independent Review of the Enforcement of UK Anti-Discrimination Legislation, Working Paper No. 3 (Cambridge Centre for Public Law) para 3.10.

〔98〕 Fredman, S (1999) *A Critical Review of the Concept of Equality in UK Anti-Discrimination Law*, Independent Review of the Enforcement of UK Anti-Discrimination Legislation, Working Paper No. 3 (Cambridge Centre for Public Law) paras 3.12 – 3.16.

〔99〕 参见原著第162页。

行为的权力,以及肯尼迪总统在1961年和约翰逊总统在1965年通过的行政命令中[100]规定联邦政府承包商有义务纠正在工作场所中少数族群和女性代表性不足的权力。[101] 这些规定对于美国大公司在劳动就业问题上实现实质平等发挥了重要作用,并陆续传播到加拿大、澳大利亚和其他国家。[102] 这些措施的正当性在于对过去的歧视行为进行补偿,实现实质平等,以及在劳动力中增强多样性或者各群体的比例代表性。

在欧洲,"积极行动"(positive action)这一术语描述的政策,通常避免与"配额"(quotas)或者美国法律和政策中其他有争议的特征联系在一起。麦克拉登(McCrudden)[103]确认了不少于五种可以归入"积极行动"范畴的行动类型。一是消除那些可能会对某一特定群体产生不利影响的做法,如口头招聘(word-of-mouth hiring)。这实际上是对消除间接歧视原则的应用。二是提高此前被排斥或者代表性不足的群体成员的比例的政策。三是一些外展(outreach)服务项目,

---

[100] McCrudden, C (2007a) *Buying Social Justice: Equality, Government Procurement and Legal Change* (Oxford University Press) 5.

[101] McCrudden, C (1986), "Rethinking Positive Action", 15 *Industrial Law Journal* 215, 220 - 21.

[102] See Bob Hepple, Mary Coussey and Tufyal Choudhury, *Equality: A Framework (Report of the Independent Review of the Enforcement of UK Anti-Discrimination Legislation)* (2000) 65 - 67.

[103] McCrudden, C (1986), "Rethinking Positive Action", 15 *Industrial Law Journal* 21, 223 - 25.

旨在吸引那些来自代表性不足群体的成员。四是一些对特定群体的优待措施,有点类似于特殊照顾或者"反向"歧视。五是一些尝试,通过改变某项工作岗位的资历要求以便能够鼓励招聘某一弱势群体的成员或者为其晋升提供便利,重新定义"录用条件"(merit)。一个例证便是允许那种可能会对某一个特定群体有利的"真实职业资格要求"(genuine occupational qualifications)。 27

在英国的立法中,上述积极行动的形式仅得到了部分体现。《平等法》扩大了合法积极行动的范围,但是,并不允许反向歧视或者积极歧视(positive discrimination)。[104]

(三)机会、能力和结果的平等

2010年《平等法》规定政府机构有积极义务促进具有法律保护特征的群体与其他群体之间的"机会平等"。[105] 但是,该法并未界定机会平等的含义。[106] 它很明显既有程序方面的含义又有实体方面的含义。弗莱德曼认为,"平等机会的核心目标应当是在对每个人的

---

〔104〕 参见原著第156页。

〔105〕 参见原著第162页。

〔106〕 这一点引起了近代政治哲学家的担忧,这些哲学家包括约翰·罗尔斯(1971)[Rawls, J(1971) *A Theory of Justice* (Cambridge, MA, Harvard University Press)];阿玛蒂亚·森(1992, 1999, 2009)[Sen, A(1992) *Inequality Re-Examined* (Oxford, Clarendon Press), (1999) *Development as Freedom* (Oxford, Oxford University Press), (2009) *The Idea of Justice* (London, Allen Lane)];罗纳德·德沃金(2000)[Dworkin, RM(2000) *Sovereign Virtue: The Theory and Practice of Equality* (Cambridge, MA, Harvard University Press)]以及加里·科恩(2000)[Cohen, G(2000) *If You're an Egalitarian, How Come You're So Rich?* (Cambridge, MA, Harvard University Press)]。

尊严同等关切和尊重的前提下提升全社会所有成员的平等参与”。〔107〕 但是,程序正义的理念并不能保证任何特定的结果。阿玛蒂亚·森认为机会平等包括:(1)追求个人选定目标的机会;(2)选择程序本身。前者可以从结果的角度判断,也可以更全面地考虑一个人实现这一结果的方式(比如,是通过他自己的选择,还是服从别人的指令)。〔108〕 尽管“第三条道路”的理论家通常都比较支持机会平等,因为它与这一理论的其他要素相得益彰,如个人责任和个人选择;但是,就何时以及在多大程度上可以进行再分配这一问题上,仍然存在较大争议。

《平等评估报告》的起草者们在对机会平等的界定上采取了折中的方式。首先,他们承认个体的真实和有价值选择的重要性。其次,他们承认有些人为了享受真正的自由并获取平等的机会需要更多且不同的资源。最后,他们认为目的是缩小真正机会和真正自由之间
28 的差距,而实现这一目的方式不是削减一些人的自由,而是增加那些长期受到不利对待的人的机会。这种认识将分配视为个人选择的结果。这不是福利的平等,即要求社会机构对他们控制的资源和机会进行分配,以便能够在不考虑个人选择和努力的情况下实现统一分配。同时,这也不仅是择优分配的问题。它承认我们人生的机会是

---

〔107〕 S Fredman and Sarah Spencer(eds.),Age as an Equality Issue(Hart 2003)228 –30.

〔108〕 Sen,A(2009)*The Idea of Justice*(London,Allen Lane)228 –30.

由环境和个人选择共同决定的。环境包括我们的基因禀赋、性别、种族、残障状况以及在我们控制之外的对我们技术和其他事项的要求。个人选择包括我们选择掌握的技能以及我们为此付出的努力。“第三条道路”的机会平等的关键特征是,它是建立在个人责任的伦理学基础上的。个人责任原则与德沃金所提的尊严的第二个维度有点相似,即每个人都有特殊的责任来实现他自身生命的成功,这包括就何种生活方式最适合自己作出判断。[109] 平等责任和选择并没有被视为互相排斥的。最基础的价值是对所有人给予平等的关切,但是这并不意味着不考虑个人责任和选择的平等。用朱利安·勒·格兰德(Julian le Grand)的话讲:

> 我们就一个既定分配结构中所存在的固有不平等程度的判断,取决于我们在多大程度上将分配视为个人选择的结果。如果个体由于自己的选择导致获得的结果比别人少,那么这种结果上的不一致就不会被认为是不平等的;如果这一点是由于他控制之外的原因造成的,那么就会被认为是不平等的。[110]

---

[109] Dworkin, RM (2000) *Sovereign Virtue: The Theory and Practice of Equality* (Cambridge, MA, Harvard University Press).

[110] Le Grand, J (1991) *Equity and Choice: An Essay in Economics and Applied Philosophy* (London, HarperCollins) 87.

尽管实质平等为那些此前受到不公平排斥的人提供了机会,但是并未触及造成这些排斥的社会结构,正是这一社会结构剥夺了他们获得真正的机会并造成了不公平的结果。而变革式平等则致力于破除制度性不平等,并消除贫困和弱势。[111] 这意味着要确保阿玛蒂亚·森所称的“能力平等”[112]的实现,使人们能够拥有参与社会、从事生产性活动及参与决策活动所需的技巧。为实现这一点所需要采取的措施包括:机构应当在消除壁垒并确保那些需要更多资源的人能够获得所需资源上承担更积极主动的角色。换句话说,这涉及再
29 分配的要素。变革式的平等预示着实质平等与社会经济权利之间的紧密联系。[113] 然而,阿玛蒂亚·森所强调的“能力平等”并不意味着整齐划一。比如,有可能需要对个人的努力和效率进行奖励,并且,平等需要与正义的其他方面如程序公正等相互权衡。[114]

对个人选择的倚重所招致的最主要的批评是它忽视了社会中财富和权力的不公平分配这一事实。它将所有人的选择降到同一个水平。这一点与现实世界完全不符,在现实中个人往往没有真正自由

---

〔111〕 Albertyn, S (2006), “Substantive Equality and Transformation in *South Africa*”, 23 *South African Journal of Human Rights* 253, 257.

〔112〕 Sen, A (1999) *Development as Freedom* (Oxford, Oxford University Press).

〔113〕 Fredman, S (2008) *Human Rights Transformed* (Oxford, Oxford University Press) 226 – 40.

〔114〕 Sen, A (2009) *The Idea of Justice* (London, Allen Lane) 296.

的选择，原因在于其财富、种族、性别和社会阶层存在的差异以及与他们的社会角色相关的刻板印象。[115] 那种认为黑人女性申请一份工作被拒绝录用后，可以选择另外一份工作，或者可以选择去提高受教育水平的观点，是过于乐观的看法。它忽略了黑人和女性世世代代所面临的骚扰、贬低以及羞辱，会降低他们的自我评价和尊严，并消解他们"追求提升"人生际遇的动力。这一点在《平等评估报告》中得到了很好的体现，该报告明确采纳了阿玛蒂亚·森的观点，[116] 并规定了能力方面的"平等计分卡"(equality scorecard)，在这一体系中，能力被认为对人们形成真正的选择自由至关重要。这包括生存能力、健康生活的能力、具备参与社会的技巧的能力、参加生产活动的能力、参与决策的能力、表达自己的能力、受到法律保护和平等对待的能力。在我们看来，《平等法》中规定的"机会平等"应当作广义解释，包括程序平等、个人享有不受身份限制的选择自由以及获得为了进行选择所需能力的可能性。

---

〔115〕 参见 Browne, J (2006) *Sex Segregation and Inequality in the Modern Labour Market* (Bristol, Policy Press)有关男性/女性刻板印象的影响的论述。

〔116〕 Department of Communities and Local Government (2007) *Fairness and Freedom: The Final Report of the Equalities Review* (London, DCLG). annex a, 125 - 32.

四、平等与公平

实质平等、变革式平等与“公平”之间呈现一种什么样的关系?“公平”一词在《平等评估报告》和《反歧视法评估报告》中均被反复提及。前者认为其平等的定义支撑着更广泛、朴素意义上的公平理念,这一公平理念对我们的社会非常珍贵;[117]后者称“平等是公平社
30 会的基石,在公平社会中每个人都有获得成功的最佳机会”。[118] 这两份报告将公平置于以积极提升能力平等为基础的选择自由之中。这与第二次世界大战后艾德礼(Attlee)政府的理念差异很大,这一理念认为国家有义务为每个人提供“公平的份额”并减少富人与穷人之间的不平等现象。[119] 随着时间的推移,政府对经济平等和收入分配的兴趣基本消失不见,贫富之间的差距无论在全球层面,还是在英国都越来越大,并且,在有些群体中的贫富差距比其他群体更

---

〔117〕 Department of Communities and Local Government(2007a) *Fairness and Freedom: The Final Report of the Equalities Review* (London, DCLG) 15.

〔118〕 See Department of Communities and Local Government(2007) *Discrimination Law Review A Framework for Fairness. Proposals for a Single Equality Bill for Great Britain* (London, DCLG) 8.

〔119〕 关于这一问题的经典阐释,可参见 Tawney, RH (1931) *Equality, with an Introduction by Richard M Titmuss* (London, UnwinBooks, 1964)。

大。[120] 通常来讲,英国的政党不太愿意从富人群体中提取一部分钱来促进更平等的收入分配。

旧的集体身份和阶级冲突已经在很大程度上为个体身份和性别、民族、信仰和生活方式的冲突所取代。正是在这一新的社会文化环境中,不同种族、性别、婚姻状况、性取向、年龄、宗教或者其他信仰的人之间,以及残障人士与非残障人士之间的平等机会问题才引起了人们的广泛关注。一些认为平等机会(无论是在实体,还是程序意义上)无法充分、有效地实现"公平"社会追求的人已经提出了替代方案。休·考林斯(Hugh Collins)认为"社会融合"(social inclusion)与实质平等相比,能够为反歧视立法提供更令人满意的智识基础。[121] 凯瑟琳·伯纳德(Catherine Barnard)认为这一立法应当建立在"连带"的价值基础上,以便能够实现对弱势群体进行融合并吸收其参与的目标。[122] 她认为"连带"一词要优于"社会融合",因为它既有积极面向,也有消极面向。连带的消极面向禁止歧视,并要求消除那些对个体的参与可能构成障碍的措施和做法;连带的积极面向设置了义务,要求采取积极措施帮助个体融入社会。她提到,连带原则

---

〔120〕 参见原著第226页。

〔121〕 Collins,H(2003),"Discrimination,Equality and Social Inclusion",65 *Modern Law Review* 16,16.

〔122〕 Barnard,C(2004),"The Future of Equality Law:Equality and Beyond",in C Barnard,S Deakin and G Morris(eds.),*The Future of Labour Law Liber Amicorum Sir Bob Hepple* (Oxford,Hart Publishing) ch 10,227.

已经为欧洲法院所采用,用来帮助那些本身是欧盟成员国公民的移民工人融入社会。

前述变革式平等的目的确实与“社会融入”或者“连带”的观念有很多共通之处:主要目标是帮助弱势人群,并帮助他们融入社会、参与社会活动。然而,这些对平等法进行观念上重构(reconceptualise)的努力也面临巨大风险:在过去 50 年间形成的清晰的、协调的法律原则
31 有可能分崩离析。本书的观点是对平等法进行统合、简化和现代化,但并不必然意味着我们要诉诸一些模糊不清的观念,如“公平”。一部法律要想对实质平等和变革式平等做出有效的贡献,至少要满足 5 个条件。

(1)法律必须是综合性的,涵盖所有弱势群体的身份,而又没有为平等划定一个等级次序。这一点是本书第二章的主题。

(2)法律标准,包括直接歧视、间接歧视、骚扰、欺凌等概念必须清晰、连贯且通俗易懂,任何偏离规范的做法都必须与所追求的合法目的合乎比例原则。这是本书第三章的主题。

(3)法律标准必须涵盖所有的主要活动领域,且例外规定必须透明并有客观的理据支撑。这是本书第四章(工作与同工同酬)和第五章(服务、公共职能、建筑、教育与结社)要解决的问题。

(4)必须通过激励和惩罚来鼓励建立在主动参与基础上的自我规制与采取积极行动。那些自愿服从这些标准的人的处境应该比那些没有服从的人的处境要好。激励应该包括消除歧视、提升机会平

等、营造良好关系的积极义务，政府采购合同及政府补贴所要求的劳动就业平等和同工同酬评估，以及对法律标准的遵守。这是本书第六章的主题。

(5)对于那些无视法律标准的人，应当有一个独立的机构开展积极的执法活动，以对自我规制提供有效的支撑。对于那些违反法律标准的人，应当规定有效的法律救济方式，明确个人责任和法律责任。这是本书第七章的主题。

本书的最后，对《平等法》在经过2010年以后的修订后，就上述条件的实现和满足情况进行了评估(第八章)。

延伸阅读1.C　《平等法》结构概述

该法共由16章和28个附录组成。本法的总体结构如下：

第1章原本规定了特定公共机构在作出战略性质的决策时，有义务对社会经济因素进行考虑，但该章于2013年被废止。

第2章(含附录1)规定了作为本法基础的主要观念，包括： 32

受到保护的特征(年龄、残障、性别重置、婚姻与民事伴侣、怀孕与生育、种族、宗教/信仰、性别与性取向)；

直接歧视的概念(包括基于两种相关的受保护的特征而实施的歧视)，基于残障的歧视，间接歧视，骚扰与欺凌。这些主要的概念在该法随后的章节中被细化。

第3章(包括附录2和附录3)规定在提供服务(包括提供物品和设施)或者行使公共职能时实施歧视、骚扰或者欺凌行为是违法的。

第4章(包括附录4和附录5)规定在处分或者管理建筑物时实施歧视、骚扰或者欺凌行为是违法的。

第5章(包括附录6、附录7、附录8、附录9)规定在工作或者就业服务过程中实施歧视、骚扰或者欺凌行为是违法的。同时也包括男女同工同酬的规定,孕期和产期薪酬,将禁止雇员向其他同事披露薪资水平的劳动合同确定为违法的规定;以及要求私营部门的雇主公布男女之间收入差距信息(以百分比表示的男女收入的差异)的权力(到目前为止尚未实施);该章还包括限制潜在雇主询问应聘者残障或者健康状况的情形。

第6章(包括附录10、附录11、附录12、附录13、附录14)规定教育机构对学生或者申请入学者实施歧视、骚扰或者欺凌为非法。

第7章(包括附录15、附录16)规定社团(如私人俱乐部和政治组织)对会员、成员或者顾客进行歧视、骚扰或者欺凌为非法,并规定了要求政党公布其候选人多元化信息的权力。

第8章禁止其他形式的行为,包括对前雇员或者前学生实施的歧视或者骚扰,比如要求第三方对其实施歧视;或者帮助其他人 33
实施歧视。同时还规定了雇主和校长对其雇员或者代理人的行为所承担的责任。

第9章(包括附录17)为有关该法执行机制的内容,即通过民事法庭(与服务和公共职能、建筑、教育及结社有关)和劳动关系裁判庭(与工作或者相关领域有关,以及同工同酬)执行。

第10章规定,如果劳动合同、集体合同或者规章制度造成了非法的歧视、骚扰或者欺凌,那么这些合同或者规章制度是不可执行的或者无效的。

第11章(包括附录18、附录19)确立了公共机构的概括义务,即其在履行职能的过程中,应当考虑消除非法歧视、骚扰或者欺凌,促进机会均等以及营造良好关系的需要。同时,也包含要求雇主或者服务提供者或者其他组织采取积极措施克服或者消除因特定受保护的特征而造成的不利待遇。

第12章(包括附录20)要求出租车或者其他私人受雇车辆、公共服务车辆(如公交车)以及轨道交通应当为残障人提供无障碍化设施,并确保他们旅行的舒适度。

第13章(包括附录21)涉及对建筑物进行合理改动以及对出租的住宅进行改良所需获得的同意。

第 14 章(包括附录 22、附录 23)规定了该法前述章节中所规定一系列禁止行为的例外,包括立法所要求的行为、保护女性的需要、教育方面的任命、国家安全、由慈善机构提供的待遇以及体育竞赛。

第 15 章废除或者取消了与家庭财产相关法律中对丈夫和妻子进行区别对待的规定。

第 16 章(包括附录 24、附录 25、附录 26、附录 27、附录 28)规定了国务大臣(Minister of the Crown)有权力对本法的相关规定进行修改,以确保其与英国根据欧盟法律所承担的义务要求相一致。同时,也包括该法对政府机构的适用、次级立法、解释、生效日期等一般规定。还包括对 2004 年《民事伴侣法》(Civil Partnership Act 2004)的修正规定,允许民事伴侣登记仪式在经批准可举办这些仪式的宗教建筑中举行。

第二章　受保护的特征

一、身份保护的程度

35

对于受到反歧视法保护的身份类型，有两种定义的方式。第一种是概括式、开放式的，将所有对“外来户”的恣意排斥或者刻板印象的表现形式视为相互关联。这是《世界人权宣言》第2条及其他几个国际条约所采用的做法。《欧洲人权公约》第14条规定了一系列具体的事由，并附之以“其他身份”这一兜底条款。欧洲人权法院将“身份”界定为个人或者群体区别于其他人或者群体的个性特征。[1]第二种方式将各种身份不平等的表现形式视为相互独立，并将法律

〔1〕 Harris, D, O' Boyle, M, Bates, E and Buckley, C (2009) *Law of the European Convention on Human Rights*, 2nd edn (Oxford University Press) 584–85.

保护限定于特定的受保护特征。欧盟的指令和《平等法》采取的就是这种方式。《平等法》[2]仅涵盖了9种在此前立法中已经规定的受保护特征:年龄、残障、性别重置、婚姻与民事伴侣、怀孕与生育、种族、宗教/信仰、性别以及性取向。主管大臣有义务适时向这一列表增加"种姓"(caste)特征。[3] 正如我们可以从表2.1看到的那样,至少有8种特征虽然得到欧盟法律、《欧洲人权公约》或者《世界人权宣言》的保护,却没有被纳入《平等法》的保护范围:出生、基因特征、语言、与少数民族的联系、政治或其他观点、财产状况、社会出身,以及"其他身份"。

36 **表2.1 受保护的特征**

类别	《平等法》	欧盟[a]	《欧洲人权公约》	《世界人权宣言》[b]
年龄	√	√		
信仰	√	√		
出生			√	√
肤色	√		√	√
残障	√	√		
民族起源	√	√		
性别重置	√	√		
基因特征		×		

[2] EA, s 4.

[3] 《平等法》第9(5)条赋予主管大臣增加身份的权力。但这一规定为2013年《劳动与规制改革法》(ERRA)第9条所修改,将这一点规定为主管大臣的职责。参见原著第50页。

续表

类别	《平等法》	欧盟[a]	《欧洲人权公约》	《世界人权宣言》[b]
爱尔兰流浪者	√[c]			
语言			√	√
婚姻/民事伴侣	√			
国籍	√	×[d]		
来源国	√		√	√
与少数民族的联系		×	√	
其他身份			√	√
种姓	√			
政治或其他观点	[e]			√
财产状况			√	√
种族	√			√
种族来源		√		
宗教	√	√		√
性别	√	√	√	√
性取向	√	√		
社会出身			√	√

注：

a. 欧盟："√"是指根据《欧盟运行条约》第19(1)条而规定的措施；"×"是指根据《欧盟基本权利宪章》规定的额外特征。

b. 这些特征也受到《公民权利与政治权利国际公约》第26条的保护(免于歧视的保护)。国际劳工组织第111号公约规定的受保护特征列表与此基本相同，但是排除了出生、语言和财产状况这三项特征。

c. 司法上的解释将这一身份纳入种族之中。

d. 仅限于针对欧盟成员国公民身份的歧视。

e. 修订后的1996年《劳动权利法》第108条取消了基于这一原因提起不公平解雇诉讼的资格期间的要求(2013年《劳动与规制改革法》第13条)。

概括、开放式的定义有几个优点。第一,在多重歧视,即在针对一个人或群体的不利待遇的准确原因不甚明了的情况下,受害人证明起来比较容易;比如,究竟因为她是女性,抑或是黑人,或者因为怀孕,或者因为上述原因的综合作用导致了歧视?第二,开放式的方法承认了不利待遇的多种形式之间的联系,并且也促使不同受保护群
37 体之间更团结。第三,这种方法也允许法院和裁判庭根据不断变化的社会道德观念对平等法进行调整跟进。比如,社会有关同性恋和跨性别问题的认识从 20 世纪 70 年代开始就发生了变化,但直到 1999 年《欧共体条约》第 13 条生效,并通过《就业框架指令》得以实施,这些特征才被纳入法律框架的调整范围。可以预见,将来还会面临增加受保护特征的压力,如社会出身、基因特征和语言等。如果在立法中没有"其他身份"的表述(如《欧洲人权公约》中"其他身份"的表述),或者对任何"不公平"歧视的概括禁止,[4]法院或者裁判庭就无法适时拓展受保护的特征范围。如果欧盟法中规定了一种新的禁止歧视的事由,英国根据 1972 年《欧洲共同体法》的规定,可以通过授权立法的方式加以落实,并且也可以通过修改《平等法》的方式确保不同立法规定之间的协调一致。[5]

---

〔4〕 如 1998 年南非第 55 号法令《南非就业平等法》(South African Employment Equity Act)的规定。

〔5〕 EA, ss 203 - 04.

二、年龄

（一）对 21 世纪挑战的回应

自 2006 年 10 月 1 日起，为执行欧盟《就业框架指令》而制定的《就业平等（年龄）条例》[Employment Equality (Age) Regulations 2006]生效，年龄成为禁止歧视的事由。这一指令和条例仅限于就业和职业培训领域。《平等法》极大地拓展了反歧视法律的适用范围。首先，该法禁止高等教育、一般的认证机构和协会等在服务和物品的提供过程中、履行公共职能的过程中，实施年龄歧视。其次，在所有这些领域，包括劳动就业领域，该法还规定了获得免受骚扰〔6〕与欺凌〔7〕的保护的权利。最后，该法将年龄作为受保护的特征之一，纳入公共机构平等义务（public sector equality duty）的范围内。〔8〕

进入 21 世纪，由于人均寿命的延长、退休后余命的增加，以及退休金供给水平的下降，年龄平等变成了一个重要的社会需求。

从工作中"退休"，以及将"老"人作为一个独特的社会群体，只是在福利国家为退休人群提供退休金和其他待遇之后才变成一种文

〔6〕 EA, s 26. 参见原著第 97 页。
〔7〕 EA, s 27. 参见原著第 103 页。
〔8〕 EA, s 149(7). 参见原著第 163 页。

化和法律常态的。[9] 在此之前的数个世纪,只要干得动,老人都得继
38 续从事生产劳动。有点自相矛盾的是,为老年人提供物质帮助的社会保障待遇又变成了较低社会地位的标志,使工作年龄的上限以及对超过领取退休金年龄的人的歧视合法化。让那些年仅 50 岁的工人“退休”变成了一种降低年轻人失业率的可接受的方式。到 2020 年,英国处于劳动年龄的人群数量为 4160 万,1260 万人处于领取退休金的年龄,劳动年龄与退休年龄人群的比例为 3.302∶1;到 2035 年,劳动年龄的人口据预测将为 4400 万,退休年龄的人群为 1560 万,劳动年龄与退休年龄人口的比例为 2.82∶1。这一比例已经考虑了延迟退休金领取年龄的政策,即 2020 年实现男女均为 65 岁,在 2024 ~ 2046 年将退休金领取年龄分阶段提升至 68 岁。[10] 人口的老龄化不可避免,部分原因是人口的自然老化进程为科技进步、生活方式和饮食习惯的变化所延缓。从总体上讲,人们能够从事劳动的时间都在延长。延长工作年限也是为涵盖赡养老龄人群不断增加的成本所必需的。同时,这也是代际转移支付的需要,即为那些缺乏足够资源的老年人提供物质帮助。大量的证据显示,老龄人群在劳动就业、[11] 医疗保障[12] 以及受

---

〔9〕 See Thane, P(2000) *Old Age in English History*(Oxford University Press). ch 14.

〔10〕 ONS, National Population Projections 2020 – based.

〔11〕 Government Actuary's Department (GAD) 2006 – based principal population projection.

〔12〕 Hepple in Fredman, S and Spencer, S(2003) Age as an Equality Issue(Oxford, Hart Publishing)74.

教育机会方面受到歧视。[13]

消除这一歧视并提升老龄工人的平等机会,已经与降低年轻人的失业率和被社会排斥的人数一样,成为重要的社会优先事项。就不同年龄群体之间,以及同一年龄群体内部存在的社会—经济不平等现象而言,这一问题是很复杂的。16 岁以下和 65 岁以上人群的收入是最低的,财富最多的人群集中在 55 ~ 64 岁年龄段。但是,在同一个年龄群体内部也存在严重的不平等,55 ~ 64 岁年龄段中有 1/10 的人的财富在 28,000 英镑以下,另外 1/10 的人的财富在 130 万英镑以上。[14] 不平等现象并不仅是由年龄引发的。[15]

(二)个人尊严与其他人的权利和利益之间的平衡

《平等法》中有关年龄歧视的规定,以及有关公共部门平等义务的规定,旨在调和有关年龄不平等现象的两种不同观念。第一种观念认为,年龄不平等是对个体尊严、选择和社会参与权利的侵犯;第
二种观念认为,年龄不平等是针对特定年龄群体的社会问题,解决这 39
一问题需要同时考虑其他人的权利与利益。第一种观念聚焦于将个体作为二等公民的做法,并试图克服一些刻板印象与错误认识,如所

---

〔13〕 Robinson, J(2003), "Age Equality in Health and Social Care", in S Fredman and S Spencer(eds.), *Age as an Equality Issue* (Oxford, Hart Publishing) 97, 103.

〔14〕 Schuller in Fredman, S and Spencer, S (2003) *Age as an Equality Issue* (Oxford, Hart Publishing) 119.

〔15〕 National Equality Panel(2010) *An Anatomy of Economic Inequality-The UK Report of the National Equality Panel* (London, Government Equalities Office) 222.

有老龄人口身上都带有一些负面的特征,如年纪太大无法学习(“老家伙学不了新戏法”),或者无法从事特定工作(“老年人反应迟缓爱忘事”),或者无法与年轻人打交道(“老年人脱离实际”)。那些持此种观念的人认为,一个人在任何年龄段都应当受到同样的关怀和尊重。根据这一观点,如果基于年龄就将一个人置于一种不利的境地,如强制退休,这种行为就会构成歧视,甚至无须将受害人与其他年龄段的人进行比较,且少有例外。[16]

而第二种观念的出发点是每个人都会变老,并且在人生的不同阶段有不同的优点和缺点,因此,人与人之间的不平等需要在“全生命周期”的基础上进行评估,而非孤立地看某一特定的年龄段。不同群体之间的利益诉求并不相同。这些利益诉求中既有政府通过社会政策确保民众有较长工作年限、终身学习、公平保健与其他社会服务以及较高社会融入程度的诉求,也有雇主在劳动力规划、员工队伍的稳定、对有经验雇员的奖励以及应对全球竞争所需要的灵活性方面的诉求,还有其他弱势群体如年轻工人、女性和少数族群的诉求。[17]

在非法歧视、骚扰和欺凌问题以及公共部门平等义务上,《平等法》采取了第二种以群体为基础的方法。该法所规定的作为受保护

---

〔16〕 Fredman in Fredman, S and Spencer, S (2003) *Age as an Equality Issue* (Oxford, Hart Publishing) 56.

〔17〕 Fredman in Fredman, S and Spencer, S (2003) *Age as an Equality Issue* (Oxford, Hart Publishing) 51 – 52.

特征的年龄,更多地指某人所属的某一个特定的年龄群体。年龄群体包括同一年龄的人(如 21 岁的人)和在一个年龄段中的人(如 50 岁以上的人)。如果人们处在同一个年龄段中,那么他们就具有受到保护的年龄特征。[18] 所以,某一年龄段的人受到的待遇应当与那些不在该年龄段的人的待遇进行比较。该法还规定了正当事由抗辩(defence of justification)机制,对不同的利益进行平衡。与其他受保护的特征不同,直接年龄歧视和间接年龄歧视一样均存在正当事由抗辩。[19] 同时,该法还规定了特定的例外,如资历规则(seniority rules)对年龄歧视规则的阻却。[20]

(三)儿童 40

当儿童因为残障、种族、宗教/信仰、性别与相关特征,以及性取向等原因而被歧视时,可以获得法律的保护;但是在法律有关物品、服务的提供过程中,或者在行使公共职能过程中的禁止年龄歧视的规定并不适用于 18 岁以下的人。[21] 禁止歧视、骚扰和欺凌的规定并不适用于与学校有关的年龄要求。[22] 儿童也在部分程度上被排除在法律有关公共机构平等义务规定的适用范围之外。[23] 至于这

〔18〕 EA, s 5.

〔19〕 参见原著第 78 页。

〔20〕 参见原著第 115 页。

〔21〕 EA, s 28(1)(a).

〔22〕 EA, s 84.

〔23〕 EA, s 149 and sched 18 para 1. 有关学校或者儿童之家提供的教育、住宿、待遇、设施或者服务并不受公共部门平等义务的限制。

些例外的正当性,用英国副检察总长的话说:

> 政府意图保护为儿童提供的专门量身定制的服务。如果把禁止年龄歧视规定的适用范围从工作场所拓展到儿童,那么那些专门为儿童或者特定的儿童群体提供的服务,根据反歧视法的规定,合法性容易受到质疑。[24]

给出的例证包括限制向儿童提供香烟制品和攻击性武器,为年轻人提供的特别服务,如怀孕和性健康检测,以及与年龄相关的服务,如托儿所和儿童照看中心。[25] 不过,议会联合人权委员会认为:

> 对18岁以下的人在服务提供问题上完全缺失免于年龄歧视的保护,在公共职能行使方面仅提供有限的保护,这意味着那些受到不当歧视的儿童无法获得有效的法律保护。这可能会使儿童无法享受《联合国儿童权利公约》规定的各项权利的全面保护。[26]

---

〔24〕 JCHR(Joint Committee on Human Rights)(2008 - 09) *Legislative Scrutiny: Equality Bill*, 26th Report of Session 2008 - 09, HL Paper 169, HC Paper 736 (London, The Stationery Office) para 42.

〔25〕 Hansard HL Vol. 716 col 589 (25 January 2010) (Baroness Royal).

〔26〕 JCHR(Joint Committee on Human Rights)(2008 - 09) *Legislative Scrutiny: Equality Bill*, 26th Report of Session 2008 - 09, HL Paper 169, HC Paper 736 (London, The Stationery Office) para 42.

将儿童排除在服务、公共职能的行使以及公共部门平等义务的适用范围之外的做法，与儿童在职场或者求职过程中所能获得的保护形成了对比。从原则上讲，《平等法》中有关年龄歧视的规定适用于劳动就业领域，但是对儿童（义务教育适龄儿童）和年轻人（18岁以下但又超过接受义务教育的年龄的人）又有专门的劳动立法加以保护。[27] 对于禁止基于年龄实施就业歧视的规定，《平等法》也规定 41
一些例外。比如，雇主可以根据最低工资立法（对于16～17岁的劳动者和18～21岁的劳动者，规定了低于22岁以上劳动者的最低工资水平）对不同年龄群体提供不同的最低工资。[28] 与此类似，根据国家的最低工资立法建立自己薪酬体系的雇主，有权对19岁以下的学徒或者一年级的学徒，支付低于年龄在19岁及以上的学徒或者一年级以上的学徒的工资。[29] 并且，雇主可以根据雇员子女的年龄为其子女提供育儿设施，而不用担心构成对其他雇员的直接歧视。[30]

总体上讲，政府由于拒绝改变《平等法》在劳动就业领域之外存

---

〔27〕 Children and Young Persons Act 1933 as amended; Children (Protection at Work) Regulations 1998, SI 1998/276 concerning the employment of children; Management of Health and Safety at Work regulations 1999, SI 1999/3242 on the obligations of employers with regard to the health and safety of young persons and the prohibition of certain types of employment of young persons, implementing the Young Persons at Work Directive, 94/33/EC.

〔28〕 EA sched 9 para 11.

〔29〕 EA, sched 9 para 12.

〔30〕 EA, sched 9 para 15.

在的“不必要、彻底且广泛的”(联合人权委员会的表述)除外规定,丧失了一个在平等立法中将儿童权利主流化的机会。[31]

三、残障

(一)从父爱主义到权利模式

据统计,英国成年人口中有14%是残障人口。由于人均预期寿命的延长,再加上医学进步使残障儿童的存活比例提高,这一比例肯定会继续上升。尽管近年来在减少歧视和不利待遇方面取得了一定进步,但是根据全国平等小组的报告,在2010年1月,工作年龄的残障人群中有近1/3的人没有获得任何职业资格,而无残障的人群中这一比例为12%。残障男性中只有21%的人获得全日制工作的机会,而非残障的男性中这一比例为2/3。有特殊教育需求[在苏格兰为额外支持需求(additional support needs)]的儿童与其他儿童相比受教育程度低得多。[32] 2007年的《平等评估报告》表明,残障人群

---

〔31〕 JCHR(Joint Committee on Human Rights)(2008 - 09) *Legislative Scrutiny: Equality Bill*, 26th Report of Session 2008 - 09, HL Paper 169, HC Paper 736(London, The Stationery Office) para 45.

〔32〕 National Equality Panel(2010) *An Anatomy of Economic Inequality-The UK Report of the National Equality Panel*(London, Government Equalities Office) para 9.4.

与其他特征相似的非残障人群相比，获得就业机会的可能性低29%。[33] 42

在1995年之前，针对基于残障而发生的歧视和骚扰，法律并未对受害人提供任何保护。第二次世界大战后的就业政策主要聚焦于通过自愿措施来提升康复、再培训、庇护性就业(sheltered employment)和工作安置服务等。当时也存在对残障人员的登记制度以及早期的平权行动，即对雇员人数在20人及以上的雇主建立法定配额制度，雇主应当将工作岗位分配给经登记的残障人员；并且，如果解雇该残障人员将使雇主招聘的残障人员比例降至法定配额以下，那么雇主无正当理由不得解雇。标准配额比例是全体雇员人数的3%，但是很少得到执行。[34] 这些措施并未改善残障人士的处境，如布莱恩·道尔(Brian Doyle)所说："在教育中被隔离，被福利体系所囚禁，被既存环境边缘化，因交通系统而动弹不得，无法参与娱乐和社会活动，为政治程序所隔绝。"[35] 正如我们所提到的，[36] 直到1995年《消除残障歧视法》通过以后，雇主和服务的提供者实施残障歧视才被规定为非法，并要求他们为残障人士提供合理的便利。这一规定的适用范

---

〔33〕 Department of Communities and Local Government(2007a) *Fairness and Freedom: The Final Report of the Equalities Review* (London, DCLG) 63.

〔34〕 Disabled Persons(Employment) Act 1994.

〔35〕 Doyle, B(1995) *Disability Discrimination and Equal Opportunities: A Comparative Study of Employment Rights of Disabled Persons*(London, Mansell) 1.

〔36〕 参见原著第13页。

围后来被拓展至中小学校、教育主管部门和高等教育机构。2005 年《消除残障歧视法》禁止公共机构实施残障歧视,并规定公共部门在残障问题上负有促进平等的义务。同时,欧盟《就业框架指令》也要求英国法相应地作出改变。

《平等法》在残障问题上作出的主要改变是规定了两个新的诉由以取代此前立法中规定的与残障相关的歧视:基于残障产生的歧视[37]和间接的残障歧视。[38]该法在这一问题上所作改进还包括:为中小学学生提供辅助帮助(auxiliary aids);[39]明确规定提供合理便利的费用不能概括性地转嫁给残障人员;[40]规定除特定情形外在录用前询问求职者的残障或者其他与健康有关的问题为非法;[41]明确
43 规定公共部门履行平等义务应当考虑残障问题;[42]并增加无障碍出租车的数量。[43] 同时,该法对"残障"的定义也作出了改变,只是这一改变并不如一些倡导者所主张的那么激进。

(二)"残障"的定义

在反歧视法中,如何确定受保护群体一直是个问题,而这一问题在残障群体上比在其他群体上体现得更突出。随着一些健康状况逐

---

[37] 参见原著第 91 页。
[38] 参见原著第 97 页。
[39] EA, s 20(5), sched 3 para 2.
[40] EA, s 20(7).
[41] EA, s 60.
[42] EA, s 149(4).
[43] EA, s 165.

渐被认可为残障，如幼儿孤独症（Asperger's syndrome）、自闭症、诵读困难症（dyslexia）以及运动障碍（dyspraxia）等，残障的医疗和社会内涵也在逐步扩展。法律在应对这些进展方面显得有些吃力。在涉及残障的案件中被告对原告的身份提出质疑的比例相对较高，正是例证。这在阻止受害人提起索赔请求方面会产生心理影响，并且可能也是残障案件中和解和撤诉比例高于平均水平的一个原因。[44]

《平等法》规定：

> 如果符合下列条件，则认定存在残障：
>
> (a)个体有身体或者精神功能方面的损伤，并且
>
> (b)这一损伤对其开展日常活动会产生实质性且长期的负面影响。[45]

《平等法》的一项修正案又明确了"实质性"要求是非细微的或者并非无足轻重的影响。[46]

> 符合下列情形之一的，损伤的影响方为长期的影响：

---

〔44〕 Doyle, B (1999) *Reform of the Disability Discrimination Act*, Independent Review of the Enforcement of UK Anti-Discrimination Legislation, Working Paper No. 4 (Cambridge Centre for Public Law). 1.

〔45〕 EA, s 6.

〔46〕 EA, s 212.

(a)持续了至少12个月;

(b)有可能持续至少12个月,或者

(c)有可能在受影响个体的余生持续存在。[47]

对“12个月”的要求,上下两院都曾试图进行修改,以涵盖那些持续时间虽不足12个月却反复发作的疾病,特别是严重的抑郁症。不过,这些尝试未获成功。[48] 名为“关爱精神健康”(Mind)的组织提交证据,证明其需要经常为那些因精神崩溃被解雇的员工提供咨
44 询,这些员工在几个月后健康状况又允许他们重新工作。[49] 政府的观点是,如果是间歇性或者反复发作的情形,只要附有损伤“可能会再发生”的医学意见,就能够获得保护。[50] 比如,一个人在两年的时间内经历了几次严重的抑郁症发作,而这又被诊断为由同一个精神健康问题引起的,在这种情况下,损伤就能够被认定为是长期的。[51]《平等法》所作的一项重要的变化就是取消了此前在认定残障时要考

〔47〕 EA, sched 1 para 2.

〔48〕 PBC(EB) 7th sitting col 191 (16 June 2009); Hansard HL Vol. 716 col 375 (13 January 2010) (Baroness Warsi).

〔49〕 JCHR (Joint Committee on Human Rights) (2008 – 09) *Legislative Scrutiny: Equality Bill*, 26th Report of Session 2008 – 09, HL Paper 169, HC Paper 736 (London, The Stationery Office) paras 50 – 55.

〔50〕 EA, sched 1 para 2(2); Hansard HL Vol. 716 col 577 (25 January 2010) (Baroness Thornton).

〔51〕 EN, para 675.

虑八种身体功能的要求，这些功能包括自主活动、说话、听力或者视力等。在一些裁判庭看来，这些功能是对“正常日常活动”的综合界定。这一改变对于那些遭受的损伤无法与前述八种功能对应起来的人来讲，证明其符合残障人员的定义更容易。对残障定义的主要批评在于它“复制了”在此前立法中盛行的残障“医学模式”，而非“社会模式”。[52] 这一点反映在对产生长期且实质性负面影响的身体或者精神损伤的要求上，关注焦点是个体的医学诊断结果，而非社会或者既存环境对残障人群所带来的不便和障碍。政府规章可以进一步规定，符合特定描述的情形构成或者不构成“损伤”，产生或没有产生“实质性的负面影响”。[53] 《平等法》确实明确规定癌症、艾滋感染以及多发性硬化症(multiple sclerosis)均构成残障[54]，但是政府规章排除了酒精、尼古丁及其他物质成瘾的症状，以及特定的其他情形。[55] 相比这种“一刀切”的除外规定，如果采取一种包容性的、能够涵盖所有损伤的方式会更合理一些，这一做法会允许被告证明基于残障而实施的区别对待或者间接的残障歧视，[56] 是实现合法目的的合比例

---

〔52〕 Alldridge, P(2006), “Locating Disability Law”, 59 *Current Legal Problems* 289, 294 – 302.

〔53〕 EA, sched 1 paras 1, 4, 5, 7.

〔54〕 EA, sched 1 para 7.

〔55〕 《2010 年〈平等法〉(残障)条例》[The Equality Act 2010 (Disability) Regulations SI 2010 No. 2128]将经鉴定为失明、视力严重受损、视力受损或者部分受损的人视为残障人。

〔56〕 参见原著第 9 页。

的手段,如长期酒精或者药物成瘾的人受伤的风险会更大。[57]

45 联合国于2006年通过,英国政府于2009年6月8日批准的《残疾人权利公约》采取的则是“社会模式”。这一模式承认“残障”是一个不断变化演进的概念,且残障是身体遭受损伤的个人与阻碍其全面有效参与社会的态度和环境障碍之间相互作用的结果。[58] 该公约规定“残障人士包括那些长期遭受身体、精神、智力或者感官损伤的人,这些损伤与各种各样的障碍一起会影响他们与其他人在平等基础上全面有效地参与社会活动”。在对欧盟《就业框架指令》和《平等法》进行解释时,必须与联合国《残疾人权利公约》的精神一致。[59] 社会模式的必然结果是所有受有损伤的人都应当获得保护,而无论损伤的影响是否为实质性的,是否长期存在。议会联合人权委员会认为基于残障歧视和间接残障歧视的抗辩事由,加上受害人提起合理便利诉由所需要满足的“重大不利待遇”(substantial disadvantage)这一门槛要求,再加上“合理”标准自身,就能够为雇主和服务提供者提供保护,使其免受权利滥用的侵害。[60] 很遗憾,这

---

[57] cf EA, sched 1 para 9(既往残障).

[58] Preamble, para(e).

[59] Case C-335/11 HK Danmark, acting on behalf of Ring v. Dansk almennyttigh Boligselskab[2013]EqLR 528.

[60] JCHR(Joint Committee on Human Rights)(2008-09) *Legislative Scrutiny: Equality Bill*, 26th Report of Session 2008-09, HL Paper 169, HC Paper 736(London, The Stationery Office) para 55.

些主张没有得到采纳。在英国，这一分类更多的是观念上的而非实践层面的，因为提供合理便利的义务和公共部门的平等义务就能帮助残障人士克服全面参与的障碍；但是问题在于，残障人士所遭遇的社会问题一直面临被当作医疗问题的风险。

四、种族及相关特征

（一）种族所处的变动不居的环境

在英国，基于种族的歧视是最早被禁止的一种歧视类型，早在1965 年就被规定为违法。[61] 这是一个社会观念，而非科学概念。《平等法》延续了 1976 年《种族关系法》有关种族的定义，即种族包括：肤色、国籍、民族或者来源国身份。[62] 2013 年的一项《平等法》修正案要求主管大臣在这一列表中增加“种姓”；这一修改原本预期在 2015 年开始实施，但后来政府改变了立场（此处为译者所加，详见下文有关“种姓”的介绍及译者注）。[63]

在 1965 年，对那些所谓的“低等”种族区别对待的重要原因是，人们普遍相信或者持有的偏见认为种族是一种生物或者基因构造， 46

〔61〕 参见原著第 11 页。
〔62〕 EA，s 9(1).
〔63〕 参见原著第 50 页。

可以用来解释人与人之间的差异。在当时,基于肤色或者其他身体特征实施的歧视普遍存在。随着在英国定居的少数民族群体和跨种族婚姻越来越多,生物意义上的种族主义已经越来越少,尽管仍在发生。歧视和骚扰更多的是基于文化、宗教和语言认同上的差异。因此,在敌意和不公平待遇的原因上,很难将种族与其他相关的原因区别开来,因此,这便凸显了创设一定的程序对多重歧视实施有效规制的重要性。〔64〕 宗教和种族可能会产生不同影响,但是,不利对待发生往往是因为某一种族—宗教团体的成员身份。〔65〕 新型的种族主义与旧的表现形式之间有一些共同的特征:“其一,有关差异与优劣的刻板印象;其二,利用力量上的优势去排斥、歧视与征服。”〔66〕对于在斯蒂芬·劳伦斯谋杀案调查中所揭示的“制度化种族主义”,现在认可度也越来越高。“制度化种族主义”被定义为:

> 一个机构基于人们的肤色、文化和民族身份集体拒绝为他们提供合适且专业化的服务。这些在服务过程、态度和各种行为中不经意间展现的偏见、无视、缺乏考虑或者种族主义刻板印象,对少数民族的成员造成了不利的待遇,足

〔64〕 参见原著第77页。

〔65〕 National Equality Panel(2010) *An Anatomy of Economic Inequality-The UK Report of the National Equality Panel*(London, Government Equalities Office)227.

〔66〕 Parekh, B (chair) (2000) *The Future of Multi-Ethnic Britain: Report of the Commission on the Future of Multi-Ethnic Britain*(London, Profile)62.

> 以构成歧视。由于机构未能通过政策、示范和引领公开并充分地认识到这些问题的存在及其原因，这些现象持续存在。由于没有承认种族主义并采取行动，这些现象将作为这一机构的文化和道德氛围的一部分而存在。这是一种吞噬性很强的疾病。[67]

种族不利待遇现在通常通过种族和宗教两个维度进行衡量。英国的少数族裔占总体人口的比重从 1991 年的 6% 增长到 2011 年的 14%。在这些少数族裔中，最大的族群是亚裔或者亚裔英国人（7.5%）；随后是非洲裔/加勒比黑人/英国黑人（3.3%）。不同种族通婚所生子女的数量已经超过了除上述三个族群以外的任一族群的人数。英国现在正变得越来越多元化。[68] 全国平等小组发现，不同的种族群体之间存在明显的不同。比如，以在英格兰 16 岁人群的受教育程度为例，印度裔和华裔男童的中位数排名远超全国人口的中位数；而巴基斯坦裔、非洲裔和加勒比黑人男童的中位数又远低于全 47
国人口的中位数。[69] 在劳动就业方面，巴基斯坦裔女性中有 44%，

〔67〕 Stephen Lawrence Inquiry(1999) *Report of an Inquiry by Sir William MacPherson of Cluny*, Cm 4262 – I(London, HMSO) para 6.34.

〔68〕 Department of Communities and Local Government (2007a) *Fairness and Freedom: The Final Report of the Equalities Review* (London, DCLG) 41.

〔69〕 National Equality Panel(2010) *An Anatomy of Economic Inequality-The UK Report of the National Equality Panel*(London, Government Equalities Office) 223.

孟加拉裔女性中有49%是经济上不活跃人群,在家相夫教子;而其他群体,这一比例则为20%,甚至更低。其他最近的研究表明,在劳动就业领域,“基于种族或者肤色而遭受的不平等待遇,是民族惩罚模式(pattern of ethnic penalties)的重要表现形式”。[70] “民族惩罚”是衡量某一个少数民族群体的成员在劳动力市场上遭受的不利待遇的重要指标。《平等评估报告》发现,在2000年左右,对巴基斯坦裔和孟加拉裔女性的民族惩罚为30%,对巴基斯坦裔和孟加拉裔男性的民族惩罚为12%;印度裔女性为8%;印度裔男性为3%;加勒比裔男性为2%,而加勒比裔女性则为-7%。[71]

(二)“民族起源”的法律定义

2010年《平等法》与2006年《平等法》和《种族指令》一样,并未界定“民族或者国家来源”。在Mandla(Sewa Singh) v. Dowell Lee一案中[72],上议院采用了一个宽泛且颇具灵活性的标准,以便将锡克族人作为民族群体对待。弗雷泽勋爵(Lord Fraser of Tullybelton)认为,“一个群体要称得上《种族关系法》上规定的民族群体,在我看来,他们必须自认为并且其他人也认为,因为他们具备某些特定的特

---

〔70〕 Heath, AF and Cheung, SY(2006) *Ethnic, penalties in the Labour Market: Employer and Discrimination* (London, Department for Work and Pensions Research Report No. 341) 2; Cheung, SY and Heath, A(2007), “Nice Work if You Can Get It: Ethnic Penalties in Britain”, 137 *Proceedings of the British Academy* 507. table 12. a 2.

〔71〕 See Department of Communities and Local Government (2007a) *Fairness and Freedom: The Final Report of the Equalities Review* (London, DCLG). 63, figure 3.1.

〔72〕 [1983] AC 548; [1983] IRLR 209.

征而构成一个独特的群体”。[73] 下列两个特征被认为是核心特征：

(1)存在长期共同的历史，在这一历史进程中，该群体有意识地与其他群体相区分，并且对这一历史的记忆加以留存；

(2)有自己的文化传统，包括家庭和社会方面的习俗和行为方式，这些习俗和方式通常但又不必然与宗教信仰相关。

除了这两个核心特征以外，下述特征也被认为是相关的：

(1)要么都来自一个地方，要么有共同的祖先；

(2)共同的语言，当然不一定为这一群体所独有；

(3)为该群体所特有的共同的文学；

(4)有与其邻近群体或者其周边社区不同的共同宗教；

(5)是少数派，或者是在一个大的社区中受到压制或者是占主导 48
地位的群体，比如，被征服的群体或者征服者。[74]

按照这一标准，除锡克族人外，吉卜赛人(Romany gypsies)、[75]欧洲罗姆人(European Roma)、[76]爱尔兰流浪者(Irish travellers)[77]

---

[73] [1983] AC 562(Lord Fraser).

[74] [1983] AC 562 - 65(Lord Fraser).

[75] Commission for Racial Equality v. Dutton [1989] IRLR 8, CA.

[76] R(European Roma Rights Centre) v. Immigration Office at Prague Airport [2004] UKHL 55; [2005] 2 AC 1.

[77] O'Leary v. Allied Domeq Inns Ltd., Central London County Court, July 2000, cited in Monaghan, K(2013) Equality Law, 2nd edn(Oxford, Oxford University Press). para 5.229. 《剑桥评估报告》第270段建议，出于避免争议的需要，应当明确将罗姆人、吉卜赛人和爱尔兰流浪者群体规定进来；而吉卜赛人和爱尔兰流浪者在爱尔兰共和国和北爱尔兰已经获得法律保护。

和苏格兰吉卜赛流浪者(Scottish gypsy travellers)[78]均被认定为少数民族,但是拉斯特法里人(Rastafarians)并没有被认定为独立的少数民族,因为他们缺乏共同的历史。[79] 如果不具备前述的两项核心特征,仅仅是通过宗教(如伊斯兰教的信徒)或者语言(如威尔士语)本身并不足以使他们被认定为独立的少数民族。

那犹太人呢?他们可能被认为是某个宗教的成员或者是某个少数民族的成员。在英国的反歧视立法上,犹太人均被认定为一个少数民族,[80]并且这也是与 Mandla v. Lee 一案确立的标准一致的。但是在犹太自由学校(Jewish Free School, JFS)一案中,将作为 Mandla v. Lee 一案意义上的少数民族的犹太人,与根据正统宗教原则确定的犹太人进行了区分。[81] 犹太自由学校是一所具有正统犹太教特征的、“以信仰为基础”的学校。该学校的政策是,对于那些经由英联邦希伯来人联合会(OCR)的首席拉比办公室确认身份的犹太人,在录取上给予优先考虑。犹太教义中的一个基础信条便是犹太母亲的孩子自动、不容争辩地成为犹太人(母系标准)。对于那些后来皈依犹太教的母亲而言,只有在这一皈依符合正统犹太教的严格要求的

[78] MacLennan v. Gypsy Traveller Education and Information Project, Employment Tribunal(Scotland). 在这一裁决所涉事项上,政府认为《平等法》并无必要专门提及这一群体。See Hansard HL Vol. 716 cols 348 – 50(11 January 2010)(Baroness Thornton).

[79] Dawkins v. Department of the Environment [1995] IRLR 284.

[80] Seide v. Gillette Industries Ltd. [1980] IRLR 427.

[81] R(on the application of E) v. Governing Body of JFS [2009] UKSC 15; [2010] IRLR 136. 关于动机的讨论,请参见原著第 76 页。

前提下，其所生子女才能满足英联邦希伯来人联合会对母系标准的解释。在犹太自由学校一案中，一名 13 岁的男孩子名字叫 M，他父亲是犹太人，最后没有被犹太自由学校录取，原因是他的意大利母亲此前是罗马天主教徒，只是在一个非正统的犹太教堂皈依了犹太教。M 试图对学校不予录取的决定申请司法审查，原因是母系标准的适用对他构成了基于民族起源的歧视，尽管这一歧视背后的动因是宗教信仰。犹太自由学校辩称，母系标准并未将某一民族的成员身份 49
进行审视，而是建立在宗教教义的基础上构成宗教歧视，作为以宗教为基础的犹太自由学校有权这样做。[82] 最高法院的判决呈现5：4的结果，多数法官认为母系标准构成了基于民族起源的歧视；少数法官则认为根据正统信仰的皈依标准，这完全属于宗教事务。这一由多数法官支持的判决也是与《消除一切形式的种族歧视公约》的规定一致的，该公约明确将“出身”纳入种族歧视的定义中。尽管犹太自由学校的动机是宗教方面的，但正是因为他是由非犹太人（无论是通过出生，还是皈依的方式）的母亲所生这一事实，他才被学校拒绝录取。

（三）来源国和国籍

民族起源（ethnic origin）和来源国（national origin）之间存在差异：苏格兰人、威尔士人、爱尔兰人和英格兰人属于不同的国家群体，

〔82〕 EA，sched 12，Pt 2，para 5.

但是并非民族群体。[83] 最初,1965 年和 1968 年的《种族关系法》并未规定国籍,并且上议院认定以非英国国籍为由实施的歧视并无法为"来源国"一词所涵盖,因为这一术语揭示的是出生与某一个国家群体的联系,而非指某个国家的公民身份。[84] 对"来源国"的狭义解释近期已经在一些法院的判决中得到采纳,这些判决认定仅基于某人"在国外出生"这一事实实施的歧视,如果未提及出生的具体地方或国家,则并不违法;[85] 仅仅以出生地为由实施的歧视也不违法。[86] 这些判决是与平等立法的宗旨背道而驰的,因为这使针对"移民"或者"寻求庇护者"或者"外国人"等并无清晰定义的群体的歧视成为可能。

更严重的问题在于,基于国籍或者公民身份的非法歧视的适用范围非常有限。1976 年《种族关系法》纠正了此前忽略国籍的错误做法。《平等法》对此加以复制,但是该法的适用范围仅限定在国籍歧视问题上。根据《欧盟运行条约》的规定,平等原则仅仅适用于欧盟成员国的公民。[87] 欧盟《种族指令》明确将某个特定国家的国籍

---

〔83〕 BBC Scotland v. Souster [2001] IRLR 150, CS; Northern Joint Police Board v. Power [1997] IRLR 610.

〔84〕 London Borough of Ealing v. Race Relations Board [1972] AC 342, HL.

〔85〕 Tejani v. Superintendent Registrar for the District of Peterborough [1986] IRLR 502, CA.

〔86〕 R (on the application of Elias) v. Secretary of State for Defence [2006] IRLR 934, CA.

〔87〕 TFEU, Art 9.

或者公民身份排除在其适用范围之外。[88] 这些除外规定表明，平等 50
这一基本权利受到了欧盟规则的破坏，这些规则允许针对第三国国民（TCNs）在欧盟范围内工作、居住和流动设置限制条件。尽管欧盟成员国公民迁徙、设立企业以及提供服务的自由一直在扩展，但是获准进入欧盟的第三国国民一直被视为二等公民。他们享受低等的法律和社会地位，这对于实现少数族群的融合，以及对总体上的人权状况而言，都会产生严重的后果。[89]

（四）种姓

1965 年《消除种族歧视公约》规定，禁止一切基于“出身”（descent）而实施的歧视，但是并未提及“种姓”问题。大量证据表明，有关“出身”的规定并无法涵盖种姓歧视，在 2002 年，消除种族歧视公约委员会（CERD Committee）采纳了第 29 号一般建议。这一建议强有力地确认了基于“出身”的歧视影响或者剥夺了被歧视者平等享受人权的权利，而基于“出身”的歧视包括那些基于来自较低社会地位群体的身份而实施的歧视，这些群体是按照社会地位的形式进行划分的，如种姓和类似世袭身份的制度等。第 29 号一般建议要求缔约国（包括英国）采取措施识别它们管辖范围内的那些基于出身而遭受歧视的群体。

---

[88] 参见原著第 138 页有关移民功能的论述。

[89] Hepple, B (2004), “Race and Law in Fortress Europe”, 67 *Modern Law Review* 1–15, 4–7.

> 这一点可以基于各种因素,包括下列因素中的部分或者全部来进行确认:不能改变自己继承的身份或者改变能力受限;通过社会规范禁止与族群以外的人通婚;私下或者公共的隔离,包括住房和教育,以及进入公共领域、礼拜场所以及获得公共食物和水资源的机会等;放弃继承的职业或者有毒有害工作的自由受到限制;受到债务约束;受到与污染和不可触碰有关的恶意话语的侵扰;以及总体上缺乏对他们人格尊严和平等的尊重。

英国法律在2010年之前并未禁止任何基于“出身”或者“种姓”的歧视,2010年《平等法》赋予主管大臣以权力(而非职责),可以将“出身”“种姓”增加到禁止歧视的特征列表之中。尽管面临来自利益群体及联合国人权高级专员的压力,主管大臣并未采取措施来落
51 实这一规定。在2013年通过《企业与规制改革法》的过程中,上议院的议员们迫使政府进行妥协,通过了一项修正案,将增加种姓为禁止歧视的特征作为一项职责而非权力加以规定。在本书写作时,政府正在与社会各界进行磋商,以确定如何定义“种姓”。平等与人权委员会也公布了两份报告,认为“种姓在英国是一个复杂且不断演进的概念”,并建议将种姓作为“种族”的一个下位概念加以规定,以便能

毫不含糊地将种姓纳入《平等法》的框架之内。[90] 通常认为,有关这一问题的政府规章只有在2015年大选之后才会生效。在2014年的一个案件中,在主管大臣尚未通过立法明确的情况下,劳动关系裁判庭允许申请人增加种姓歧视的请求,理由是"种姓"已经成为受保护特征"种族"的一部分;[91] 但是,至少有另外两个涉及种姓歧视的案件,其最后请求并未得到裁判庭的认可。[92] (尽管联合政府最初确实承诺,将于2015年夏天通过立法将种姓作为单独的受保护特征加以规定,但是劳动上诉裁判庭在Chandhok & Anor v. Tirkey一案的裁决中认为,种姓歧视根据现有立法便可认定为非法,只要它符合现行法律有关种族歧视规定的各种条件。此后,联合政府开始重新考虑在这一问题上的立场。2016年9月2日,联合政府宣布就此向公众征求意见,期限从2017年3月28日开始至2017年9月18日截止。联合政府于2018年7月23日公布了对这些意见的回应,一改此前支持就种姓问题立法的立场,转而认为应当依靠案例法的发展解决这一问题,并承诺将通过修法的方式取消《平等法》第9条所规定的主管大臣就种姓问题立法的职责。——译者注)

---

〔90〕 这些报告是分两部分公开的,网站为:www. equalityhumanrights. com/publication/our-research/research-reports/research-reporta – 91 – 100。

〔91〕 Tirkey v. Chandhok(2014)246 EOR 21.

〔92〕 Ashtiany, S(2014), "Caste Discrimination in the UK", 247 *Equal Opportunity Review* 14,16.

五、宗教/信仰

对宗教/信仰的保护是平等法中最具争议的问题之一。这一点并不奇怪,因为在古代父权主义文化下形成的传统信仰,与在世俗化社会中性别平等、婚姻和性有关的现代观念之间存在发生冲突的可能性。[93]《种族关系法》一直面临修改的压力,以便将宗教涵摄进来,特别是在伊斯兰恐惧症兴起的背景下。[94] 尽管《种族关系法》将犹太人和锡克族人视为少数民族群体的成员加以保护,但是,英国穆斯林只有依据巴基斯坦裔或者孟加拉裔这种民族或者来源国身份,在能够证明存在间接歧视的情况下才能获得保护,这在服饰问题上体现得非常明显。他们可以主张,与其他民族群体相比,巴基斯坦裔或孟加拉裔人群由于其伊斯兰信仰,能够满足某一特定要求或者做法,如不佩戴头巾的比例低得多。这一要求就构成基于种族原因的间接歧视,除非存在正当事由。但是,这一点对来自穆斯林占少数的国家如印度的穆斯林并没有帮助。转折点是《就业框架指令》,该指

---

〔93〕 McColgan, A(2009),"Class Wars: Religion and (In) Equality in the Workplace", 38 *Industrial Law Journal* 1,1. 参见原著第 111 页和第 139 页。

〔94〕 Parekh, B (chair) (2000) *The Future of Mutli-Ethnic Britain: Report of the Commission on the Future of Multi-Ethnic Britain* (London, Profile) 235 – 46.

令要求成员国在劳动就业及相关领域禁止基于宗教/信仰原因实施的歧视或者骚扰。2010 年《平等法》消除了执行指令的各项政府规 52
章与 2006 年《平等法》之间的不一致,并且,已经将保护的范围拓展到劳动就业领域之外。

《平等法》复制了此前政府规章的做法,[95]将"宗教"界定为"任何宗教"。最初,政府规章提到了与宗教信仰"相类似的"哲学方面的信仰,但是 2010 年《平等法》将"相类似的"表述删除。也就是说,只要某种信仰具有"哲学方面"的特征,就能获得法律保护,即使这种信仰与宗教信仰并不相似。因此,该法遵从了《剑桥评估报告》的建议,考虑到英国存在各种各样的信仰,将区分真正的宗教与抱持歪理邪说的邪教的任务交给法院,由法院在个案基础上去解决定义问题。[96] 欧洲人权法院的判例法在这一问题上也很重要,各国负有保护《欧洲人权公约》第 9 条规定的"思想、意识和宗教自由"权的概括义务。考虑到世界范围内宗教的多样性、社会的变化以及所处法律

---

〔95〕 Employment Equality (Religion or Belief) Regulations, SI 2003/1660, reg 2(1); EA 2006, s 44.

〔96〕 See Bob Hepple, Mary Coussey and Tufyal Choudhury, *Equality: A Framework* (*Report of the Independent Review of the Enforcement of UK Anti-Discrimination Legislation*) (2000) paras 2.77 – 2.82; Choudhury, T (2000) *Discrimination on Grounds of Religion or Belief*, Independent Review of the Enforcement of UK Anti-Discrimination Legislation, Working Paper No. 6 (Cambridge Centre for Public Law) paras 6.1 – 6.13; Hepple, B and Choudhury, T (2001) *Tackling Religious Discrimination: Practical Implications for Policy-Makers and Legislators* (London, Home Office Research Study 221) paras 4.1 – 4.11.

背景的差异,在英国法上从来没有对“宗教”进行过统一的法律界定。[97] 就1855年《礼拜场所法》(Places of Worship Act 1855)而言,该法规定了那些可以举行婚礼的礼拜场所的认证,最高法院推翻了此前的判例法,认为“宗教”不应当局限于信奉最高神灵的信仰,因为这一限定会将佛教、耆那教(Jainism)以及其他信仰排除在外。并且,这会将法院置于棘手的神学领域。[98] 最高法院认为,科学论派(scientology)也是一种“宗教”,尽管它的信众并不认为存在一个至高神灵,而是崇拜一个抽象的、不具人格的存在。最高法院认为,宗教可以简单地被描述为一个超越感官认知或科学数据的信仰系统,拥有一群信众,号称能够解释人类在宇宙中的地位与无限极之间的关系,并教育其信众如何按照与这一信仰体系相关的精神理解一致的方式生活。[99] 考虑到《平等法》的目的是保护人格尊严,并促进不同群体之间相互尊重和对多元化的重视,[100] 因此,对“宗教信仰”采取类似的广义理解是比较妥当的。

《欧洲人权公约》第9条中规定的宗教需要有一个明确的结构和信仰体系。一个宗教内部的派别或者分支,比如,基督教内部的清教

---

〔97〕 Per Lord Toulson in R (on the application of Hodkin and another) v. Registrar General of Births, Deaths and Marriages [2013] UKSC 77, paras 32 – 34.

〔98〕 Per Lord Toulson in R (on the application of Hodkin and another) v. Registrar General of Births, Deaths and Marriages [2013] UKSC 77, para 51.

〔99〕 Per Lord Toulson in R (on the application of Hodkin and another) v. Registrar General of Births, Deaths and Marriages [2013] UKSC 77, para 57.

〔100〕 参见原著第17页。

徒和天主教派，或者伊斯兰教内部的什叶派和逊尼派，也有可能被认 53
为是一个宗教。

在 Begum 一案中，[101] 上议院认为，出于适用《欧洲人权公约》第 9 条的需要，一个人对其宗教要求特定形式的服饰或者行为的真实确信就构成宗教信仰，即使这一宗教的信众在这一问题上存在多种不同的观点。如果申请人通过一种不合理的方式来主张他的信仰，那么法院可以根据第 9(1) 条的规定认定对其宗教信仰并不存在"干预"，或者根据第 9(2) 条的规定认定对其宗教信仰进行干预是存在正当理由的。在《平等法》的背景下，如果也适用相同的主观性极强的原教旨主义信仰观将是很危险的，因为在直接歧视的情况下并不存在正当事由抗辩。正如本书在后文中将论述的那样，《平等法》如果能够在宗教歧视问题上将直接、间接歧视的概念与为宗教信仰提供的合理便利结合起来，将能够提供一个更清晰的理论框架。[102]

《2010 年〈平等法〉立法释义》（以下简称《立法释义》）解释了认定"哲学信仰"的标准：

> 必须真实地被信仰；必须是一种信仰，而非基于既有信

---

〔101〕 R(Begum) v. Head Teacher and Governors of Denbigh School [2006] UKHL 15; [2007] 1 AC 100（认为其所信仰的宗教要求穿戴覆盖全身的罩袍）; See too R(Williamson) v. Secretary of State for Education and Employment [2005] UKHL 15; [2005] 2 AC 245.

〔102〕 参见原著第 55 页和第 218 页。

> 息的一种观点或者意见表达;必须是与人类生活和行为的重要和实质方面有关的信仰;具有一定程度的说服力、严肃性、一致性和重要性;并且在民主社会中值得尊重,与人类尊严相协调,又不与其他人的基本权利相冲突。因此,举例来讲,任何涉及非法活动的邪教无法满足这些标准。[103]

人道主义(humanism)与无神论被认为是哲学信仰,而对"某一特定足球队的追随"则不会被认定为一种信仰。[104] 某种"哲学信仰"可以不信宗教、没有信仰。[105] 有时候,人们认为政治信仰不被包含在内,这一点是引人误解的。对于某一政治理念的信仰,可以是哲学性的,如同一种建立在科学如达尔文主义或者基于人为的气候变化所引发的道德责任基础上的信仰,也一样可以是哲学性的。[106] 排除
54 在保护范围之外的是那种对某一政党或者某一政治行动的信仰。[107] 同时,恐同症、种族主义或者其他在民主社会中不值得被尊重的信仰,同样无法得到保护。[108] 尽管根据《欧洲人权公约》第9(2)条的规定这一点并无疑问;但是,对基于信仰的直接歧视缺少正当事由抗

---

[103] EN, para 52.

[104] EN, para 53.

[105] EA, s 10(1),(2).

[106] Grainger plc v. Nicholson[2010] IRLR 4, EAT.

[107] De Marco, N (2004) *Blackstone's Guide to the Employment Equality Regulations 2003* (Oxford University Press). 13 – 14.

[108] Grainger plc v. Nicholson[2010] IRLR 4, EAT, per Burton J.

辩,这使如何将一种真实的哲学信仰排除在外显得很困难。在北爱尔兰,“基于宗教信仰或者政治观点”实施的歧视是非法的,并且,公共机构有义务促进“不同宗教信仰或者政治观点的人群之间的”机会平等。[109] 这通常被认为指称的是以社群为基础的歧视。受到保护的是新教徒或者罗马天主教徒群体的实际的或者被认为的会员身份或者与这些群体的联系,而非个人的宗教信仰或者政治观点。

《欧洲人权公约》规定成员国有义务禁止基于政治观点或者归属而实施的歧视。这些事由并未包含在《平等法》规定的受保护特征之内。在 Redfearn v. United Kindom 一案中,[110] 布拉德福德(Bradford)的一名公交车司机,因为当选了英国国家党(BNP)的理事而被解雇。这件事发生在英国立法禁止基于“宗教/信仰”的歧视之前,且该公交车司机的工作年限尚不符合提起不公平解雇诉讼的条件。[111] 欧洲人权法院认为,公交车司机根据《欧洲人权公约》第 9 条享有的权利受到了侵犯。英国政府对欧洲人权法院裁决的回应限定在于,对提起不公平解雇诉讼所要求的工作年限增加了一个例外,即如果解雇的原因与雇员的政治观点或归属有关,可以不受工作年限的限制。[112] 在这种做法之下,基于对某个有独特理念(如法西斯主义)的

---

〔109〕 Northern Ireland Act 1998, ss 75, 76.

〔110〕 [2013] IRLR 51.

〔111〕 [2006] IRLR 623, CA.

〔112〕 ERRA 2013, amending ERA 1996, s 108.

党派成员身份,或者对其活动的支持而实施的歧视是否构成直接歧视,便存在疑问。这就需要证明,对这一理念的信仰与该党派的成员身份或者对该党派的支持不可分离。人们加入或者支持党派的原因有很多,并不一定是对其理念的信奉,所以,在大多数案件中,与信仰的联系很难被证明。

围绕宗教歧视存在的争议,通常并不是与特定信仰的信奉有关,而是与这种信仰的表达有关,如服饰、饮食,以及请假祈祷和参加宗教节日等。如果在一个案件中某个人投诉说,他不被许可参加他们
55 宗教所要求的活动,法院或者裁判庭就需要开展事实调查,搞清楚这一拒绝是否与信仰本身有关。在 MacFarlane v. Relate Avon plc 一案中[113],安德希尔法官(Underhill J)解释道:

> 抛开所处的背景,如果雇主因为雇员穿戴了本案中的饰品而将其解雇,那么很容易推导出雇主这样做的原因是对这一饰品背后的信念的拒斥……但是,如果发现拒斥是因为有其他原因存在,比如有关穿戴珠宝的一般政策,或者有现实的原因使得穿戴面纱变得不太合适,那么结论则有可能完全不同。[114]

---

[113] [2010] IRLR 196, EAT.

[114] [2010] IRLR 200, EAT.

英国平等立法所采用的方法不如欧洲人权法院根据《欧洲人权公约》第 9 条(宗教/信仰)和第 14 条(平等)所形成的判例法细致和灵活。第 9(2)条规定了限制宗教/信仰表达自由的正当事由抗辩,即这些限制是"由法律规定的,并且在一个民主社会中为公共利益所必需,出于保护公共秩序、健康或者道德所必需,或者保护其他人的权利或者自由所必需"。而按照《平等法》及之前的规定,对基于宗教/信仰的直接歧视并不存在正当事由抗辩。正当事由抗辩的缺失使裁判庭和法院避免作出直接歧视的认定,而将这些诉求归入间接歧视的范畴,而间接歧视是可以通过正当事由抗辩的。比如,在 Azmi v. Kirklees Metropolitan Borough Council 一案中,[115] 一位穆斯林女性希望在为学生提供语言支持的课堂上担任助理时穿戴全身罩袍(niqab)。学校拒绝了她在讲课时穿戴罩袍的请求,理由是在学生能够看到老师的面部时语言支持会更有效。在该案中,法院认定并不存在直接歧视,而存在的任何间接歧视是有正当事由的。结论很明显是正确的:这不构成直接歧视,因为与其他课堂助理相比,她并没有获得更差的待遇,尽管面部中立(facially neutral)的穿戴规则将她置于特别不利的境地,但这是为了实现合法目的的合比例手段。

按理说,《平等法》应当在直接宗教歧视问题上规定一个正当事由抗辩,但是这也有风险,可能会与《就业框架指令》相冲突。这一抗

---

〔115〕 [2007] IRLR 484.

辩本来可以在那些《就业框架指令》涵盖范围以外的领域中引入的，如果这样，那么学校就可以制定自己的着装规定，只要是达至合法目的的合比例手段即可。比如，规定不允许穿戴全身的罩袍，因为它会限制学习者与教师之间的有效沟通。

56 《剑桥评估报告》的一项建议便是，歧视的定义中应当包含有为实现宗教多样性而提供合理便利的内容，遗憾的是，这一建议并未得到采纳。不过，种种迹象表明，最高法院或许愿意在间接歧视问题上将合理便利作为合比例评估的一部分。[116] 如果雇主要求员工星期天工作，便将星期天需要礼拜的基督徒置于不利的境地，而在认定这一要求是否有正当事由时，上诉法院就采用了这种合比例的标准。[117] 在此类案件中，问题的关键在于是否存在替代星期天工作的“可行且现实的”解决方案。或者，换句话说，能否为基督徒的信仰提供合理的便利。法院认定，在该案中此种便利并不可行。

在属于《欧洲人权公约》第9条范围内的宗教或者其他信仰表达问题上，过去雇主证明正当性事由的存在相对简单，比如，要求不能蓄须的规定可能会对锡克族人造成歧视，而要求在星期天工作则会歧视某些基督徒。通常认为，只要雇员可以选择改变自己的工作并在一个允许蓄须的地方工作，或者星期天不用工作的地方工作，那么

---

〔116〕 In Bull v. Hall[2014]EqLR 76, per Lady Hale, para 47.

〔117〕 Mba v. London Borough of Merton[2014]EqLR 51.

间接歧视就便存在正当事由抗辩。当然,这一点看起来有点不切实际。然而,Eweida 案改变了这一点,在该案中,欧洲人权法院认为,“考虑在民主社会背景下工作场所中宗教自由的重要性,认定更换工作的可能性并无法抵消对这一自由的干涉,在判断某种限制是否合比例时,更好的办法是在综合平衡中考虑此种可能性”。在 Eweida 案中,[118](保护公司形象的)正当事由抗辩并不成立,因为没有证据证明如果在制服之外佩戴十字架会对其他人的利益构成任何真正的侵犯。然而,欧洲人权法院认为,出于健康和安全原因要求信奉基督教的护士摘掉十字架,是符合正当事由抗辩的。[119] 在该案及其他涉及宗教/信仰的案件中,欧洲人权法院倾向于为各成员国在追求各种公约规定的权利的平衡问题上提供较大的解释空间。如果雇主因咨询师不愿意为同性伴侣提供咨询而将其解雇,那么这一解雇是有正当事由的,因为雇主这一举动是为了执行它的无差别提供服务的政策。[120] 最高法院认为,酒店所有者的真实宗教信仰(婚外的性行为是罪恶的),无法为其仅将双人房向已婚配偶开放的政策提供合理性 57
支撑。这被认为将民事伴侣群体(限于同性恋的身份)置于严重不利的境地。[121] 酒店所有者认为,他们不应该被强迫按照一种与他们的

---

[118] [2013]EqLR 264.

[119] Chaplain v. United Kindom[2013]EqLR 264.

[120] Ladele v. United Kingdom[2013]EqLR 264.

[121] 这一点放到在 2014 年的同性婚姻立法的背景下,有可能得出不同的结论。

宗教表达权利相冲突的方式来营业,但最高法院全体一致判决认为,对于那些不同意法律规定的人并不存在概括的豁免,无论他们的信仰多么真诚。[122]

通过将公共部门平等义务的适用范围拓展至宗教/信仰,公共部门也开始承担类似于合理便利的义务。[123] 司法在合理便利问题上的导向受到欢迎,因为它提升了平等法的基本价值,包括对个体尊严和选择自由的尊重。[124] 《平等法》可以通过"避免在宗教问题上对'直接'和'间接'歧视的细微区分",以及通过增加基于宗教/信仰的歧视的概念,囊括直接歧视、间接歧视和合理便利,[125] 能够实现向前述理念靠近的目标。如果没有这一概念,我们可以预见,必然围绕信仰的符号而展开大量的诉讼和撕裂的辩论,反而无暇顾及民族—宗教群体所经历的不利待遇和排斥等真问题。

---

〔122〕 Bull v. Hall[2014]EqLR 176;参见原著第66页。

〔123〕 参见原著第20页。

〔124〕 另一个合理便利的例子是 R v. D(R)[2013]EqLR 1134 一案。在该案中,初审法院的法官允许穆斯林被告在除提供证据以外的庭审期间穿戴全身罩袍,因为出于庭审公平性的需要,法官和陪审团需要通过她对问题的面部回应来判断她的可信度。

〔125〕 McColgan, A(2009),"Class Wars: Religion and (In) Equality in the Workplace", 38 *Industrial Law Journal* 1.29.

六、性别与相关特征

(一)生理性别与社会性别

与性别有关的受保护特征共有四项:自然性别、性别重置、怀孕与生育以及婚姻与民事伴侣。《平等法》禁止基于“性别”而实施的歧视与骚扰,并且,“性别”是与公共部门平等义务和积极行动措施有关的受保护特征。“性别”被界定为“对男性或者女性的指称”。[126]这可以是任何年龄段的男性或者女性。[127] 2010 年《平等法》与其此前的版本一样,使用的是“自然性别”而非“社会性别”的概念。“自然性别”是与个体的生物禀赋和功能相关的身份;而“社会性别”则 58
是与社会特征相关的一种表述,如“女性的”“男性的”“阴柔的”“阳刚的”等。[128] “自然性别”和“社会性别”这两个术语在日常讨论中经常是不作区分的。2010 年《平等法》的规定描述了男性雇员与女性雇员之间的收入差距,将其称为“(社会)性别收入差距”,[129]而欧盟第 2006/54/EC 号《平等待遇指令》也提到了“(社会)性别主流

〔126〕 EA,s 11.

〔127〕 EA,s 212(1).

〔128〕 Browne,J(2006) *Sex Segregation and Inequality in the Modern Labour Market* (Bristol,Policy Press)2.

〔129〕 EA,s 78 heading. 参见原著第 132 页。

化"问题。[130]

不过,在大多数法律上,生物意义上的区别最为关键。所以,在Pearce v. Governing Body of Mayfield Secondary School 一案中,[131]上议院认为,"生理性别"不包括性取向,因此,因女教师是同性恋而对其进行骚扰并不构成性别歧视。她基于性别歧视提起的诉讼并未得到支持,因为理论上讲,男性的同性恋也可能获得同样糟糕的待遇。在欧盟《就业框架指令》被执行之前,性取向在英国并不是一个受到保护的特征。但是,对于打算进行性别重置手术的人,欧盟法院(CJEU)倾向于适用《平等待遇指令》,并且,英国也对法律进行了相应的修改以便与该指令保持一致。[132]《平等法》遵照此前立法的惯例,分别列明了一系列不同的身份:生理性别、性别重置、婚姻与民事伴侣、怀孕以及性取向,而不是形成一个在社会意义上构建的性别观念。这样做的特点是具体明确,明确哪些特征可以得到保护以及需要哪些救济,比如,在消除男女收入差距方面需要哪些救济。[133] 但是,必须承认的是,法律对男女两性之间在生物学意义上差异的关注会对实践中实现完全平等造成一种障碍。直接歧视的概

[130] Art 29.

[131] Heard with Macdonald v. Ministry of Defense [2003] IRLR 512. 欧洲法院也认为消除性别歧视法不包括性取向,参见案例 C – 249/96, Grant v. South-West Trains Ltd. [1998] IRLR 206。

[132] 参见原著第59页。

[133] 参见原著第115页。

念[134]意味着女性必须将她的待遇与处在相同处境中的男性的待遇进行比较。这一做法也存在问题,比如,将因怀孕或者分娩而无法工作的女性与生病的男性进行对比。[135] 另外的例子是雇主就着装、发型或者首饰佩戴提出特别要求的情况。在控制公司的形象问题上,法院赋予了雇主很大的自由裁量权,比如,要求女性员工穿裙子或者男性员工留短发,只要这一传统的“得体”(smartness)标准 59
同样适用于两个性别。[136] 穿着异性服装,哪怕是在很小程度上的变装,或者非传统的服饰、发型,通常都无法得到保护。这会鼓励性别刻板印象和传统的社会偏见,而这些正是《平等法》竭力要消除的东西。

(二)性别重置

跨性别的人(transsexual or transgender or gender variant, trans)[137]是指那些不完全认同自己出生时的性别的人,或者不遵从与这一性别相关的外表或者行为方式预期的人。在英国,通过医疗途径改变自己的生理特征或者外表以符合他们后天性别的人数大概

---

[134] 参见原著第67页。

[135] 参见原著第68页。

[136] See eg Smith v. Safeway plc [1996] IRLR 456, CA; Department for Work and Pensions v. Thompson [2004] IRLR 348, EAT, and on indirect discrimination, 参见原著第85页。

[137] 《平等法》中使用的概念是“跨生理性别”(transsexual)。EA, s 7(2).

在5000人[138]到10,000人。[139] 跨性别的人很容易受到骚扰和歧视,特别是当他们开始重置性别时。与其他人群相比,跨性别人群的失业率很高,且通常收入也较低。[140] 1999年,英国对《消除性别歧视法》进行修改,规定在劳动就业领域以求职者或者劳动者正在进行或者已经完成性别重置手术为由实施的直接歧视是违法行为。[141] 这一修法是欧盟法院(CJEU)在P v. S and Cornwall County Council一案[142]判决的结果,在该案中,一名雇员因为告知其雇主她将接受性别重置手术而被解雇,该判决认定《平等待遇指令》应当为该雇员提供保护。修改后的英国立法并不适用于间接歧视,也不适用于劳动就业领域以外的歧视。这些限制很明显与欧盟法院的判决[143]并不一致,而欧洲人权法院在Goodwin v. UK一案[144]的判决中也认定,英国未能承认性别重置人群所选择的性别,构成了对《欧洲人权公约》第8条和第12条的违反。2004年的《性别认同法》(Gender
60 Recognition Act)规定,一个人可以根据已按另一性别生活的事实,或

[138] Department of Communities and Local Government(2007a) *Fairness and Freedom: The Final Report of the Equalities Review*(London, DCLG)146.

[139] Submission to the Public Bill Committee on the Equality Bill(2008-09).

[140] National Equality Panel(2010) *An Anatomy of Economic Inequality-The UK Report of the National Equality Panel*(London, Government Equalities Office)221.

[141] Discrimination(Gender Reassignment) Regulations 1999, SI 1999/1102.

[142] Case C-13/94, [1996] IRLR 347.

[143] Case C-117/01 KB v. National Health Service Pensions Agency [2004] IRLR 240.

[144] (2002)35 EHRR 447.

者根据英国以外国家的法律已经改变性别的事实来申请性别认可证书(gender recognition certificate)。性别认可的申请由性别认可小组(Gender Recognition Panel)来审核确定。通过手术完成性别重置,并不是获得性别认可证书的必要条件。

欧盟《平等待遇修正指令》要求成员国确保男女之间在获得物品和服务供给方面的平等待遇,但是并未明确规定性别重置问题。为了执行这一指令,在对《消除性别歧视法》进行修订时,在这些领域基于性别重置实施的直接歧视和骚扰被明确规定为违法,至于是否将此适用于间接歧视,则留由当时的《平等法(草案)》解决。后来通过的《平等法》涵盖在服务、公共职能、建筑、劳动就业及相关领域中基于性别重置而实施的直接〔145〕和间接〔146〕的歧视和骚扰。〔147〕如果跨性别者因性别重置原因而无法工作期间的待遇低于他们在患病或者受伤而无法工作期间待遇的,将构成歧视。〔148〕

《平等法》已将“性别重置”的定义拓展至《消除性别歧视法》的规定之外,尽管这一点遭到一些宗教团体的反对。〔149〕跨性别者获得保护不再需要以接受由医学专业人士监督下的性别重置程序为前

〔145〕 EA,s 13. 参见原著第 67 页。

〔146〕 EA,s 19(8). 参见原著第 78 页。

〔147〕 EA,s 26(5). 参见原著第 97 页。

〔148〕 EA,s 16.

〔149〕 例如,可参见毕肖普勋爵(Lord Bishop of Chichester)提出的恢复医学专业人士监督这一要求的修正案,参见 Hansard HL Vol. 716 cols 378 – 85(13 January 2010)。

提。很明显,此前的要求使儿童或者年轻人群体无法得到保护,因为他们的性别身份尚未完全定型,因此无法寻求开展性别重置手术。根据当前的规定,“如果一个人打算、正在接受或者已经完成通过改变性别的生理或者其他特征的方式、以性别重置为目的的程序(或者部分程序)”,那么他就可以获得法律的保护。[150]

根据《立法释义》,在这一新定义之下,一个人如果出生性别是女性,但是决定余生以男性的身份度过,并且在无须开展医学干预的情况下就会被作为男性对待,那么他便具备性别重置这一受保护的特征。[151] 议会联合人权委员会和一些压力团体对此也表达了一些关切,认为这一新概念仍然无法保护有些跨性别者,如那些并无意接受医学程序但是却采取了与出生性别不同的性别身份的人,以及那些是否接受医学程序意义不大的人,如间性人群体(inter-sex persons)。[152]

61 自由民主党试图通过议案用“性别身份”(gender identity)这一在联合国和欧洲理事会的文件中被广泛使用的表述取代“性别重置”一词,但是这一尝试并未获得成功。[153] 对此,政府作出保证,即“性别重置”的定义以及对基于重置的外观(perception of assignment)而实

---

[150] EA, s 7(1).

[151] EN, para 43.

[152] JCHR(Joint Committee on Human Rights)(2008 - 09) *Legislative Scrutiny: Equality Bill*, 26th Report of Session 2008 - 09, HL Paper 169, HC Paper 736 (London, The Stationery Office) paras 56 - 60.

[153] PBC(EB) 6th sitting col 164 (11 June 2009) (Lynne Featherstone).

施歧视的适用范围[154]足够广泛，能够涵盖跨性别者所实施的作为性别重置前兆的各种行为。[155] 性别重置应当作为一种受保护的身份这一原则的普遍性受到一些例外情形的削弱，有些例外情形争议颇大。[156]

(三)怀孕与生育

怀孕的女性及那些在生育后重返工作或者接受教育的女性会受到歧视和骚扰的比例较高。最初的《消除性别歧视法》并未明确将基于怀孕而实施的歧视或骚扰作为一种具体的禁止歧视事由。但是，由于欧洲法院作出了裁决，此类歧视或骚扰被自动地作为性别歧视对待，因为只有女性才能怀孕。[157]

第2002/73/EC号《平等待遇修正指令》明令禁止怀孕歧视。2005年《劳动就业平等(性别歧视)条例》意在执行修正后的指令，但是行政法院认定，这一政府规章并未完全遵从欧盟法律，因为在其规定的受保护的期间(从怀孕开始到产假结束)，只有当怀孕的女性能够证明她得到的待遇差于她如果没有怀孕可能获得的待遇时，才存在直接的性别歧视。[158] 第2004/113/EC号《平等待遇修正指令》将

---

〔154〕 EA, s 13. 参见原著第75页。

〔155〕 PBC(EB)6th sitting cols 168－69(11 June 2009)(Solicitor-General).

〔156〕 参见原著第142页。

〔157〕 参见原著第68页。

〔158〕 Equal Opportunities Commission v. Secretary of State for Trade and Industry[2007] EWHC 483;[2007] IRLR 327.

平等待遇原则的适用范围拓展至物品和服务的供给领域,而英国政府后来在执行这一修正指令时保留了“较差待遇”(less favorably)的要求。《平等法》则在与工作有关及无关的案件中均取消了这一要求。“较差待遇”的表述在最初的《平等法(草案)》中仍然有使用,被界定为“与合理的标准相比较差”。这一规定似乎会削弱既存的对怀孕歧视方面的保护力度。在听取涉及各方的妇女团体和其他团体的
62 陈述后,政府在专门委员会审议阶段对其草案的表述进行了修改,用“不利”(unfavourably)取代了“较差”。[159] 公认的一点是,仅对选择机会的剥夺,也即剥夺一个人认为很重要的东西,便足以构成不利待遇。[160] 在与工作无关的案件中(《平等法》将保护的范围拓展至与公共职能、教育和结社有关的歧视),女性只需证明由于怀孕而受到了“不利”待遇即可。[161] 在与工作有关的案件中,不利待遇也可能是因为与怀孕有关的疾病引起的,或者因为女性雇员不得不请法定产假或者行使与法定产假有关的权利引起的。[162] 如果符合了这些条文规定的怀孕歧视或者生育歧视,就不会同时再构成性别歧视。[163] 但

---

[159] PBC(EB)8th sitting col 277(16 June 2009).

[160] 比如,允许在酒吧里饮酒(Gill v. El Vinos Co. Ltd. [1983] QB 425;[1983] IRLR 206,CA),或者接受精英教育的机会(R v. Birmingham City Council, ex parte EOC [1989] AC 155;[1989] IRLR 173,HL)。

[161] EA, s 17(2).

[162] EA, s 18(2)-(6).

[163] EA, ss 13(8),17(6),18(7).

在无法适用这些规定时,如在受保护的期间之外(见下文),就可以适用有关对性别歧视的概括禁止规定。在这一领域,男性与女性在生物学意义上的差异被认可;男性不能基于女性因怀孕或者生育获得特殊待遇而主张遭受歧视。[164]

对怀孕女性的特殊保护仅适用于特定的期间。在与工作无关的案件中,女性因生育(含哺乳)受到免受不利待遇的保护期间为26周,从分娩之日开始计算。[165] 之所以将保护的期间限制在26周(世界卫生组织推荐的期间),原因是这涵盖了对生育女性最重要的几个月,在这一阶段母乳喂养对母亲和小孩都会带来无法替代的益处。[166] 在26周之外,仍在母乳喂养的女性可能就需要依靠对性别歧视的概括禁止规定来寻求保护了,因为《平等法》规定"对女性的较差待遇包括因为她母乳喂养而提供的较差待遇"。[167] 因为只有女性可以母乳喂养,因此,这会自动构成性别歧视,根本不需要寻找参照对象。

在与工作有关的案例中,女性获得保护有两个相关的期间。第一个期间是法定的产假期间,在这一期间,女性不能工作,劳动立法 63

〔164〕 EA,s 13(6)(b).

〔165〕 EA,s 17(3) - (4). 女性分娩之日是指:(a)她分娩了有生命的婴儿的时间;(b)她分娩了死体婴儿的时间(需怀孕时间24周后)。EA,s 17(5).

〔166〕 PBC(EB)8th sitting cols 279 - 80(16 June 2009)(Solicitor General).

〔167〕 EA,s 13(6)(a).

规定这一期间不得少于2周。[168] 第二个期间是从怀孕开始,到女性享受的产假期间结束告终。如果女性仅有权享受普通的产假,那么这一期间为26周,[169]如果她有权享受额外的产假,那么这一期间为52周。[170] 如果她无权享受法定的产假,那么这一保护仅持续2周,从怀孕结束之日起算。[171]

(四)婚姻与民事伴侣

最初的《消除性别歧视法》禁止基于婚姻状况而对"已婚人士"实施歧视,2004年的《民事伴侣法》将这一规定的适用范围拓展至民事伴侣。[172] 根据2013年《婚姻(同性伴侣)法》的规定,英格兰和威尔士的同性之间的婚姻实现合法化,同性婚姻获得与异性婚姻相同的效力。[173] 但这一规定并不保护没有结婚的(男女之间)同居关系,无论同居的时间有多久;也不保护法律不认可的(同性)民事伴侣关系。对于那些因为单身、丧偶或离异而被歧视的人,这一规定也无法提供保护。《平等法》延续了这些限制。[174] 自由民主党曾试图通过

---

[168] EA, s 18(3) and s 213(3); Employment Rights Act 1996(as amended), s 72(1).

[169] EA, s 18(6). Employment Rights Act 1996, s 71.

[170] Employment Rights Act, s 72.

[171] EA, s 18(6).

[172] 《消除性别歧视法》第3条被2004年《民事伴侣法》第251条第1款、第2款所取代,后法界定了民事伴侣(仅限同性之间)。

[173] 在苏格兰也通过了类似的立法,但在北爱尔兰并无此类立法。民事伴侣在符合特定的程序后可以转化为婚姻。

[174] EA, s 8.

议案将该法的保护范围拓展至单身和同居的人,但并未成功。[175] 政府坚持此前法律规定的理由是很难证明伴侣是什么时候开始同居的,并且在法案征求意见时也并未收到未婚人士和处在其他关系中的人受到歧视的证据。[176] 将单身和同居的人排除在法律适用范围之外的做法,可能很快就会被以与《欧洲人权公约》第 8 条(私生活和家庭生活)和第 14 条(平等)不一致为由受到挑战。[177]

从《欧洲人权公约》的角度看,同样存在问题的规定还包括《平等法》给予已婚配偶和民事伴侣保护的有限范围。这一保护通常限 64
于在劳动就业和相关领域的直接和间接歧视。对于很多其他领域的骚扰[178]或歧视,并无直接的保护规定,这些领域包括物品和服务的提供,[179]建筑物的处分、管理和占有,[180]教育[181]以及与团体的会员身份有关的领域。[182] 同样,政府将不包括上述领域的理由解释为,

---

〔175〕 PBC(EB)7th sitting col 207(16 June 2009)(Lynne Featherstone).

〔176〕 JCHR(Joint Committee on Human Rights)(2008 - 09) *Legislative Scrutiny: Equality Bill*, 26th Report of Session 2008 - 09, HL Paper 169, HC Paper 736 (London, The Stationery Office). para 64.

〔177〕 See Re P: Unmarried Couple[2018]UKHL 38. 该案的判决认定,有一条法律规定中提到的"已婚配偶"应当包括未婚伴侣,以便与人权法保持一致。

〔178〕 参见原著第 97 页。

〔179〕 EA, s 28(1)(b). 参见原著第 135 页。

〔180〕 EA, s 32(1). 参见原著第 144 页。

〔181〕 EA, s 84(b)(schools); s 90(further and higher education); s 95(qualification bodies). 参见原著第 145 页。

〔182〕 EA, s 100(1).

没有证据证明在这些领域存在歧视。[183] 当然,在有些情况下,已婚人士或者民事伴侣会诉称歧视的明显原因(婚姻状况)构成了基于性别或性取向而实施的直接或间接歧视。比如,以已婚女士可能怀孕或有育儿职责为由对其拒绝录用,或者酒店同意向异性伴侣提供双床房却拒绝向同性伴侣提供双床房的场合。[184] 但是,上述可能性并不能证明将婚姻状况歧视排除在该法所调整的大多数领域之外的正当性。这一排除削弱了全面平等的理念,且也有可能因与《欧洲人权公约》不一致而被诉。

在配偶之间的平等问题上,《平等法》的规定与欧洲人权法是一致的。《欧洲人权公约》附件 7 第 5 条规定"配偶之间应当平等地享受具有私法特征的权利和责任"。《平等法》通过废除两项普通法上的规则实现了这一点:丈夫供养妻子的义务,[185] 以及赠与推定(presumption of advancement)。[186] 根据普通法,妻子并不负有供养丈夫的义务;并且,由于制定法的规定允许夫妻任何一方可以申请经济救助,使普通法的规则几乎被束之高阁。同时,在无相反证据的情况下,男性向其妻子、子女或者未婚妻转让财产的行为被推定为赠与

---

[183] JCHR(Joint Committee on Human Rights)(2008 - 09) *Legislative Scrutiny: Equality Bill*, 26th Report of Session 2008 - 09, HL Paper 169, HC Paper 736 (London, The Stationery Office) para 67.

[184] Bull v. Hall [2014] EqLR 76(可进一步参见原著第 68 页).

[185] EA, s 198.

[186] EA, s 199.

的规定，也不适用于女性向其丈夫、子女或者未婚夫转让财产的情形。取消赠与推定意味着在上述情形中会适用通常的规则：如果一方向另一方转让财产且未获得对价补偿，受让方会被认定为为转让方的利益以信托的方式持有财产，除非有相反的证据。1964 年《已 65
婚女性财产法》也经历了修订，根据修订后的规则，在无相反约定的情况下，女性从家务劳动补偿中获得的任何金钱和财产均被视为夫妻以平等份额共有，无论是谁支付的家务补偿，也无论是谁收到的家务补偿。[187] 类似的规则也适用于民事伴侣。[188] 这些变化意味着英国批准《欧洲人权公约》附件 7 的时机已经成熟。

七、性取向

据估计，同性恋和双性恋群体（LGB）的人数占到英国总人口的 6%。[189] 《就业框架指令》将性取向列入禁止歧视的事由，这一点在英国得到执行。根据 2006 年《平等法》制定的 2007 年《劳动平等（性取向）条例》将这一规定的适用范围拓展至非工作领域。2010 年

---

[187] EA, s 200.

[188] EA, s 201 amending the Civil Partnership Act 2004.

[189] National Equality Panel (2010) *An Anatomy of Economic Inequality-The UK Report of the National Equality Panel* (London, Government Equalities Office). 241, citing an estimate by Stonewall.

《平等法》复制了条例中的这些规定。

“性取向”被定义为一个人对相同性别的人、另一性别的人以及两个性别的人在性问题上的取向。[190] 换句话说,受保护的群体包括同性恋、异性恋和双性恋。由于法律规定获得保护的前提是,必须是对一个性别或者两个性别的人表现出(towards)性取向,因此,无性恋者(asexual)并不在保护之列。[191] 跨性别的人可以获得单独的保护。[192] 有一个涉及法庭之友的案件[193]对上述条例与欧盟指令的一致性提出挑战,但未获成功,该案的裁决认定“性取向”一词并不限于性生活(sexuality),还包括在性行为中对这种倾向的展现,或者性表达。在前述条例最初通过时,社会上出现过一些担忧,认为条例可能会保护恋童癖者或者性虐待变态者;但是,在解释《平等法》时必须将其置于《欧洲人权公约》的大背景下;根据该公约,有害或者危险的性行为不会被容忍。[194]

在诉称因性取向而遭受直接歧视的案件中,同性恋和双性恋人

---

〔190〕 EA,s 12(1).

〔191〕 Monaghan,K(2013) *Equality Law*,2nd edn(Oxford,Oxford University Press)para 5.310.

〔192〕 参见原著第59页。

〔193〕 R(on the application of Amicus - MSF section)v. Secretary of State for Trade and Industry[2004]IRLR 430,HC. 政府拒绝接受自由民主党提出的有关将这一点明确在法律中加以规定的修正案。参见 PBC(EB)8th sitting col 235(16 June 2009)。

〔194〕 Monaghan(2007)262,citing Laskey,Jaggard and Brown v. UK(1997)24 EHRR 39.

群面临的最大障碍是寻找一个合适的参照系。不同案件的情况不能 66
有实质性的差异。[195] 2004 年《民事伴侣法》消除了同性伴侣所面临的很多不利待遇,而 2013 年《婚姻(同性伴侣)法》则使此类伴侣结婚成为可能。[196] 最高法院在 Bull v. Hall 一案中[197]对民事伴侣与性取向之间的关系进行了考量。本案的争点在于酒店允许已婚配偶选择双床房,而不允许处于民事伴侣关系的同性伴侣选择双床房,这是否构成了基于性取向的直接歧视? 最后,最高法院以 3∶2 的结果认定本案构成基于性取向的直接歧视(具体原因参见本书第三章)。[198] 本案的裁决具有重要意义,但仍然回避了一个问题,即如果同性伴侣之间既没有结婚也不构成民事伴侣关系,是否仍然能够得出直接歧视的结论。[199] 在 Bull v. Hall 一案中,最高法院多数法官之所以认为构成基于性取向的直接歧视,是因为原告之间的民事伴侣关系至关重要。如今,婚姻已经向同性伴侣开放,因而要求存在婚姻关系可能会对异性伴侣和同性伴侣产生同样的不利影响。正确的做法是采用"要不是……"(but for)标准,即要不是因为他们的性取向问题,他们是否会受到与其他已婚人士或者民事伴侣相同的对待。[200]

---

[195] EA,s 23(1).

[196] 参见原著第 64 页。

[197] [2014]EqLR 76,para 27.

[198] 参见原著第 74 页。

[199] 这正好是 Black v. Wilkinson([2013]EqLR 894)一案所涉及的情况。在该案中,上诉法院认定,有关存在婚姻关系的要求构成了直接歧视(该案当事人未提起上诉)。

[200] 参见原著第 72 页。

正如前文提到的,在性取向问题上,当宗教自由权利与私生活相关权利相冲突的时候,争议最大。[201] 在 Bull v. Hall 一案中,最高法院明确一项受保护的特征(如性取向),并不比另外一项受保护的特征(如宗教/信仰)更重要。用黑尔大法官(Lady Hale)的话说,“所有各方都享有同样的不受其他人歧视的权利”。[202]

---

〔201〕 参见原著第 51 页。

〔202〕 Para 4.

第三章 被禁止的行为

一、导论

从某种意义上讲,平等法的基础由四类民事侵权行为构成:直接歧视、间接歧视、骚扰和欺凌。对于这些核心概念都有标准和明晰的界定。此前,对于被禁止行为的不同定义适用于不同的情形,这造成了不必要的复杂和区分的随意。现在仅针对年龄歧视[1]和基于残障的歧视[2]有专门的规定。总体上来讲,这些新的定义提升了各领域针对间接歧视[3]和骚扰[4]的保护水平,并且,通过取消受害人证

〔1〕 参见原著第78页。
〔2〕 参见原著第91页。
〔3〕 参见原著第78页。
〔4〕 参见原著第97页。

明与类似情况下的其他人相比存在较差待遇的要求,扩展了针对欺凌的保护范围。[5] 在议会的专门委员会审议和报告环节提出的修正案消除了《平等法(草案)》的最初文本中存在的瑕疵,比如,在怀孕和分娩的情形中,女性无须再证明遭受了较差待遇。[6] 但是,这些定义的某些特征仍然存在一些问题。

二、直接歧视

(一)较差待遇

2010 年《平等法》第 13(1)条规定:

> 如果甲因为某种受保护的特征,而给予乙相比于其他人较差的待遇,那么甲便构成了对乙的歧视。

68 这一形式模式,又称对称型模式,即“相同或相似的人给予相同或相似的对待”(likes must be treated alike),是自 1965 年以来英国反歧视法的核心。[7] 为了应对残障歧视的问题,这一模式不得不进行

〔5〕 参见原著第 103 页。
〔6〕 参见原著第 68 页。
〔7〕 参见原著第 11 页。

一定的调整,《平等法》第15条对基于残障的直接歧视作了一个单独的界定。除了年龄歧视和残障歧视外,对于直接歧视并不存在一个概括的正当事由抗辩。

证明“较差待遇”的要求是建立在一致性(consistency)原则基础上的。[8] 任何对一个人所珍视的选择机会的剥夺都会被视为“较差”待遇。所以,如果男性可以在酒吧喝酒而女性被剥夺了去酒吧喝酒的选择,[9]或者女性可以提前5分钟下班以避免晚高峰而男性却不被允许,这都会构成较差待遇。[10] 这就要求将原告的待遇与一个实际存在的或者假设的参照对象进行比较,这一参照对象除不具备原告的受保护特征以外,其他方面情况与原告不(或者不应该)存在大的差异。[11] 参照对象之间必须相同或类似,比如,有子女的女性的待遇要与有子女的男性的待遇进行对比。[12] 在没有合适参照对象的场合,这一要求会面临困难。比如,如何将一位怀孕的女性与男性进行对比,而男性压根是不能怀孕的? 早期判例法驳回了女性主

---

〔8〕 参见原著第24页。

〔9〕 Gill v. El Vino Co. Ltd. [1983]1 QB 425.

〔10〕 Ministry of Defence v. Jeremiah[1980]1 QB 87;还可参见 Moyhing v. Barts & London NHS Trust[2006]IRLR 860,EAT(男护士生在没有女伴陪同的情况下不能对女病人做心电图;而女护士生则可以在没有女伴的情况下进行这一操作,最后被认定存在歧视“危害”,即使这样做是出于好心)。

〔11〕 EA,s 23(1).

〔12〕 比如,Hurley v. Mustoe[1981]IRLR 208,EAT(女服务员被解雇,理由是有小孩的女性不“靠谱”,没有证据显示这一点会同样适用于有小孩的男性)。

张其因怀孕而被解雇的诉讼请求,依据是“当她怀孕的时候,女性已不再仅仅是女性了”。[13] 后来的案例试图将怀孕的女性与生病的男性进行对比,但是这一比较很难令人满意。[14] 怀孕是女性特有的生理功能,而不应当被贴上诸如“生病”一类的耻辱标签。如果作此对比,效果相当于赋予怀孕女性以生病男性同样的权利;但是,如果男性无法因为生病而获得病假的保护,女性也同样无法因为怀孕而获得休假的保护。欧盟法院也承认比较方法存在的这一缺陷。在
69 Dekker 这一标志性案件中,[15] 法院认为,由于只有女性会因怀孕而被解雇,因此,此类解雇构成了以性别为理由(on grounds of)的直接歧视。在此后的案件中,欧洲法院认定,平等待遇原则适用于怀孕与产假的整个过程,并且同样适用于因怀孕而罹患的疾病。[16] 《平等法》在工作领域与非工作领域有关怀孕和生育不利待遇的案件中,取消了在特定受保护期间内证明较差待遇的要求。[17]

(二)待遇齐降(Levelling Down)

《平等法》尚未解决前述比较方法带来的另一后果。平等待遇原

---

〔13〕 Turkey v. Allders Department Stores Ltd. [1980] ICR 66, EAT.

〔14〕 Fredman, S(1997a) *Women and Law* (Oxford, Oxford University Press) 182 – 93.

〔15〕 Case C – 177/88 Dekker v. Stichting Vormingscentrum Voor Jonge Volwassen (VJV Centrum) Plus[1990] ECR I – 3941.

〔16〕 Case C 109 – /00 Tele Danmark A/S v. Handels-og Kongorfunktionernes Forbund I Danmark[2001] IRLR 853; Case C – 32/93 Webb v. EMO Air Cargo (UK) Ltd. [1994] IRLR 482, ECJ, and (No. 2) [1995] IRLR 645, HL.

〔17〕 参见原著第62页。

则并不考虑个体是否受益。更具体地讲，只要能够证明参照对象受到的待遇同样糟糕，就会构成抗辩。举例来讲，拒绝给予黑人雇员公平程序机会的雇主，如果能够证明白人雇员也会受到同样的对待（“对所有人都是恶棍”抗辩），就有可能逃脱种族歧视的指控。比较方法的瑕疵使法律不得不又单独设计出骚扰和欺凌侵权事由，在这两种事由中已经取消了参照对象的要求。然而，《平等法》并没有遵从《剑桥评估报告》提出的建议，[18] 如 2003 年《莱斯特法案》（Lester Bill）所体现的那样，平等待遇原则应用的结果不应当缩减任何人的待遇和机会。[19] 这反映了对回归解释（regressive interpretation）的普遍反对原则。[20] 尽管待遇齐降仍然可能是英国“平等”待遇的结果，但是欧盟法中的最低标准规定，低于此标准的保护将不被允许。并且，对欧盟平等相关指令的执行不足以构成对其所适用领域的劳动 70
者保护水平削减的理由。[21] 正如后文将讨论的例子所展示的那

〔18〕 See Bob Hepple, Mary Coussey and Tufyal Choudhury, *Equality: A Framework* (*Report of the Independent Review of the Enforcement of UK Anti-Discrimination Legislation*) (2000). recommendation 8, p 35.

〔19〕 Lester Bill, cl2(2)(a),(4).

〔20〕 “对回归解释的禁止：在执行提升平等的法律和政策过程中，不应当对已经实现的反歧视的保护水平进行削减。”Equal Rights Trust, Declaration of Principles of Equality, para 26.

〔21〕 Directive 2006/54/EC, Art 27 (2); directive 2000/43/EC, Article 14; directive 2000/78/EC, Art 16; and see Case C－200/91 Coloroll Pension Trustees v. Russell [1993] ECR I－4389, paras 31 and 32.

样,[22]英国在执行欧盟法时不得削减针对骚扰所提供的保护。

(三)知情、意图和动机

反歧视法的主要目的之一是克服与某一群体的特征或者行为规范有关的刻板印象或认识。[23]

刻板印象会导致有意识或者无意识的歧视,比如,认为男性是家庭中挣钱养家的人,或者女性无法适应在非正常时间工作或者在压力下工作;[24]或者认为罗姆人由于在其母国遭受的不公平对待,与其他人相比更容易提出虚假的难民申请;[25]或者在警察行使截停或搜捕的权力时主要针对某一个特定民族群体的成员,原因是这一群体的成员比其他人更容易犯罪。[26] 这些刻板印象与反歧视立法背道而驰,用黑尔女男爵(Baroness Hale,与文中黑尔大法官系同一人。2009 年英国最高法院成立后,她从上议院上诉委员会法官转任最高法院大法官。——译者注)的话讲,反歧视立法"旨在确保每个人被

---

〔22〕 参见原著第 98 页。

〔23〕 这是自反歧视法诞生以来明确阐明的目的。参见 Report of the Race Relations Board for 1966 - 67, para 65。参见原著第 22 页。

〔24〕 Browne, J (2006) *Sex Segregation and Inequality in the Modern Labour Market* (Bristol, Policy Press) 114 - 15. 在一项对 BBC 的研究中,由于普遍的观点是女性因其育儿的责任更可能影响总体的工作效率,因此,在 BBC 中管理人员对女性雇员存在广泛的歧视现象。

〔25〕 R (European Roma Rights Centre) v. Immigration Officer at Prague Airport [2004] UKHL 55; [2005] 2 AC 1, HL(e), para 97 (Baroness Hale).

〔26〕 R (Gillan) v. Commr of Police of Metropolis [2006] UKHL 12; [2006] 2 AC 307, para 45 (Lord Hope of Craighead).

作为单独的个体对待,而不是作为某一群体的一员对待”。[27]

有意识的歧视可能是个人偏见、反感或者笃信教条的结果,或者是社会压力的结果,如产业行动或者消费者抵制的危险。[28] 它甚至可能是明显善意动机的结果,比如,为了提升某个弱势群体的利益。[29] 一个人由于另外一个人的受保护特征而给予其不利待遇,但其无意这样做或者并未意识到正在这样做,这便是无意识的歧视。对于这种情况,有时候只要仔细观察一个人所使用的语言就能发现。

“如果与白人男性相比,女性和少数民族的人更容易被以外表和 71
行为方式进行评价,而非他们的成就、学识和技巧,这就是决策者的态度影响他们决定的一个表现。”[30] 反歧视立法要想取得效果,则要能够同时解决有意识歧视和无意识歧视的问题。

欧盟立法中对某一个受保护的特征使用的“以……为理由”(on

---

〔27〕 Prague Airport(n 25) para 82.

〔28〕 详见 Hepple, B(1970) *Race, Jobs and the Law in Britain* 2nd edn(Harmondsworth, Penguin)17 –31, 175 –76。

〔29〕 R v. Commission for Racial Equality, ex parte Westminster City Council[1985] ICR 627, CA.

〔30〕 Coussey, M and Jackson, H(1991) *Making Equal Opportunities Work* (London, Pitman) 9,该书列举了员工招聘中的例子,比如,将女性应聘者描述为“活泼开朗”或者“吸引人的”,将黑人男性描述为“盛气凌人”或者“不是我们喜欢的类型”;而将白人男性描述为“对他的职业前景有着清晰的认识”。See Modood, T(1992), “Cultural Diversity and Racial Discrimination in Employment”, in B Hepple and EM Szyszczak(eds.), *Discrimination: The Limits of Law* (London, Mansell) ch 13, 134,该书则给出了在劳动就业遴选过程中有关文化认识的例子。

ground of)一词,英国 2010 年《平等法》之前的立法也采用这一术语。[31] 是否构成歧视并不考虑是否有意识,也不论动机,这已经是一个公认的原则。但是,最高法院的法官们却很难就认定歧视的公式达成一致意见。在 Birmingham Schools 案中[32],在伯明翰地区,男孩子的语法学校的学位数量要多于女性的学位数量,结果导致女孩子要想被语法学校录用就必须考出更好的成绩。该地的教育理事会并无意对女孩子进行歧视,且对女性也没有敌意;它只是没有采取足够措施来解决因历史原因形成的女性弱势地位问题。但是,它最终还是被认定要为直接歧视承担法律责任。戈夫勋爵(Lord Goff)在这个影响深远的判决中,遵从了下级法院在一系列案件中形成的观点,其表示:

> 被告歧视的意图或者动机,尽管可能与救济方式相关……却不是判决承担法律责任的必要条件……否则,雇主证明他歧视女性并非有意如此,而是迫于消费者偏好、为了节省费用甚至是为了避免争议,就能够成为一个很好的抗辩事由。[33]

---

〔31〕 参见原著第 75 页有关《平等法》中"基于"(because of)一词的论述。

〔32〕 R v. Birmingham City Council, ex parte EOC [1989] AC 1155; [1989] IRLR 173, HL.

〔33〕 [1986] IRLR 175.

一年后，在 James v. Eastleigh Borough Council 一案中[34]，丈夫和妻子，年纪均为 61 岁，去他们当地的公立游泳池。丈夫需要交 75 便士，但是妻子免费，原因是市政厅出台了一项政策，达到国家领取养老金年龄的人可以免费进入游泳池，当时领取养老金的年龄为男 65 岁，女 60 岁。市政厅的动机是“为了给那些因为退休而资源减少的人以更多的优惠”，并且“帮助有需要的人，无论男女”。上议院在多数意见中表明，市政厅的主观动机，无论多么善意，在认定是否构 72
成歧视问题上是不相关的。戈夫勋爵、布里奇勋爵（Lord Bridge）与阿克纳勋爵（Lord Ackner）共同采用了一个因果关系标准：“如果不是因为他/她的性别，原告是否会收到同样的原因解释？”[35] 由于免费的标准是以性别为基础的，法院认定，要不是因为他是男性，原告会享受跟他妻子同样的待遇。

在 Bull v. Hall 一案中[36]，基于酒店老板的宗教信仰，该酒店规定双床间仅向已婚人士开放，而不能提供给民事伴侣。在该案发生时，同性婚姻尚未合法，只有同性的伴侣可以结成民事伴侣关系。最高法院的所有大法官都认为这构成间接歧视，并且无正当理由。但在该案是否存在直接歧视这一问题上，大法官们的意见有所不同，多

---

〔34〕 ［1990］2 AC 751；［1990］IRLR 288，HL.

〔35〕 ［1990］IRLR 295. 格里菲斯勋爵（Lord Griffiths）和洛里勋爵（Lord Lowry）表示了不同意见。

〔36〕 ［2014］EqLR 76. 参见原著第 56 页。

数意见(3∶2)认为存在以性取向为理由的直接歧视,因为该案中酒店所采取的婚姻标准是“与性取向不可分的一项特征联系在一起的”。[37] 黑尔大法官认为,在只有异性伴侣方可合法结婚的时代,没有任何理由将对已婚配偶与民事伴侣区别对待的行为不视为基于性取向而实施的直接歧视。[38] 克尔勋爵(Lord Kerr)[39]的依据是一项法律规定,即民事伴侣与已婚配偶之间并无重大区别。托尔森勋爵(Lord Toulson)[40]认为将民事伴侣与其性取向割裂开来是不可能的。纽伯格勋爵(Lord Neuberger)[41]在这一点上持不同意见,认为某种歧视要构成直接歧视,要求“这一标准与这一受保护的特征之间存在某种准确的对应关系”,而在该案中,这一区别对待实际上是针对未婚人士,因为双床间同样也不会提供给异性的未婚伴侣。[42] 休斯勋爵(Lord Hughes)在这一问题上也持不同意见[43],认为聚焦于原告的特征而非被告这样做的原因是错误的。

---

〔37〕 这一表述是由佐审官(Advocate General)在 Case C – 79 Schnorbus v. Land Hessen([2000] ECR 1 – 10997)一案中所采用;还可参见 Case C – 73/08 Bressol v. Gouvernment de law Commaunte Francaise[2010]3 CMLR 559, para 56。

〔38〕 Paras 17 – 32.

〔39〕 Paras 56 – 63. Citing reg 3(4) of the Sexual Orientation regulations, now EA s 23 (3).

〔40〕 Paras 66 – 71.

〔41〕 Paras 72 – 77.

〔42〕 Para 74.

〔43〕 Paras 89 – 91.

正如黑尔大法官所承认的那样,[44]那些被拒绝和被获准入住双床间的人,与受到保护的性取向特征之间并不存在“准确的对应关系”,这一点正确无疑。在 James 一案中,只有(60～65 岁的)男性受到了不利待遇,而非女性;而在 Bull 一案中,未婚的异性伴侣与未婚的同性伴侣同样受到了不利待遇。 73

其实,在 Bull 一案中大法官之间的观点分歧可以通过适用“要不是”标准得以避免。如戈夫勋爵指出的那样,这一标准有“双重优点”。[45] 首先,这一标准能够处理那些因与某一受保护特征相关的标准而衍生出来的待遇的案件;其次,在很多案件中,这一标准还能回避一些复杂的问题,如意图、动机、原因或者目的等。不过,在 Nagarajan v. London Regional Transport 案中[46],尼克尔斯勋爵(Lord Nicholls)和斯泰恩勋爵(Lord Steyn)在这一欺凌案件中曾表示,关键问题是“为什么原告遭此不利待遇”,[47]这一言论引发了一些困惑。这些判决的附带意见(dicta)使有些学者认为上议院在“要不是”标准之外又增设了“之所以这样做是因为”(reason why)标准。但是在 Amnesty International v. Ahmed 一案中,[48]昂德希尔法官(Underhill J)对这一主张进行了驳斥,他的驳斥是正确的。他对 James 案和

---

[44] Para 21.

[45] [1990]IRLR 295.

[46] [2000]1 AC 501,HL(E).

[47] [2000]1 AC 576,HL(E),per Lord Nicholls.

[48] [2009]IRLR 884,EAT.

Nagarajan 一类的案件进行了区分:对于前者,区别对待的事由就存在于行为本身(领取养老金的人可以免费进入的规则必然对男性构成歧视,因为领取养老金的年龄男女有别);而对于后者,行为本身并不具有歧视性,之所以最终被认定为歧视是因为有歧视的动机,即"经由某种(有意识或无意识的)精神过程使得推定的歧视者做出了这一行为"。即使在此类案件中,"需要牢记的是,调查的关键是推定歧视者的行为所基于的事由或者原因,而不是他的动机"。在这两类案件中,歧视者行为背后的良善动机与歧视行为的认定并不相关。在 Amnesty International 案中,一位女士由于她的北苏丹民族背景,并未被某个人权机构任命为"苏丹研究者"(Sudan researcher),原因是她的民族或者来源国身份会构成某种利益冲突,进而增加她本人和其他人的安全风险。劳动关系上诉裁判庭维持了劳动关系裁判庭的认定,即这构成基于民族起源的直接歧视,尽管这一决定背后的动机出于对安全的关切。

在 JFS 一案中,[49] 被告精神因素这一棘手的问题得到了讨论。该案的事实部分前文已经讨论过了。[50] 多数法官的裁判意见[51] 构
74 成了区分歧视行为的主观原因与歧视行为背后的主观动机的最新权威意见:之所以无法录取申请人,原因在于他并不是由犹太母亲所

〔49〕 [2009] UKSC 15; [2010] IRLR 136.
〔50〕 参见原著第 48 页。
〔51〕 Lord Phillips PSC, Lady Hale, and Lords Mance, Kerr and Clarke.

生,但是这一决定背后的动机在于这是正统犹太宗教法的一项要求。前者是相关的,而后者则是不相关的。

前述多数法官的判决意见所做的重要理论贡献,经由 Nagarajan 案和 Amnesty 案的进一步发展,主要体现在区分两类案件方面:在第一类案件中,不利待遇本身就是建立在禁止歧视的特征基础上的(如 Birmingham Schools 案、James 案和 Bull 案);在另一类案件中,不利待遇并不是与某种禁止歧视的原因清晰地联系在一起的,比如,对某位求职者不予录用的表面上的原因是求职者不符合录用条件或者缺乏合适的资质,且雇主可能也真实地相信不录用求职者的原因与其种族、性别或者其他受保护的特征无关。在第一类案件中,不需要去查明歧视者的主观精神状态。而在第二类案件中:

> 在对一项申请进行详细和全面的调查之后,劳动关系裁判庭的裁判官可以决定从现有证据得出的合理推论(proper inference)是:雇主是否意识到在(作出录用决定的)当时,种族是他如此行为的原因……如果前述推论是合法得出的,那么雇主做出的此类性质的行为就当然地落入直接歧视的范围。[52]

---

〔52〕 Per Lord Nicolls[2001]1 AC,576.

在 JFS 一案中,菲利普斯勋爵(Lord Phillips)认为"要不是"标准并无帮助。他表示,"还不如就问一下歧视者在作出相关决定时将哪些事实视为决定性的"。[53] 在 JFS 案中无争议的事实标准是与正统犹太教的母系联系,并且这一点又是建立在特定民族基础上的。换句话说,这里并不存在两个歧视的事由,即民族和宗教:宗教标准很明显是建立在民族基础上的。歧视背后的动机,也即首席拉比办公室的确认为(主观精神状态)这一歧视是宗教法所要求的,而这一点与此并不相关。与此相似,在 Bull v. Hall 一案中,酒店老板的真实宗教动机并不相关。

从这些裁判中我们似乎可以得出如下结论,即法院或者劳动关系裁判庭的合理方法通常是查明构成不利待遇的基本原因的事实标准。如果经查明发现,这些标准本来就是建立在某一受保护的特征的基础上的(如 JFS 案、Birmingham School 案、James 案和 Bull 案),那么这一区别对待就是非法的,也就无须再调查被告的主观精神状态了。但是,如果这些标准不是当然地建立在某种受保护特征的基
75 础上(如声称是建立在录用条件或缺乏资质的基础上),法院或者裁判庭就要查明被告的主观精神状态,以便确定真实的原因是否为某种受法律保护的特征。[54] 这一过程很少是建立在直接证据的基础

〔53〕 JFS case, para 16.

〔54〕 Baroness Hale at paras 64 – 65, with whom Lord Walker(para 236) and Lord Hope (paras 196 – 71) agreed, and Lord Mance(para 90) is to similar effect.

上(如“这一工作不适合女性”);相反,它通常依赖于从间接证据得出的推论,这使举证责任变得至关重要。[55]

(四)“基于”(because of)某种受保护的特征

上文讨论的判决依据的法律是英国此前的立法和欧盟的指令,使用的表述是“以……(某种特定的特征)为理由”(on grounds of)。不过,2010 年《平等法》采用的表述是“基于”(because of)某种受保护的特征。[56] 对这一表述上的变化给出的解释是,这样做可以在不改变法律定义的前提下使法律的普通读者理解起来更为顺畅。据称,在寻找某个事情的原因时,“基于”的表述比“以……为理由”显得更自然。[57] 有些专家建议,这一改变可能会造成混淆,并影响既有成型的判例法发挥作用,这一观点得到议会联合人权委员会的认同。[58] 有人担心法院会将“基于”解释为要求歧视者具备差别对待的意识和故意,或者要求受保护的特征是差别对待的唯一或者主要原因。但是,政府抵制住了各种压力,拒绝将新法的用语改回到旧法

---

〔55〕 参见原著第 203 页。

〔56〕 The DDA 1995, s 3A(1)使用的术语为“因与残障人士的残障状况有关的原因”(for a reason which relates to the disabled person's disability)(参见原著第 92 页)。

〔57〕 EN para 61; PBC(EB) 8th sitting col 244(16 June 2009)(Solicitor-General).

〔58〕 JCHR(Joint Committee on Human Rights)(2008 – 09) *Legislative Scrutiny: Equality Bill*, 26th Report of Session 2008 – 09, HL Paper169, HC Paper 736 (London, The Stationery Office). para 77; Rubenstein, M (2009), “The EOR Guide to the Equality Bill: Part I – General Principles”, 189 *Equal Opportunities Review* 22.

的“以……为理由”。〔59〕政府发言人声称,“基于”和“以……为理由”二者为同义语。〔60〕当然,法院在解释“基于”时,必须与欧盟指令中使用的“以……为理由”保持一致。“基于”的表述并不意味着在歧视的认定上需要采取一套不同于 JFS 案的新标准。

有一个疑问已经得到澄清,即歧视者与受害方具有同一受保护特征,并不能构成直接歧视的抗辩事由。此前的立法仅在宗教/信仰
76 的案件中对此作出了规定。《平等法》将这一点扩展适用于所有的受保护特征。比如,雇主是同性恋,而他以求职者是同性恋为由对其拒绝录用,并不会因为他自身是同性恋而逃避因非法歧视需要承担的责任。〔61〕

(五)认知与联系

英国立法禁止以种族为由实施直接歧视,〔62〕这些规定经常被解释为同时也禁止基于与某一特征的认知或者联系而实施的歧视。比如,如果雇主拒绝考虑一位白人的求职申请,因为该申请人有一个听起来像非洲人的名字而被雇主认为是黑人,雇主的这一行为也会因

---

〔59〕 PBC(EB)8th sitting cols 240 – 42(16 June 2009);Hansard HL Vol. 716 cols 522 – 27(19 January 2010).

〔60〕 PBC(EB)8th sitting col 244(16 June 2009)(Solicitor-General);Hansard HL Vol. 716 col 526(19 January 2010)(Baroness Thornton).

〔61〕 EA,s 24(1);EN,para 95.

〔62〕 Race Relations Board v. Applin [1975] AC 259,289(Lord Simon);Mandla v. Dowell Lee [1983] 2 AC 548,563(Lord Fraser).

雇主的认知构成直接种族歧视。[63] 类似的表述也出现在有关性别、宗教/信仰，以及与性取向有关的反歧视立法中。但是，基于某人是残障人的认知而实施的歧视并不为法律所禁止；同样，基于与特定年龄的人或者残障人的联系而实施的歧视也不为法律所禁止。欧盟法院在 Coleman v. Attridge Law 一案中，[64] 将《就业框架指令》中有关禁止以残障为由实施歧视的规定解释为并不限于那些自身有残障的人。这一规定同时也涵盖那些因需要照料残障人而受到不公平待遇的人。《平等法》通过使用"基于受保护的特征"（because of a protected characteristic）的表述提升了保护的水平。《平等法》第 13 条将基于与残障和年龄的认知或联系而实施的直接歧视，与基于其他受保护特征实施的歧视放到同一个层面。直接歧视新定义的外延很宽泛，足以涵盖那些基于错误认识而实施的歧视，如误认为某人 HIV 病毒呈阳性而歧视；也能涵盖那些基于与其他有受保护特征的人的联系而实施的歧视，如某人因有照顾残障人或者老年人的义务而受到不公平的对待。

议会联合人权委员会[65]、平等与人权委员会以及其他活动团

---

〔63〕 这一例证是《立法释义》给出的，参见 EN, para 63。

〔64〕 Case C – 303/06 Coleman v. Attridge Law [2008] ECR I – 5603; [2008] IRLR 722.

〔65〕 JCHR (Joint Committee on Human Rights) (2008 – 09) *Legislative Scrutiny: Equality Bill*, 26th Report of Session 2008 – 09, HL Paper169, HC Paper 736 (London, The Stationery Office), paras 81 – 87.

体，均主张在立法中明确禁止基于联系和认知所实施的直接歧视。自由民主党为此提出了一份修正议案，但政府拒绝接受，理由是这一
77 修改反而会导致法律有关直接歧视的概括禁止受到限缩解释。[66] 政府也并不觉得有必要为那些承担育儿或者照顾责任的人提供额外保护，理由是，与其他受保护的特征不同，“照顾者”(carer)并不是一种身份，规定雇员有权利要求更灵活的工作安排，比在反歧视法下增加一个额外的受保护特征，更适合承担照顾义务的雇员。[67] 这一处理方式确实使承担照顾义务的人基于其照顾者身份可能会受到歧视，而这些歧视又不同于基于受照顾者的特征（如残障或年龄）而实施的歧视。Coleman 案中的初步事实便与此相关，据称，一名残障儿童的父母与其他非残障儿童父母相比，获得的待遇较差，受到了骚扰和不公正对待。该案最后以庭外和解告终，法院没有机会对这一问题进行处理。

（六）交叉或者多重歧视

受到不利对待的黑人女性可能并不知道她受此待遇的原因究竟是她的种族还是性别，或者既有种族又有性别。一名年长的残障雇员或许不知道他受到不利待遇的原因究竟是他的年龄，抑或是残障状况，或者两者的结合。这通常被称为交叉歧视：两种或者多种因素

---

〔66〕 PBC (EB) 8th sitting col 254 (16 June 2009); Solicitor-General evidence to JCHR, EV 67 at Q 15.

〔67〕 Solicitor-General evidence to JCHR.

不可分割地交织在一起构成了歧视的理由。[68] 在 Bahl v. Law Society 案中,[69] 法学会的副会长声称她受到了歧视,原因即包括她的亚裔黑人身份(black Asian)和女性身份。劳动关系裁判庭认为,她可以将白人男性作为参照对象,因此,允许考虑她的种族和性别因素的综合影响。上诉法院认为劳动关系裁判庭应当分别考虑这些因素,并分别作出裁决,即使这些因素之间是相互关联的。如果劳动关系裁判庭无法认定单独基于种族或性别原因而构成歧视,那么就不能认定将两个因素叠加起来以后构成基于种族和性别的歧视。[70] 78
这一裁决的结果是原告不得不选择对她而言最强的诉因,尽管在现实中,如果不是因为她同时具有两个受保护的特征,歧视者就不会对她实施歧视。她可能很难找到合适的参照对象:如果她的诉因是性别歧视,她不得不选择黑人男性作为参照对象;如果她的诉因是种族歧视,那么她不得不选择白人女性作为参照对象,尽管在现实中,她的黑人身份和女性身份均是她所受不利待遇的可能原因。

《反歧视法评估报告》曾向社会征集证据,以证明在“多重歧视”情况下获取法律救济存在障碍。许多机构提供了这些证据。工党政府提出议案对此作出回应,该议案后来体现在 2010 年《平等法》的第

---

〔68〕 在多数文献中,“多重歧视”经常与“交叉歧视”交互使用。不过,“多重歧视”的概念外延宽泛,可以涵盖交叉歧视,也可以涵盖那些出于单独原因在多个场合实施的不公平待遇。这并不存在交叉歧视所带来的问题。

〔69〕 [2004] EWCA CIV 1070; [2004] IRLR 799.

〔70〕 [2004] IRLR 799, para 137, upholding the EAT [2003] IRLR 640.

14 条。该条允许在“基于两个相关的禁止歧视的特征，甲给予乙相对于其他不具有此类特征的人以较差待遇的情形下”，乙对甲提起诉讼请求。这一规定受到猛烈的批评，[71]最终也并未发生法律效力。

这并不必然导致在保护上存在裂痕。[72] 2010 年《平等法》之前和之后的判例法已经认可了歧视性待遇可以基于两个或者两个以上的事由。只要能够证明某个禁止性的事由对某个决定产生了重要影响，这一待遇便是违法的。[73] 劳动关系裁判庭似乎并不惮以多重（交叉）歧视为由作出歧视的认定。劳动关系裁判庭的正确方法是分别考虑造成歧视的原因，并确定是否为重要的因素。[74] 在间接歧视的情形下，劳动关系上诉裁判庭表明，可以以两种不同政策、操作或者标准的综合影响为由，提起间接歧视诉讼。[75]

（七）直接年龄歧视的正当事由抗辩[76]

如果受保护的特征是年龄，“甲能够证明他对待乙的方式是实现合
79 法目的的合比例手段，那么甲的做法并不会构成对乙的歧视”。[77] 这

---

[71] 参见本书原著第 1 版，第 61 ~ 66 页。

[72] Robison(2013)235 EOR 14.

[73] Nagarajan v. London Regional Transport [1999] IRLR 572; O'Donoghue v. Redcar and Cleveland Borough Council [2001] IRLR 615, CA.

[74] Eg O'Reilly v. BBC [2011] IRLR 271, EAT.

[75] Ministry of Defence v. De Bique [2010] IRLR 271, EAT.

[76] 除此处的一般抗辩外，在年龄歧视问题上还有很多特别的例外，参见本书第 113、136、145 页。

[77] EA, s 13(2).

与间接歧视情形下的正当事由抗辩有相似性,但也有区别。在2012年的Seldon案[78]与Homer案[79]中,英国最高法院明确,直接年龄歧视的正当事由抗辩的范围比间接年龄歧视的正当事由要窄,且证据标准更高。直接年龄歧视的抗辩事由仅限于那些旨在实现具有"公共利益"性质的社会政策目标如"代际公平"或者人的尊严的措施。根据《平等法》第13(1)条的规定,雇主或者其他基于年龄实施了差别待遇的人可以选择他们所追求的目的,只要(1)这些目的在《就业框架指令》的范围内是合法的;(2)与国家的社会政策目标相一致;并且(3)实现这些目的的手段合乎比例原则,相比要实现的目标而言既合理又必要。实施差别待遇者有义务证明其实施的差别待遇是存在正当性的。

《就业框架指令》第6(1)条规定了许多合法目的的示例,列举了诸如"合法就业政策、劳动力市场或者职业培训目标等",[80]并给出了如下示例:

> (a)设定获得工作机会和职业培训机会的条件,以及就业和职业的条件,包括年轻人、老龄工人以及有照顾义务工人的解雇和薪资条件,以便能提升他们的职业融合程度或

---

〔78〕 Seldon v. Clarkson, Wright and Jakes[2012]UKSC 16,[2012]EqLR 579.

〔79〕 Homer v. Chief Constable of West Yorkshire Police[2012]UKSC 15,[2012]EqLR 594.

〔80〕 Art 6(1).

者确保他们获得应有的保护;

(b)确定获得就业机会或者与就业相关的待遇的最低条件,如年龄、工作经历或者服务年限等;

(c)依据某一职位的培训要求或者退休前有一段合理的工作时间的需求,而设定求职的最大年龄。

欧盟法院不断演进的判例法也对此作了进一步发展。[81] 合法目的还包括:(1)增加年轻人获得工作的机会;[82](2)对员工的离职和招聘进行有效的规划;[83](3)在不同世代之间对工作机会进行公
80 平分配;[84](4)确保不同年龄段的员工并存以促进工作经验和新观念的交流;[85](5)奖励有经验的员工。[86] 在评估所采取措施的必要性时,应当将对受歧视的员工造成后果的严重程度,与合法目的的重要程度对照起来考虑。[87]

---

[81] 对这些案例颇有助益的总结可见于黑尔大法官在 Seldon 一案中的判决第 50 段。

[82] Case C-411/05 Palacios de la Villa v. Cortefield Servicios SA[2009]ICR 111; Case C-555/07 Kuicukdeveci v. Swedex GmBH 7 Co KG[2011]CMLR 703.

[83] Joined Cases C-159/10 and C-160/10 Fuchs and another v. Land Hessen[2011] 3 CMLR 1299.

[84] Case C-341/08 Petersen v. Berufungausschuss fur Hahnartze etc[2010]2 CMLR 830.

[85] Joined Cases C-250/09 and C-268/09 Gerogiev v. Technicheski Universitet Sofia[2011]2 CMLR 178.

[86] Joined Cases C-297/10 and C-298/10 Hennigs v. Eisenbahn-Bunmdesamt Land Berlin v. Mai[2011]ECR.

[87] Fuchs and another v. Land Hessen[2011]3 CMLR 1299.

在 Homer 一案中,间接年龄歧视的正当事由抗辩不仅限于那些在直接年龄歧视情形下的抗辩事由,还包括那些与雇主的商业需求具体相关的原因,如降低成本或者提升竞争力的需要。就直接歧视而言,这些与个体相关的理由并不构成合法的目的。

对于某个个体所隶属的年龄段所实施的差别待遇,需要通过提供正当事由加以抗辩。比如,教育专家认为终身教育应当满足 4 个主要年龄段的人的差异化需求,即 25 岁以下、25 ~ 50 岁、50 ~ 75 岁以及 75 岁以上。[88] 这种"明线"(bright line)会使那些刚好处在年龄分界线以上或者以下的人(如 24 岁或 26 岁,49 岁或 51 岁,或 76 岁)遭受利益损害,进而可能会损及人格尊严。不过,根据《欧洲人权公约》第 14 条的规定,上议院认定,界分不同年龄段人群的明线是存在合理性的。在 Reynolds 一案中,求职补贴的申领人处于 18 ~ 24 岁的年龄段,因此,获得的补贴数额低于 25 岁及以上年龄的人的补贴数额。上议院的议员们认为,与年龄稍大的人相比,社会对 25 岁以下人群较低赚钱能力以及较低生活成本的预期是合理的,因此,对这一年龄段的人进行差别对待具有正当性,尽管申领人本人为单身妈妈,对求职补贴有较高的需求。霍夫曼勋爵(Lord Hoffmann)表示:

---

〔88〕 Schuller, T and Watson, D(2009) *Learning through Life: Inquiry into the Future of Lifelong Learning* (Leicester, NIACE)。此书第 5 章为这一分类提供了人口、经济以及社会方面的证据。

必须画一条线。这条线需要能够反映位于线两侧的绝大部分人之间存在的差异……其客观正当性在于获得法律确定性以及一项具有可操作性规则的需要。[89]

根据《平等法》的规定,与"明线"相关的政策和操作如果能够被证明是达致合法目的的合比例手段,即为实现这一目的既具有必要性又具有合理性,那么这些政策和操作就是有正当性的。

《平等法》第13(2)条的表述意味着,在与年龄相关的问题上,确
81 定是否"合法"以及"合比例"时,应当采取一种以证据为基础的方法,即较高的证明标准。[90]

三、间接歧视

(一)概念整合

直接歧视和间接歧视是相互排斥的。它们是两类相互独立的法定侵权行为,有不同的证明标准和不同的救济方式。针对它们需要

---

〔89〕 R(Reynolds) v. Secretary of State for Work and Pension[2005]UKHL 37;[2006] 1 AC 173, para 41; See Lord Rodger, para 45, and Lord Walker, paras 49 – 65 for an analysis of the scope of Act 14 ECHR.

〔90〕 R(Age Concern England) v. Secretary of State for Business, Enterprise and Regulatory Reform[2009]IRLR 373.

单独提起诉讼、证明和裁决。[91] (禁止)直接歧视旨在实现待遇的形式平等;一个人不能因为其具有禁止歧视的特征而受到比其他人不利的对待。除了年龄歧视和残障歧视外,其他的直接歧视类型并不存在正当事由抗辩。(禁止)间接歧视旨在实现实质平等。[92] 用黑尔大法官的话讲,它"试图通过将那些表面上看起来中立但实际上对具有某一特定受保护特征的人造成不利待遇的要求纳入审查范围的方式,来实现竞争环境的公平"。[93] 间接歧视存在正当事由抗辩(见下文)。这一概念的起源在本书的第一章已有描述。

如《平等法》第19条所界定的,间接歧视通常发生在一个人(甲)将一个表面中立的规定、标准或者操作实践适用于另一个人(乙),从而使乙以及与乙具有同样禁止歧视特征的人,与其他不具有这些特征的人相比,被置于特定的不利地位。这与甲因禁止歧视的特征而对乙的对待方式无关,真正有关的是对乙所隶属的这个群体(如女性或者某一少数民族)所造成的不利影响。如果甲能够证明这一规定、标准或者操作实践是"实现合法目的的合比例手段",那么这一间接歧视便具有正当性。《立法释义》[94]中给出的例子是,雇主采

〔91〕 R(on the application of Elias) v. Secretary of State for Defense[2006] IRLR 934, CA, per Mummery LJ, paras 117 – 18; R(on the application of E) v. Governing Body of the JFS [2009] UKSC 15, per Baroness Hale, para 57.

〔92〕 Barnard, C and Hepple, B (2000), "Substantive Equality", 59 *Cambridge Law Journal* 562, 564. 有关这一概念的起源,参见原著第12页。

〔93〕 Homer v. Chief Constable of West Yorkshire Police[2012] EqLR 594, para 17.

〔94〕 Para 81.1.

取轮班制,一名女性雇员需要在每天的固定时段照顾幼儿,而雇主无法照顾这些特殊的需求,因此,她被迫辞职。这会使女性相比于男性82 作为一个群体处于一种不利地位,因为女性跟男性相比更可能承担照顾幼儿的责任。除非雇主能够证明这一操作是有正当事由支持的,否则他就会构成对该女性雇员的间接歧视。[95]

在《平等法》出台前,关于间接歧视至少存在4个版本以上的定义。首先,《消除性别歧视法》和《种族关系法》最初规定,必须存在某种"要求或条件"同时适用于两个性别或者不同的种族群体,但是某一个性别或者种族的人"能够满足"这一要求或条件的比例,"远远低于"(considerably smaller)其他性别或者种族中能够满足该要求或条件的人的比例。这里存在一个抗辩事由,即这一要求或条件是具有正当性的,与作为其适用对象的性别或者种族群体无关。对"要求或条件"术语的解释受到严格的限制。它必须是强制性的,而非任意性的:比如,在公务员机关中担任法律助理的求职者,如果他无法证明诸如英语能力、英国国籍以及年龄之类的标准是强制性的,那么他就无法证明间接歧视的存在。[96]

同时,对于如何证明存在差别影响(disparate impact),也存在巨大的不确定性。有两个问题需要解决:(1)如何确定"能够满足"这

〔95〕 See Edwards v. London Underground(No. 2)[1999]ICR 494,CA.

〔96〕 Perera v. Civil Service Commission[1983]ICR 428,CA.

一要求的参照对象的范围(比如,究竟是整个劳动力市场还是劳动力市场的某个特定行业)? (2)是不是"能够满足"这一要求的女性比例"远远低于"男性的比例("差别影响"问题)?[97]"远远低于"的标准是存在争议的。[98] 比如,除了在能够满足这一规定的男性和女性的比例[符合要求者(qualifiers)]之间进行对比外,是否还应当就无法满足这一规定的男性和女性的比例[不符合要求者(non-qualifiers)]作以对比,在这一点上一直并不明确。后一对比会产生与前一对比非常不同的数据结果。有关间接歧视的第一种定义使法院很看重统计数据,尽管这一统计数据很难获取,特别是在法律没有规定实施数据监测的法定职责的情况下。同时,欧盟的一些成员国对收集种族方面的数据非常抵触。尽管这一点在英国并不存在太大的问题,但是法院和劳动关系裁判庭仍然发现对这些数据进行准确解释非常困难,只有采取在没有支撑证据的情况下对社会事实进行司法认可(judicial notice)这一争议较大的措施。在性别歧视案件中对统计数
据方面证据的重视,与欧盟法院在人员自由流动领域的间接歧视概 83
念上采取的做法形成了对比,在这一领域,成员国国内法设置的条件,如果将欧盟成员国的移民工人置于"特殊不利地位",将被视为具

[97] For discussion of the case law, see Barnard, C and Hepple, B (2000), "Substantive Equality", 59 *Cambridge Law Journal* 562. 570 – 71; Monaghan, K (2013) *Equality Law*, 2nd edn (Oxford, Oxford University Press), paras 6 – 285.

[98] See Barnard, C and Hepple, B (2000), "Substantive Equality", 59 *Cambridge Law Journal* 562, 570 – 572.

有间接的歧视性,尽管这一条件的适用并不考虑国籍。[99]

间接歧视的第二种定义是在第97/80/EC号《举证责任指令》的背景下被引入《消除性别歧视法》(SDA)的。[100] 这实际上使欧盟法院有关性别歧视的判例法实现了制定法化。首先,它并不要求证明存在某种“要求或条件”,相反,而是适用于一项明显中立的“规定、标准或者操作实践”。其次,无须证明原告“无法满足”这一规定的要求,但是这一规定、标准或者操作实践要对“远远高出男性比例的女性造成了利益损害”。这仍然采用了数据方法。

有关间接歧视的第三种定义源自欧盟《就业框架指令》,在劳动就业问题上,被应用于政府规章有关宗教/信仰的规定,[101] 有关性取向的规定[102] 以及有关年龄的规定。[103] 这些规定取消了证明原告所属群体中“很大比例”的人群受到不利影响的要求,而借鉴国籍法引入了“特别不利”(particular disadvantage)标准。这一定义也适用于《种族指令》适用范围内的间接种族歧视,但是间接歧视的第一种定义仍然继续适用于其他《种族指令》未涵盖的领域。该指令并未明确规定适用于肤色歧视,而《种族关系法》(RRA)所确立的第一种定义

[99] Case C - 237/94 O' Flynn v. Adjudication Officer [1996] ECR I - 2617, paras 18 - 19.

[100] Sex Discrimination (Indirect Discrimination and Burden of Proof) Regulations 2001, SI 2001/2660, reg 2 (this applied to claims from 12 October 2001 to 1 October 2005).

[101] Reg 3(1)(b).

[102] Reg 3(1)(b).

[103] Reg 3(1)(b).

却例外地适用于肤色歧视;而第三种定义则适用于其他形式的种族歧视,除非能够证明肤色仅是种族或者民族歧视的借口。第三种定义为现行《平等法》的第 19 条所采纳,容后详述。

第四种定义为 2006 年《平等法》第 45(3)条所引入,主要适用于在非劳动就业领域的以宗教/信仰为由的间接歧视。第四种定义与第三种定义类似,但是作为参照对象的群体可以是与原告不同宗教/信仰群体的部分或者全部人群;所以,穆斯林可以选择以基督徒、犹太教徒或者无神论者作为参照对象,只要原告所属群体的情况与所选择的群体的情况大致相当。正当事由抗辩在表述上也有所不同(明显标准宽松),如果间接歧视措施能够通过原告的宗教/信仰以外 84
的事项证明其正当性,则这些措施在法律上便是允许的。

《平等法》第 19 条废除了此前所有的定义版本,在间接歧视问题上,将其整合为一个统一的定义。这一定义适用于所有法律所禁止歧视的特征。当然,这一改变并不必然包括怀孕与生育,因为二者已经为针对女性的间接性别歧视概念所涵盖。[104] 间接残障歧视已为这一概念所涵盖(下文详述)。

(二)侵权的要素

这一新型侵权的构成要件如下:

(1)甲将某项“规定、标准或者操作实践”(以下简称规定)适用

〔104〕 这一点为英国副总检察长所证实:PBC(EB)8th sitting col 284(16 June 2009)。

于乙。这一规定不一定非要是强制性的。所以,英国航空规定根据员工的个人情况,酌情确定是否允许其按照全日制工作时间的50%或者75%工作,被劳动关系上诉裁判庭认定为“规定”。[105] 其他的例证包括与晋升或者资历有关的规定,年龄规则,老带新招聘操作实践,试用期(qualifying periods),对全日制和非全日制员工规定不同的合同条件,校服要求,与社会福利待遇有关的居住期限要求等。

(2)甲将这一规定适用于乙,或者适用于与乙具有不同的受保护特征的人群。换言之,这一规定从表面上看是中立的。

(3)与其他人相比,它将与乙具有相同受保护特征的人置于一种特别的不利境地。这牵涉不同群体之间的比较,目的是证明差别影响的存在,因为根据此前的立法规定,(作为比较对象的)不同案件的情况不应该存在本质性差异。[106] 根据现有规定,已经无须确定这一规定所适用的人群范围,然后再确定是否原告所属群体(如女性)中能够满足这一规定要求的比例“远远低于”作为参照对象的群体(如男性),或者原告所属群体中受到不利影响的比例“远远大于”其他
85 群体;仅需证明某一规定将原告所属的群体与其他人相比置于一种“特别不利境地”。[107] 这一点可以通过数据证据加以支撑,但并非必须通过数据证据加以证明。其可以通过作一些推论性的对比,而无

[105] British Airways plc v. Starmer[2005]IRLR 862,EAT.

[106] EA,s 23(1).

[107] Homer v. Chief Constable of West Yorkshire Police,per Lady Hale at para 14.

须用数据来证明事件的真实状态。并且,与案件所涉群体相比,有关不利境地的更广泛意义的证据(可以将范围扩展至案件所涉群体之外。——译者注)也是可以被采信的。比如,如果在某个工作岗位上的大部分女性职工事实上都能够胜任在非正常工作时间的轮班工作,但原告无法胜任,因为她承担有育儿的职责,在这种情况下,原告可以通过证明这一与轮班制有关的规定将使女性处于一种不利的境地,因此,除非有正当理由,否则这将构成间接歧视。这一扩展对于女性获取更多的就业机会非常重要,因为她们可能会因为了解到非灵活的轮班制而对可能的工作机会望而却步。

(作为侵权构成要件的)某一群体被置于不利境地的要求,并不总是与基本人权的行使相协调,比如,根据《欧洲人权公约》第9条规定的表达自己宗教/信仰的权利。在 Eweida v. United Kingdom 案中,[108]一名基督徒柜员被禁止在其制服之外佩戴很显眼的十字架装饰,因为雇主的规章制度禁止员工佩戴珠宝装饰。上诉法院维持了下级法院的判决,认定这一政策并未将基督徒相比于非基督徒置于"特别的不利境地"。法院认为,个体遭受的不利待遇并不足以证明歧视的存在;而在该案中也并不存在群体的不利境地,因为展示十字架装饰并不是基督教信仰的必然要求。[109] 然而,欧洲人权法院的看

[108] [2013] EqLR 264.

[109] Eweida v. British Airways plc [2010] IRLR 322, CA, per Sedley LJ at 324.

法却与此不同。该法院认为,如果某种行为是与“宗教/信仰紧密地联系在一起的”,那么它就足以构成“宗教/信仰的表达”。与上诉法院的观点相反,欧洲人权法院认为,“原告无须证明他/她这么做是在履行本案中所涉宗教所要求的义务”。在其他三个案件中,该法院也形成了类似的结论,但与 Eweida 案不同,这三个案件中正当事由抗辩均得以成立(详见下文)。[110] 自然而然地,在基于信仰的间接歧视案件中,就无须再证明由于对表达信仰权利的限制而造成的对整个
86 群体的不利待遇。[111] 在这些涉及基本权利的案件中,群体所受不利待遇的程度与间接歧视的正当事由抗辩有关,而非事关歧视的初步证据(prima facie case of discrimination)是否成立。

(4)它将乙置于不利境地。这一点的目的是将原告的范围限于受到这一规定不利影响的人。

(5)甲无法证明这一规定是实现合法目的的合比例手段(详见下文)。

(三)知情、意图和动机

在间接歧视的问题上,并不需要证明存在歧视意图或者动机。不过,意图是与间接歧视所能获得的救济相关的。在实践中,可以通

---

[110] Chaplain v. United Kingdom(护士不被允许在她的制服以外佩戴十字架), Macfarlane v. United Kingdom(基督徒咨询师拒绝为同性伴侣提供咨询意见), Ladele v. United kingdom(婚姻登记官拒绝为同性的民事伴侣办理登记手续).

[111] Mba v. London Borough of Merton[20]4 EqLR 51, CA(基督徒护工被要求礼拜天工作).

过对证据的运用推导出意图，如歧视者想要排除某一个特定的群体，或者知晓某一规定会造成不正当的间接歧视。[112] 对于不存在歧视意图的间接歧视行为，最早的立法并未规定赔偿。但是，这一规定后来得到了修正，首先是在性别歧视上，劳动关系裁判庭的裁决认定，根据欧盟法，需要为此类间接歧视提供有效的赔偿；随后在种族歧视上，也明确应当提供赔偿。按照政府规章中有关宗教/信仰的规定、有关性取向的规定以及有关年龄的规定，在考虑其他可能获得的救济基础上，出于公正和衡平的需要，可以对间接歧视进行赔偿。《平等法》对此前不同法律的规定进行了整合，将获得赔偿的权利扩展至所有受保护的特征。劳动关系裁判庭[113]或法院[114]有权在无歧视意图的间接歧视的情形下判决支持赔偿请求，但是首先考虑是否需要对各方的权利进行宣示，或者提出合理的建议。比如，可以提出建议，要求雇主采取措施消除或者减轻歧视规定对原告及其他人的不利后果。[115] 如果出于公正或者衡平的需要，劳动关系裁判庭或者法院可以额外支持赔偿，包括对情感伤害以及原告因间接歧视遭受的实际经济损失的赔偿。

---

〔112〕 Walker Ltd. v. Hussain[1996]IRLR 11, EAT(穆斯林教徒因开斋节请假而受到惩戒的裁决，得到劳动关系上诉裁判庭的维持).

〔113〕 EA, s 124(4), (5).

〔114〕 EA, s 119(5), (6).

〔115〕 EA, s 124(3).

87 ## (四)正当性

《平等法》第19(2)条规定歧视者对抗辩事由负有举证责任,证明间接歧视的规定“是实现合法目的的合比例手段”。[116] 这一规定统一了抗辩事由的标准,将前面提到的间接歧视的第三种含义的内容扩展适用于所有的情形。

比例原则的重要性,只有置于不断演进的抗辩事由背景下才能够理解。比例原则意味着此前在抗辩事由上的比较宽松的认定,已经变得不合时宜。最初的英国立法,即《消除性别歧视法》《种族关系法》的规定,仅仅要求被告证明这一规定是“具有正当性的”(justifiable),而与作为适用对象的人的性别或者种族无关。在早期的判例法中,这一点被解释为与美国的“商业必要性”(business necessity)标准具有相似性。据说这一标准要求很高,因为需要使劳动关系裁判庭确信这一规定是“必要的”,而不仅仅是便利的。劳动关系裁判庭需要考虑所有的情形,包括这一规定的歧视效果,并考虑是否存在实现这一目标的其他非歧视性的手段。[117] 然而,这一说法后来得以缓和,此处的举证责任也变成了民事诉讼中普通的举证责任,即高度盖然性标准(a balance of probabilities),并且,“必要性”并不要求达到没有这一规定雇主的业务完全无法开展的程度。所以,

---

〔116〕 EA, s 19(2)(d).

〔117〕 Steel v. Union of Post Office Workers [1978] ICR 181, EAT, 187 - 88; and generally Hepple, B(1983b) "Judging Equal Rights" 36 *Current Legal Problems* 71, 82 - 3.

“禁止蓄须”的规定,虽然会将锡克族人从巧克力工厂的工作机会中排除出去,但是这一规定从卫生角度而言确实具有正当性,尽管雇主并未禁止八字胡、腮须、鬓须,并且也未允许通过佩戴面罩的方式遮挡脸毛。[118] 上诉法院在这一点上走得更远,将“正当性”与“合理性”相提并论,且仅要求雇主举出“足够的理由……这些理由能够为正常人认为是合理且具有包容性的理由”。[119] 因此,为学生奖学金申请人设定“管理经验”的要求,对那些来自西非国家的缺乏管理经验的申请人构成了直接歧视,对其会产生不利的影响,但是这一要求曾被认定为合法。[120] 不过,根据比例原则,对于此类具备类似事实的案件,现在也会得出不同的结论(下文详述)。

《举证责任指令》规定,“在很大程度上是对欧洲法院(Court of 88
Justice,1997 年指令通过时尚为欧共体法院。——译者注)在性别歧视问题上形成的判例法规则的重复”,[121] 某项规定、标准或者操作实践,除非“是合理且必要的,并且能够通过与性别不相关的客观因素加以证明”,否则就会构成间接歧视。《种族指令》和《就业框架指令》也采用了类似的定义。然而,执行这些指令的英国立法却采用了一个缩略版的公式,即“实现合法目的的合比例手段”,这一公式,经

[118] Panesar v. Nestle Co. Ltd. [1980] ICR 144, CA; Singh v. Rowntree Mackintosh Ltd. [1979] ICR 554. 参见下文有关间接宗教歧视的案例。

[119] Ojuliku v. Manpower Service Commission [1982] ICR 661 at 668.

[120] Ojuliku v. Manpower Service Commission [1982] ICR 661 at 668.

[121] Recital 18 of the directive.

由《平等法》第19(2)(d)条的规定,拓展适用于所有受保护的特征。尽管在表述上存有差异,英国立法应当按照与欧洲法院对欧盟立法定义的解释相一致的方式进行解释。在议会辩论中,自由民主党表达了诸多群体的担忧,试图在该立法中恢复适用欧盟指令的表述。然而,英国副总检察长给出了她的意见,即"合比例"的表述与"合理且必要"的表述含义相同。这并不意味着采用的手段必须是实现合法目的的唯一手段:"如果采用的手段,与其他可能被用来实现同一目的的手段相比,并不显得更具歧视性,这就够了。"[122]

在适用比例原则时,法院和裁判庭需要紧密关注上诉法院在Elias案[123]中作出的指导意见。Elias女士是一名居住在中国香港的英国公民,被关押于一座日本的战俘营。她被告知她并不符合英国政府战俘赔偿计划的条件,因为她并不是出生在英国,她的父母或者祖父母也不是在英国出生。这一标准很明显构成了以来源国为由的间接歧视。上诉法院认定,尽管限制赔偿人数的目的是合法的,但是所采取的标准与要实现的目的之间并不成比例。在该案中,马默里大法官(Mummery,Lord Justice)确立的一些规则对理解比例原则颇有益处。

(1)歧视者有证明这些规定、标准或者操作实践具有正当性的

---

〔122〕 PBC(EB)8th session col 283(16 June 2009).

〔123〕 R(on the application of Elias)v. Secretary of State for Defence[2006]IRLR 934, CA.

责任。

(2)为了实现这一举证责任,歧视者必须证明在出台这一规定时就解决了间接歧视的问题,对于负有积极提升平等义务的公共机构更是如此。

(3)审查的标准应该是"严格的",或者"从严的",特别是当间接歧视与直接歧视的形式,在实质上紧密联系在一起的时候更是如此。

(4)这一措施的目的必须与雇主或者服务提供者的真实需求相 89
对应,并且,这些手段与要实现的目的相比,应当是必要且合理的;这一需求应当与给受到不利待遇群体带来的危害结合起来进行评估。

(5)在确定是否符合比例原则时,应当采取"三步走"的方式:①所追求的目的是否足够重要,能够证明限制平等权这一基本权利的正当性?②所采取的措施与所追求的目的之间是否合理相关?③所采取的措施是否超出目的所要求的必要限度?

在 Elias 一案中,导致正当事由抗辩无法成立的关键事实为:其一,政府部门有积极的义务主动消除歧视;其二,赔偿计划考虑得并不周全;其三,这些标准产生了不合理的结果。在 JFS 一案中,[124]不需要最高法院的多数法官来认定间接歧视,因为他们查明了直接歧视的存在。然而,曼思大法官(Lord Mance)[125][黑尔大法官、克尔大

〔124〕 参见原著第 48 页和第 75 页的论述。

〔125〕 R(on the application of E) v. Governing Body of the JFS [2009] UKSC 15, paras 93 – 103. Lord Philips PSC did not examine this issue(para 51).

法官(Lord Kerr)和克拉克大法官(Lord Clarke)表示赞同][126]认为,如果确实出现了这个问题,那么他将认定歧视者提出的合比例抗辩并不成立,因为并无证据证明这些标准在多大程度上帮助学校实现了它宣称的传播犹太教教义的目标,也没有证据证明学校的管委会考虑过能否采取其他歧视程度更轻但又不削弱该校宗教意识的措施。[127] 但是,另外两名持不同意见的法官却认为,选择的标准是符合比例原则的,因为允许录取其他根据宗教教规并非犹太教教徒的申请人将与学校的核心目标背道而驰,且"困难重重"。[128] 最高法院的所有法官都认同并遵从 Elias 案确立的标准。[129] 从最高法院所作的六个判决中可以看出,在判断是否构成歧视时,需要证据证明决策者考虑了所采取措施的歧视性影响,以及是否存在其他能够实现目标但歧视程度更轻的措施。这在实现平等问题决策主流化上显得非
90 常重要。布朗勋爵(Lord Brown)和罗杰勋爵(Lord Rodger)(持不同意见)对宗教类的学校该如何运作作了一个笼统的假设,[130] 并且未

[126] R(on the application of E) v. Governing Body of the JFS[2009]UKSC 15, paras 93 - 103. Lord Philips PSC did not examine this issue(paras 71, 123 - 24, 154).

[127] R(on the application of E) v. Governing Body of the JFS[2009]UKSC 15, paras 93 - 103. Lord Philips PSC did not examine this issue(paras 212 - 15, 236).

[128] R(on the application of E) v. Governing Body of the JFS[2009]UKSC 15, paras 93 - 103. Lord Philips PSC did not examine this issue(paras 233, 255 - 56, 258).

[129] See Homer v. Chief Constable of West Yorkshire, para 20.

[130] R v. Secretary of State for Employment, ex parte EOC[1904]IRLR 194, HL; cf R v. Secretary of State for Employment, ex parte Seymour-Smith[1997]IRLR 315, HL.

采取严格审查标准来判断正当事由是否与直接歧视的形式密切相关,最终认为该案中的做法符合比例原则。

证明间接歧视的正当性所面临的困难,在于这一问题往往在涉及多个焦点的争议(polycentric disputes)中产生,任何决策都可能会对直接当事人以外的许多人产生广泛且不可预见的后果。[131] Allen v. GMB 一案便是例证,[132] 在该案中,劳动关系裁判庭认定,工会在谈判有关地方政府单一身份协议(single status agreement,英国政府为解决不同地方政府在男女雇员薪酬问题上的差异,1997 年在全英国范围内引入了统一的协议规范薪酬支付及其他劳动条件。——译者注)执行问题的过程中,对某个当地政府雇用的女性雇员实施了间接歧视。工会与那些提出同工同酬诉求的女性职工达成了和解协议,同意对她们过去少发的工资进行补发,但是补发的工资额度很低,目的是为将来所有工人的薪水增长留下尽可能多的钱,并且在分配这些钱的时候优先考虑主体为男性的工人群体,这些群体的工作在单一身份协议中被评为层次较低的工作。劳动关系裁判庭认为,这一"规定、标准或者操作实践"是工会在其会员中的不同群体利益之间寻求的一种平衡。劳动关系上诉裁判庭对工会就间接歧视认定提出的上诉表示了支持;但是,上诉法院又支持了劳动关系裁判庭有

〔131〕 See Hepple, B (1983), "Judging Equal Rights", 36 *Current Legal Problems* 71, 83 – 84.

〔132〕 【2008】IRLR 690, CA.

关间接歧视的认定,在这一过程中并未给工会在如何平衡各个群体的利益上提供充分的指导意见。这对工会也产生了不利影响,工会更不愿意在同工同酬问题上进行集体谈判:他们担心会被一些会员提出的索赔请求压垮,给工会而非雇主带来更大的风险,而雇主才是真正负责在薪酬和工作分级问题上作出决策的主体。这样做的结果是更多的个体诉讼,但是,在缩小男性群体与女性群体的收入差距方面并无太大进展。[133] 间接歧视和正当事由的认定需要对社会事实进行评估,并建立直接当事人以外的利益群体的代表机制。这使与间接歧视有关的纠纷更容易受到替代性机制而非个体诉讼的影响。这些替代性机制包括集体谈判与仲裁。

91 ## 四、残障歧视

(一)专门规定的原因

残障歧视的概念与基于其他受保护特征而实施的歧视的概念有重大区别。男性与女性(怀孕除外),黑人与白人,不同性取向的人,或者不同信仰或年龄群体的人之间的差别,通常被认为是不相关的,但是,法律并不会期待有残障的人与其他无残障的人获得完全相同

[133] 参见原著第116页的论述。

的对待。原因在于，将残障人与其他人进行对比的形式平等，并不能形成真正意义上的待遇平等或者结果平等。《平等法》承认残障人有特殊的需求。与此前1995年的《消除残障歧视法》相同，《平等法》允许对残障人提供更有利的待遇，并规定雇主和服务提供者有义务为照顾他们的需求而提供合理便利（reasonable adjustment）。《平等法》的新规定提升了对残障人的保护水平，适用于那些因残障后续的事情而受到不利对待的残障人。同时，《平等法》也将间接歧视的概念应用于残障。

（二）更有利待遇

为残障人提供较非残障人更有利的待遇，并不构成直接歧视。[134] 这是在提供合理便利义务以外的规定，非残障人不能对雇主或者服务提供者为残障人采取的积极措施提出挑战。所以，如果雇主为残障人提供了特别的设备以使其正常工作，非残障的雇员并不能要求雇主提供同样的设备。

（三）基于残障而生的歧视

《平等法》第15（1）条的一项新规定，表述如下：

符合下列条件的，甲将构成对乙（残障人）的歧视：

---

〔134〕 EA，s 13（3）. 这一表述，较最初的《平等法（草案）》有所改进，是自由民主党所提修正案推动的结果，参见PBC（EB）8th sitting cols 256－58（16 June 2009）。

(1)由于残障后续的事情,甲对乙提供了不利的待遇;

92 (2)甲无法证明这一待遇是实现合法目的的合比例手段。

这一规定取代了1995年《消除残障歧视法》的规定,该法的规定旨在保护残障人免于因与残障有关的事由而受到歧视。根据过去的规定,残障人必须证明他们与其他非残障人相比,受到了不利待遇,而残障相关的规定并不适用于这些作为参照对象的非残障人。对残障人进行不利对待的人则可以证明这一对待的正当性。[135] 这一规定受到了上议院在London Borough of Lewisham v. Malcolm一案[136]中所作裁决的削弱。Malcolm被诊断为精神分裂症患者,并与Lewisham区理事会就公共租赁租房签了一份永久租赁合同(secure tenancy)。作为获得这一永久租赁权的条件之一,他不能再转租这套住房。他在未取得理事会同意的情况下进行了转租,因此,被终止了永久租赁的身份。这一事件发生在他没有按期服药、行为方式发生改变期间,他又失掉了工作。Lewisham区理事会发现他已经搬出公共租赁住房,并进行了转租。理事会向他送达了租赁终止通知书,随后要求其进行清退,并申请了占有令状。1995年的《消除残障歧视

[135] DDA 1995, s 5(1)(employment), s 20(1)(goods, provisions, services).

[136] [2008] UKHL 45; [2008] IRLR 700.

法》禁止建筑的管理人通过清退或者因与残障相关的原因将其置于其他的不利伤害中的方式，对残障人进行歧视。Malcolm 认为，自己是个残障人，转租是由于残障所引发的事件。郡法院的法官签发了占有令状，并认定 Malcolm 不是残障人，并且他的行为也不是由疾病引起的。其在没有进行裁决的情况下暗示，除非理事会知晓他残障的事实，否则歧视不能成立。Malcolm 提出了上诉，上诉法院以多数决的方式，对他提出的所有上诉请求进行了支持。然而，上议院又对理事会的上诉进行了支持，恢复了占有令状。这里的关键问题是，正确的参照对象究竟是其他租客，还是其他同样转租了房屋的租客？上议院中的多数勋爵认为是后者，并据此推翻了上诉法院此前在这一问题上的裁决。[137] 这一做法的效果是在残障案件中要求"类似对类似"(like of like)的比较，与其他涉及受保护特征案件中的要求一致。

残障运动的倡导者说服政府，这一裁决将严重限制《消除残障歧视法》发挥作用，与议会在《消除残障歧视法》中照顾残障人特殊需求的意图背道而驰。2008 年 11 月，残障问题办公室(Office for Disability Issues，ODI)公布了一份磋商文件，[138] 提出了用间接歧视模 93
式取代与残障相关歧视的建议。大多数残障群体以及平等与人权委

[137] Clark v. Novacold Ltd. [1999] EWCA civ 1091；[1999] ICR 951.

[138] ODI，*Improving Protection from Disability Discrimination*，November 2009.

员会都支持将间接歧视的概念扩展适用于残障问题,但是又认为仅依靠间接歧视并不足以"认清残障歧视的独特之处并实现统一保护和简化程序的目的"。[139] 雇主残障问题论坛(The Employers' Forum on Disability)和许多其他组织提议,应当取消参照对象的要求,对此,下议院工作与养老金委员会表示赞同。[140] 最终,政府采纳了这一提议。

《平等法》第15条并未对1995年《消除残障歧视法》的规定进行重复。《平等法》第15条并不要求提供参照对象。残障人所需要做的是证明他受到了"不利"对待……如在怀孕或者生育情况下,剥夺对他有价值的东西会构成"不利对待"。对于一名视力受损的人来说,如果一家餐馆不让他携带导盲犬入内,这一点已经对他的利益造成了损害,因此,已经满足了《平等法》第15条的要求,而无须与其他狗主人所获的待遇对比。这一新规定也简化了法律程序,与1995年《消除残障歧视法》规定的需要证明与"残障人的残障状况"相关的原因不同,第15条仅要求证明损害是"由于残障以后发生的事件"引起的。在Malcolm一案中,英国上议院的常任上诉法官(Law Lords)对二者关联性在程度上存在一些不同意见。现在的标准很明显是因果关系标准,通过回答下面的问题,即"要不是"因为残障状况,这一

---

[139] EHRC response to *Improving Protection from Disability Discrimination*, January 2009.

[140] HC 158, third report of the session 2008 - 09, 29 April 2009, paras 31, 34.

不利对待是否还会发生，基本上就能对因果关系作出判断。这一标准问题，就与 Malcolm 一案事实相近的案例而言，判决结果将取决于法院或者劳动关系裁判庭是否认为，要不是因为精神疾病的存在，租客就不会如此不负责任地行事以至于进行了转租。

《平等法》所解决的另外一个争议的问题是认定歧视是否需要证明对残障状况知情。在 Malcolm 一案中，所有的上议院常任上诉法官均认为需要事前知情，但是，他们在是否可以推定事先知情这一问题上存有分歧。有些法官认为事前知情这一要求会被雇主用来创设一种“无视的文化，他们不再积极主动地问雇员问题，了解有关雇员的各种细节，目的是给自己提供一个抗辩事由”。[141] 但是，政府认为有必要在“残障人的权利与负有义务的人的利益”之间保持一种平 94
衡。[142] 《平等法》第 15(2) 条相应地规定，如果“甲能够证明他并不知道，也不应当知道乙有残障状况”，那么就不存在歧视的问题。上诉法院认定，要证明雇主对残障状况事先知情，雇主必须知道下列三个独立问题的答案：(1) 雇员身体有残障吗？(2) 这一残障状况对他的日常活动是否有不利影响？(3) 这一影响是否为长期影响？[143]

---

〔141〕 Hansard HL Vol. 716 col 540 (19 January 2010) (Baroness Warsi on a Conservative amendment, later withdrawn, to remove the knowledge requirement).

〔142〕 Hansard HL Vol. 716 col 541 (19 January 2010) (Baroness Royall).

〔143〕 Gallop v. Newport City Council [2013] EWCA Vic 1583.

对于此类歧视,是存在正当事由抗辩的,与直接年龄歧视的抗辩相同:歧视者必须证明“对待方式是实现合法目的的合比例手段”。[144] 比如,公共住房的管理人对一名残障人实施了驱逐措施,原因是他基于残障实施了暴力行为,那么管理人或许可以证明这一措施是实现保护其他租客这一合法利益的合比例手段。[145]

(四)为残障人提供合理便利的义务

提供合理便利的义务曾被称为保护残障人的基石。[146] 当残障人因某项规定、标准或者操作实践而被置于相对于其他非残障的人更为不利的地位时,这一义务便开始产生。[147] 在以下三种情形中,雇主或者服务提供者必须采取适当措施以避免不利地位的存在。第一种情形涵盖行事方式的改变,如提供手语翻译、听打员(Palantypist)、感应环路助听系统(induction loop)来帮助公共会议上听力受损的代表不至于被置于特别不利的境地。[148] 第二种情形涉及建筑环境的改变,如为轮椅使用者提供无障碍通道,或者为他们提供特殊的家具以便能够与其他人一起工作。[149] 第三种情形是为他们提供辅助措施,如特殊的电脑软件,或者辅助服务。[150] 如果第一

---

〔144〕 EA, s 15(1)(b).

〔145〕 EN, para 70.

〔146〕 Hansard HL Vol. 716 col 561(19 January 2010)(Baroness Thornton).

〔147〕 EA, s 20.

〔148〕 EA, s 20(3); EN, para 86.

〔149〕 EA, s 20(4),(9),(10).

〔150〕 EA, s 20(5),(11).

个或第三个要求涉及信息的提供，那么合理的措施则应确保这些信息以一种可获取的方式提供，如大号字体或者盲文。[151] 95

如果未能遵守有关提供合理便利的要求，那么雇主或者服务提供者的行为将构成对残障人的歧视。[152]《立法释义》中举出的例子是雇主拒绝为罹患了腕管神经综合征（carpal tunnel syndrome）的雇员提供改装键盘或者声音输入的软件，而该雇员无法使用常规的键盘。这一点意味着残障雇员可以歧视为由提起诉讼。[153] 但是，对于未遵守这一义务的雇主，残障人无法提起其他诉讼。[154]

这些规定复制了1995年《消除残障歧视法》中类似的规定，但是也作了部分调整以确保一致性。例如，将第三个要求扩展适用于劳动就业，并为了与《就业框架指令》一致，全文使用"规定、标准或者操作实践"的表述。《消除残障歧视法》规定了（构成歧视的）不同的门槛要求：与劳动就业有关的"重大不利境地"，[155] 或者是在"使得利用某项服务几无可能或者难得离谱"（impossible or unreasonably difficult）。[156] 而《平等法》统一了这些门槛，将其规定为在所有领域

---

[151] EA, s 20(6). 这一点为洛尔勋爵（Lord Low of Dalston）提出的修正议案后所新增。洛尔勋爵提供的证据表明，对于残障人权利委员会《操作指引》就这些事项提出的指导意见存在大量的违反现象。Hansard HL Vol. 716 col 555 (19 January 2010).

[152] EA, s 21(1), (2).

[153] EN, para 88.

[154] EA, sched 2.

[155] DDA 1995, s 6(1).

[156] DDA 1995, s 21(1).

的“重大不利境地”(substantial disadvantage)。在确定某一措施是否合理时需要考量的因素以及许多其他相关的问题上,专门制定了政府规章[157]予以明确。[158]

在确定合理便利的义务所适用的具体情形时,需要参酌《平等法》的六个附录。[159] 比如,在公共交通领域,这一义务对不同类型的车辆适用起来有所区别。[160] 笼统地讲,具体义务可以分为两类。第一类,有些具体义务是反应式的(reactive)。也就是说,只有在某种规定、标准或者操作实践对某个特定的残障人构成重大不利待遇时,才会触发。比如,对于区分所有建筑物中出租住宅的共有部分(如入
96 户门厅)的物理特征进行改变的义务,只有在残障人本人或者受其委托的人提出申请以后才会被触发。[161] 另一个例子是并不要求雇主去预测潜在残障雇员或者求职者的需求。[162] 雇主必须知晓或者应当知晓下列事实:“相关的残障人”(interested disabled person)[163]是或者可能是某个工作岗位的求职者,或者在劳动就业的其他方面存

[157] The Equality Act 2010(Disability)Regulations,SI 2010 No.2128.

[158] EA,s 22.

[159] EA,s 31 and sched 2(services and public functions);s 38 and sched 4(premises);s 83 and sched 8(work);s 98 and sched 13(education);s 107 and sched 15(associations);s 189 and sched 21(supplementary).

[160] EA,sched 2.

[161] EA,sched 4.这是一项针对残障相关改装提出的新要求。

[162] EA,sched 8.

[163] 附录规定了在“相关事项”的不同范畴上哪些人属于“相关残障人”。EA,sched 8,Pt 2.

在功能缺陷,或者可能被置于重大的不利境地。[164] 新规定明确禁止雇主在向求职者发出录用函之前询问其健康状况。[165] 之所以作此规定,原因是录用前的询问对于身有残障的求职者来讲有巨大的恐吓作用,导致他们要么隐瞒残障状况,要么压根不再求职。[166] 这一新规定有很多例外,比如,如果目的是确定某一求职者能否参加录用之前的测试,则可以对其进行相应的询问。这一义务可以由平等与人权委员会加以执行,并在求职者被拒绝录用的情况下可以在直接歧视诉讼中(将这一义务的违反)用作证据。[167]

第二类,有些义务是预期的义务,如要求服务提供者或者行使公共职权的人主动采取措施提供无障碍化服务。比如,一家大型商场的经理就会被期待为商场安装无障碍通道、自动门、环路感应,并且允许导盲犬入内。[168] 另一个例子是警察在讯问聋哑人时需要为其提供手语翻译或者其他辅助措施。[169] 这样做的目的是让残障人获取服务的难易程度与一般公众获得这些服务的难易程度大致相当。

---

〔164〕 EA, sched 8, Pt 3, para 20.

〔165〕 EA, s 60. 例外包括确认求职者能否参加求职前是否适合工作的测试,或者提供合理便利以确保求职者能够参加求职过程。

〔166〕 JCHR (Joint Committee on Human Rights) (2008 – 09) *Legislative Scrutiny: Equality Bill*, 26th Report of Session 2008 – 09, HL Paper169, HC Paper 736 (London, The Stationery Office), para 136.

〔167〕 EA, s 60(2), (4), (5).

〔168〕 EN, para 678.

〔169〕 EN, para 678.

各种协会必须预计到其成员和嘉宾的各种需求,并提供合理便利,比如,在配备无障碍化设施的场所举办会议。[170] 在教育领域,提供合理便利的义务虽然是有限的,但也是预期性的,要求学校确保与非残障学生相比,残障学生不会被置于重大不利的境地。比如,学校可以
97 为残障学生参加考试争取特殊的安排,或者为视力受损的学生提供盲文试题,或者用自动门取代那些可能为轮椅使用者造成麻烦的旋转门。[171]

(五)间接歧视

《消除残障歧视法》将未为残障人提供合理便利作为歧视的一种形式,但是并未涵盖间接歧视。《就业框架指令》适用于基于所有事由的间接歧视,包括残障状况。这一规定,包括 Malcolm 案的判决,使政府最终决定将《平等法》的适用范围拓展至间接残障歧视。这一点也为《剑桥评估报告》[172] 所提议过。残障群体认为,这一规定,加上公共部门的平等义务,能够"在雇主和服务提供者中提倡更优实践,提前识别并移除障碍,而非《消除残障歧视法》所规定的为个别问题提供个别解决方案"。

---

〔170〕 EA, sched 7.

〔171〕 EA, sched 13; EN, para 898.

〔172〕 Para 2.32.

五、骚扰

非法骚扰有很多表现形式,包括违反公共秩序的行为、作为刑事犯罪的骚扰,这些行为根据 1997 年《保护免受骚扰法》(Protection from Harassment Act)也同时构成民事违法行为。对于那些以种族、宗教、性别、同性恋倾向或者其他理由实施骚扰的骚扰者,《保护免受骚扰法》可以作为起诉骚扰者的依据。[173] 但是,其最重要的规定见于平等立法中。

《平等法》对骚扰统一规定了一个概念。根据该法,骚扰共有三种类型。第一类涵盖了与特定受保护特征有关的有害行为(unwanted conduct),并具有下列目的或者效果:侵犯原告的尊严,或者使原告处于恐吓、敌意、侮辱、羞辱或冒犯性的环境。[174] 这适用于除怀孕、生育、婚姻及民事伴侣关系以外的所有受保护的特征。第二类是带有性内容的行为,或与性别重置或与性别有关的行为,具有与 98

---

〔173〕 近年来的判例法,可参见 Hepple, B (2000), "Freedom of Expression and the Problem of Harassment", in J Beatson and Y Cripps (eds.), *Freedom of Expression and Freedom of information: Essays in Honour of Sir David Williams* (Oxford, Oxford University Press) 178 – 83; see too Barrett, B (2010), "When Does Harassment Warrant Redress?", 39 *Industrial Lane Journal* 194。这些行为必须和"仇恨演讲"犯罪(群体诽谤)区别开来,后者包括煽动种族或宗教仇恨,这些情形并不在本书的研究范围之内。

〔174〕 EA, s 26(1).

第一类骚扰相同的目的或者效果。[175] 第三类是对某些人给予不利待遇的情形,因为他们要么被拒斥,要么受到具有性内容的行为或者与性别重置或性别有关行为的影响。[176] 在这一问题上,早期的英国法更多的是拼缝品(patchwork),不同受保护特征之间存在诸多不一致的地方。[177] 其主要的缺点在于要求必须证明骚扰具有歧视性,比如,受到了不利待遇。这会导致荒唐的结果:比如,女性对于在工作场所播放色情视频的行为不能进行投诉,因为在同样处境的男性也会抱怨,这就使播放行为是性别中立的。[178] 仰赖反歧视法的另一个后果是需要证明“损害”(detriment)的存在。尽管这一做法的适用范围不限于交换型骚扰(quid pro quo harassment),种族欺凌与侮辱以及性欺凌与侮辱通常会被认为不存在“损害”。有些弱势群体(如因同性恋原因受到欺凌)无法得到保护。

《种族指令》、《就业框架指令》及《平等待遇指令修订版》意味着英国需要对与骚扰有关的国内法进行修改,以便能够创设一项独立

---

[175] EA, s 26(2).

[176] EA, s 26(3).

[177] See Bob Hepple, Mary Coussey and Tufyal Choudhury, *Equality: A Framework* (*Report of the Independent Review of the Enforcement of UK Anti-Discrimination Legislation*) (2000). paras 2.50 – 2.56; Hepple, B (2000), "Freedom of Expression and the Problem of Harassment", in J Beatson and Y Cripps (eds.), *Freedom of Expression and Freedom of information: Essays in Honour of Sir David Williams* (Oxford, Oxford University Press) 177; Monaghan, K (2013) *Equality Law*, 2nd edn (Oxford, Oxford University Press), para 6.507.

[178] Steward v. Cleveland Guest (Engineering) Ltd. [1994] IRLR 440, EAT.

权利。欧盟指令与执行这些指令的英国立法在文字表述上的重大差异是,根据欧盟指令,有关骚扰的定义是并列式的(conjunctive),令人生厌的行为必须侵犯了原告尊严,且形成了一种恐吓、敌意、侮辱、羞辱或者冒犯性的环境。而根据英国立法,定义的方式是分离式的,要求要么侵犯了原告的尊严,要么形成了一种恐吓或者敌意性的工作环境。英国立法的定义之所以比较宽松,原因在于受到了欧洲委员会《操作指引》[179]的影响,对有关直接歧视规定的司法解释比欧盟指令的表述更宽松。英国政府认为,如果采用了范围较窄的定义,将会违反这些指令中的"效力不可贬损"规定(non-regression provisions)。同样是出于效力不可贬损的原因,《平等法》继续使用了这一分离式的定义方式。这一定义方式对于在劳动就业领域之外因宗教/信仰和性取向而实施的骚扰,产生了一些令人遗憾的结果。

《平等法》要求令人生厌的行为与某一受保护特征"有关联" 99
(related to)。早期的英国立法要求这些行为必须是以某一特征为由的(on ground of),而前面提到的最新表述是在2008年引入的,目的是与《平等待遇指令修订版》一致。[180] 换句话说,令人生厌的行为不一定是由于原告的种族、性别、残障状况等引起的;只要与这些特征中的一个特征有关联即可。有些不直接具有性内容的骚扰,可能与

---

[179] Attached to Commission recommendation on the protection of dignity of women and men at work 91/131/EEC.

[180] Sex Discrimination Act(Amendment) Regulations 2008, SI 2008/656.

原告的性别是有关联的。[181] 比如,如果一位男同事故意将办公室的设备放到储物架的高层,超出女性的接触范围,那么这一行为可能会被认定为与她的性别是"有关联的",因为女性从总体上讲比男性要矮。并且,对于前两类骚扰,并不需要证明不利待遇的存在。所以,在工作场所播放色情录像的行为根据现在的法律就变成了非法的,尽管只有女性反对播放行为。[182] 这一令人生厌的行为可能是与原告以外的其他人的受保护特征相关的。比如,对其他女同事的骚扰可能对其他人来说意味着存在一个充满敌意的工作环境。

《平等法》规定,在确定某一行为对于原告来说是否有形成一种恐吓、敌意环境的目的或者效果的时候,必须考虑三个要素:(1)原告的认知;(2)该案的其他情况;(3)这一行为具有如此目的或效果是否合理。[183] 这意味着判断一种行为是否构成骚扰,既要考虑主观因素(从原告的角度),又要考虑客观因素,即所有的案件事实(合理性)。原告的主观感受并不是决定性的,而需要与客观的案件情况结合起来考察。此前立法中的定义相较而言显得较模糊,并可能会违反欧盟指令中的效力不可贬损规定。[184]

---

〔181〕 Illustrations are given in Pearce v. Governing Body of Mayfield Secondary School [2003] UKHL 34; [2003] IRLR 512, such as "lesbian shit", "dyke", "dumb blonde", "dollybird" and "floozy".

〔182〕 EN, para 99.

〔183〕 EA, s 26(4).

〔184〕 Monaghan, K (2013) *Equality Law*, 2nd edn (Oxford, Oxford University Press), para 6.513.

这些新的规定并不适用于所有的受保护特征。基于怀孕或者生育而实施的骚扰是被排除在适用范围外的,政府对此的解释是这一形式的骚扰能够为基于性别而对女性实施的歧视所涵盖。婚姻状况和民事伴侣关系也不在适用范围内,政府对此的解释是并无证据显示存在基于这一理由而实施的骚扰,并且,无论如何,因性取向而受到骚扰的民事伴侣是可以获得保护的。[185] 议会联合人权委员会认为政府的这些解释并不具有说服力。该委员会指出,这些除外规定削弱了《平等法》的清晰度和全面性,迫使那些受到这些形式骚扰的 100
人不得不"曲线救国"。[186] 《剑桥评估报告》认为,应当针对职场骚扰和霸凌创设一种新型的制定法上的侵权类型,不需要再证明这一行为是由于某种禁止歧视的事由所引起的。这就避免了证明骚扰者动机的麻烦,尽管如果能够证明骚扰的原因是某种受保护特征的话,会获得更高的赔偿金。这一建议颇具包容性,能够保护所有雇员免受欺凌,但最终并未得到采纳。[187]

---

〔185〕 JCHR(Joint Committee on Human Rights)(2008 - 09) *Legislative Scrutiny*: *Equality Bill*, 26th Report of Session 2008 - 09, HL Paper 169, HC Paper 736 (London, The Stationery Office), para 106 - 07.

〔186〕 JCHR(Joint Committee on Human Rights)(2008 - 09) *Legislative Scrutiny*: *Equality Bill*, 26th Report of Session 2008 - 09, HL Paper 169, HC Paper 736 (London, The Stationery Office), para 108.

〔187〕 See Bob Hepple, Mary Coussey and Tufyal Choudhury, *Equality*: *A Framework* (*Report of the Independent Review of the Enforcement of UK Anti-Discrimination Legislation*) (2000), para 2.56.

《平等法》中另外一种更严重的除外规定,是其将在服务提供、公共职能行使[188]以及建筑物的处分、管理和占有过程中,与宗教/信仰以及性取向有关的骚扰排除在适用范围外。[189] 某个学校的主管机构(当地教育主管部门、管委会、所有者或者经理)不需要为学生因为性别重置、宗教/信仰或者性取向原因而受到的骚扰承担责任。[190] 从效果上看,这些豁免将禁止基于宗教/信仰和性取向实施骚扰规定的适用范围限定在劳动就业领域。这一点在 2006 年《平等法》出台过程中的议会辩论中也有反映,当时该法将适用范围超越《就业框架指令》,拓展适用于服务、住房和教育领域,这一点与《欧洲人权公约》第 9 条宗教自由和第 10 条表达自由的保护有关。

根本问题在于在执行《就业框架指令》过程中,政府更进一步采用了一种分离式的骚扰定义。[191] 如果同样的定义被应用于劳动就业领域外,那么用莱斯特勋爵在议会辩论中所使用的例子来讲,[192] 就租赁信仰基督教的房东房屋的犹太教租客而言,如果房东在其房屋上展示了一个"Belong to Jews for Jesus"标志,信仰犹太教的租客就可以主张他的"尊严"受到了侵犯,或者这一标志构成了"冒犯性的"环境。并且,也存在对宗教仪式或者标志可能会面临法律挑战的

[188] EA, s 29(3), (8).
[189] EA, s 34(4).
[190] EA, s 85(3), (10).
[191] 参见原著第 98 页。
[192] Hansard HL Vol. 716 col 577(25 January 2010).

担忧,如学校就餐之前的谢恩祷告,或者对一些宗教教义如涉及同性行为问题的教义的布道。议会联合人权委员会认为,在劳动就业领域外基于宗教/信仰而实施的骚扰不应该被禁止,但是基于性取向而 101
实施的骚扰应当在各个领域均被禁止。[193] 在议会辩论的过程中,为实现这一目的进行了很多尝试,但是最后均被政府驳回,理由是在劳动就业领域外适用一套较窄的定义将造成双轨制,带来不必要的复杂性,并且也无足够的骚扰证据表明需要将禁止拓展适用于这些领域。[194] 政府坚持认为,以学校老师因性别重置或者性取向而骚扰学生为例,这会构成"不利待遇"并造成了"损害",因而构成非法的直接歧视。[195] 从总体上来看,"损害"并不包括非法骚扰,所以不可能基于同样的事实以损害为由提起直接歧视的诉讼。[196] 但是,为该规则保留一个隐蔽的例外意味着,在骚扰并没有被明确禁止的情况下,如发生在学校中的基于性取向或者性别重置的骚扰,能够构成某种

---

〔193〕 JCHR(Joint Committee on Human Rights)(2008 - 09) *Legislative Scrutiny*: *Equality Bill*, 26th Report of Session 2008 - 09, HL Paper 169, HC Paper 736 (London, The Stationery Office), para 114; JCHR(Joint Committee on Human Rights)(2006 - 07) *Legislative Scrutiny*: *Sexual Orientation Regulations*, Sixth Report of the Session 2006 - 07, para 56.

〔194〕 JCHR(Joint Committee on Human Rights)(2008 - 09) *Legislative Scrutiny*: *Equality Bill*, 26th Report of Session 2008 - 09, HL Paper 169, HC Paper 736 (London, The Stationery Office), para 113; Hansard HL Vol. 716 cols 581 - 84(25 January 2010).

〔195〕 Hansard HL Vol. 716 cols 581 - 82(25 January 2010)(Baroness Thornton).

〔196〕 EA, s 212(1).

"损害"。[197] 政府还声称政府部门促进平等的义务能够确保学校主动采取措施来避免针对学生的各种形式的欺凌与骚扰,包括学生基于"恐同"症或者跨性别恐惧症而对其他学生实施的骚扰。[198] 然而,对于那些被骚扰的个体来说,促进平等的义务并不是可以直接得到执行的。殊值讨论的是,在骚扰行为构成公共机构对《欧洲人权公约》附件 1 所规定的教育权以及第 14 条有关平等的规定的违反时,《人权法》(Human Rights Act)可以提供某种救济。

很遗憾,政府并未决定如在劳动就业领域一样,通过明确的法律规定,禁止在服务提供、公共职能行使、住房和教育领域基于性取向而实施的骚扰。这样的明确规定本可以解释为尊重《欧洲人权公约》第 9 条有关宗教自由和第 10 条有关表达自由规定的方式。确实,北爱尔兰高等法院已经就这一点该如何依据北爱尔兰立法加以执行作出指导意见,北爱尔兰立法与英国(北爱尔兰除外)《平等法》的表述大致相当。[199] 有关这些领域中骚扰的更准确、更狭义的定义能够为《欧洲人权公约》第 9 条规定的宗教自由和第 10 条规定的表达自由提供更清晰的保护,并能够避免因一些诸如"尊严"[200] 和"冒犯性"等

---

〔197〕 EA, s 212(5), EN, para 661. "如果任何人认为这是解决重要问题的正确方式,那是非常滑稽可笑的。" Lord Lester, Hansard HL Vol. 716 col 584(25 January 2010).

〔198〕 Hansard HL Vol. 716 col 582(25 January 2010)(Baroness Thornton).

〔199〕 *Application for Judicial Review by the Christian Institute and others*[2007] NIQB 66; [2008] IRLR 36.

〔200〕 参见原著第 20 页。

模糊表述而可能对自由表达带来的寒蝉效应。[201] 102

另一个针对骚扰的保护并不充分的领域，是雇主预防第三人（雇主或者受害人的同事以外的其他人）所实施的骚扰的义务。在Burton一案中[202]，劳动关系裁判庭认定，酒店的经理未尽到保护女服务员的义务，使其受到一名喜剧演员所实施种族主义行为和性别歧视的侮辱，该喜剧演员并非酒店的雇员，而是该酒店的客人请来进行表演的。劳动关系上诉裁判庭（EAT）认为，酒店的情况完全处于酒店经理的控制下，因此，酒店需要对所发生的事情负责。酒店经理如果采取了有效管理措施，就能够避免骚扰的发生，或者至少能够降低不利影响。这一认定似乎给私营领域的雇主设置了一项主动预防骚扰发生的义务。这一裁决在后来的一个案件中被上议院推翻，理由是在Burton一案中并无直接歧视，因为白人或者男性服务员也会受到同样的对待。[203]《平等待遇指令修订版》要求成员国鼓励雇主采取预防措施，以避免职场发生骚扰行为。[204]《平等法》明确规定，

[201] JCHR（Joint Committee on Human Rights）（2008 - 09）*Legislative Scrutiny: Equality Bill*, 26th Report of Session 2008 - 09, HL Paper 169, HC Paper 736（London, The Stationery Office）, para 118.

[202] Burton v. De Vere Hotels Ltd. [1996] IRLR 596.

[203] Macdonald v. Advocate General for Scotland; Pearce v. Governing Body of Mayfield Secondary School [2003] IRLR 512.

[204] Art. 26.

雇主骚扰雇员或者求职者的行为为非法。[205]《平等法》同样规定,如果雇主未采取适当合理的措施以预防第三人实施骚扰行为,那么,雇主需要为第三人在工作场所针对雇员实施的骚扰行为负责,该第三人包括顾客或者客户。[206] 只有在雇员被同一个或者不同的第三人骚扰3次以上,才会存在责任承担问题。[207] 在唯一一件报告的案例中,一名护理院的护工声称她在护理院被客户性骚扰,而雇主并未采取措施来预防骚扰或者使骚扰发生的概率最小化。劳动关系裁判庭支持了护工的主张。[208] 尽管这一规定在实践中得以运用,对第三人实施骚扰承担责任的条款在2013年被废除,[209] 理由是不切实际,并
103 对工商业,特别是小规模雇主造成不必要的负担。[210] 在这一规定被废除的情况下,受到第三人骚扰的雇员通常只能仰赖于普通法上的注意义务,或者有关推定解雇的法律,或者《保护免受骚扰法》的相关规定。

---

[205] EA,s 40(1).这一规定是在2008年《消除性别歧视法(修正)条例》(SI 2008/656)之后作出的。

[206] EA,s 40(2).

[207] EA,s 40(3).

[208] Blake v. Pashun Care Homes Ltd. [2011] EqLR 1293.

[209] ERRA 2013,s 65.

[210] Government Equalities Office, "Equality Act 2010 – Employer Liability for Harassment of Employees by Third Parties: A Consultation" (2012).

六、欺凌（victimisation）

由《平等法》所带来的最受欢迎的变化是,其不再将欺凌作为歧视的一种类型加以规定。根据此前的立法,以欺凌为由起诉的人需要证明作为参照对象的其他人不会因为在相同情况下做“受法律保护的事情”(如提起法律程序)而受到不利待遇。[211] 最初,对这条的解释比较狭义。比如,雇员因为在其雇主作为被告的种族歧视诉讼中作证而被辞退,其需要与在非歧视诉讼中作证的员工进行对比。[212] 上议院后来对这一条的保护范围进行了扩充,合理的参照对象是未作出产生不利待遇行为的人;所以,根据《种族关系法》提起法律诉讼的警察,请求警长为其出具推荐意见被拒的,需要与其他未提起法律诉讼的人进行对比,而不需要与那些根据歧视以外的法律提起法律诉讼的人进行对比。[213]

如《剑桥评估报告》所提议的,《平等法》规定,如果甲因为乙善

---

[211] See Bob Hepple, Mary Coussey and Tufyal Choudhury, *Equality: A Framework (Report of the Independent Review of the Enforcement of UK Anti-Discrimination Legislation)* (2000), para 2.24.

[212] Monaghan(2013)437; Kirby v. Manpower Services Commission [1980] IRLR 229.

[213] Chief Constable of West Yorkshire Police v. Khan [2001] UKHL 48; [2001] ICR 1065.

意地从事了某个“受法律保护的行为”而对乙造成伤害,那么甲的行为会构成欺凌。[214] 不需要证明(更)不利待遇的存在,如果被告认为原告已经作了或者将要作某个法律所保护的行为,就足以证明欺凌的存在。[215] 此前的立法要求欺凌必须是由于(by reason of)作了受法律保护的行为而引起的,这被解释为并不要求任何认识方面的动机。[216] 在《平等法》出台后仍然是这样,所以将原来的表述改为“基
104 于”(because of)更多的是形式问题,而不涉及内容。从事某项受法律保护的行为不需要是唯一原因,但是它必须有重要的影响或者是一个重要的原因。[217]

“受法律保护的行为”被界定为根据《平等法》提起法律程序,在与这些法律程序中作证、提供信息或者做其他相关事项,或者提出其他存在违反《平等法》行为的指控。[218] 但是,提供虚假证据或信息,或者恶意地进行虚假指控的行为是不受法律保护的。[219] 这一保护仅适用于个人,并不适用于公司和法人。[220] 在劳动关系终止以后可否以欺凌为由提起诉讼这一问题上,《平等法》语焉不详。该法第

[214] EA, s 27(1)(a).

[215] EA, s 27(1)(b).

[216] Nagarajan v. London Regional Transport[2001]1 AC 501.

[217] Nagarajan v. London Regional Transport[2001]1 AC 501, per Lord Nicholls, para 19, Lord Steyn, para 34.

[218] EA, s 27(2).

[219] EA, s 27(3).

[220] EA, s 27(4).

108 条规定,劳动关系终止后的歧视和骚扰为该法所涵盖,将此前在这一问题上的法律规定成文法化,[221]但是并未明确规定涵盖欺凌。第 108(7)条规定,"(劳动关系终止后的)行为不构成对这一条的违反,并不会构成欺凌"。基于这一规定,劳动关系上诉裁判庭认定,劳动关系终止后的歧视(由于前雇员提出了年龄歧视的指控而为其出具了一份评价很低的推荐信)并不属于《平等法》的适用范围。但是,上诉法院推翻了这一裁决,认为由于《平等法》应当被解释为履行英国根据欧盟法所承担的义务,而欧盟法规定劳动关系终止后的欺凌为非法,因此,第 108(7)条的规定应当通过一种与欧盟立法相协调的方式加以解释。这实际上是议会的法案起草者所犯的一个错误,而法院可以对此加以纠正。[222]

---

[221] Relaxion Group Ltd. v. Rhys-Harper[2003]IRLR 484(HL).

[222] Jessemey v. Rowstock Ltd. [2014]EqLR 230.

第四章　平等的领域Ⅰ：劳动就业

105 一、概况

第三章讨论的法律所禁止的行为只有发生在本章和下一章所描述的领域内时，才会构成法定侵权。如果构成法定侵权，它还可能会受到概括例外的限制，或者特定资格、除外规定的限制。本书不会对这些领域或者例外进行详细、全面的解释，而是会关注适用范围中比较有争议的一些问题。内嵌在受保护特征及歧视和骚扰定义中的除外规定已经在前述第二章和第三章进行了介绍。

随着时间的推移，平等立法的保护范围也在不断拓展。《平等法》创设了一个综合性的平等框架，[1]涵盖了服务（包括物品和设施的提供）、公共职能的行使、住房租赁、劳动就业、教育以及会员身份（包括政党）。此前围绕单一身份进行的立法在保护范围上是不完整的。比如，政府机构在行使法定职责的过程中存在的歧视行为，最初只被种族立法宣布为非法（从 2000 年起），随后才被有关残障和性别的立法规定为违法。有关宗教/信仰、性取向和年龄的政府规章，以及执行《就业框架指令》的政府规章仅适用于劳动就业及相关领域。2006 年《平等法》将宗教/信仰这一受保护特征的适用范围拓展至非劳动就业的领域，政府规章在 2007 年将性取向这一受保护特征扩展至非劳动就业领域。但是，直到 2010 年《平等法》，有关非劳动就业领域中禁止歧视规定才扩展适用于年龄这一受保护的特征。原则上，《平等法》现在统一适用于与所有受保护特征相关的禁止行为，并只有在出于合法原因而对不同的人区别对待时，才排除、限制或者缩小这一适用范围。这一对待必须与所追求的目的合比例。[2] 除年 106
龄歧视[3]和残障歧视外，《平等法》并未为直接歧视规定一个概括性的正当事由抗辩。[4] 它规定了许多具体的例外情形。与 2003 年

---

〔1〕 Cf Rhys-Harper v. Relaxion Group plc [2003] UKHL 33; [2003] IRLR 484, para 133. 该案判决认为，此前的立法并未创设一个“综合性的反歧视机制”。

〔2〕 See Department of Communities and Local Government (2007b) *Discrimination Law Review: A Framework for Fairness. Proposals for a Single Equality Bill for Great Britain* (London, DCLG) 31, 171.

〔3〕 参见原著第 78 页。

〔4〕 参见原著第 91 页。

《莱斯特法案》不同,《平等法》并未包含一项概括原则声明,即任何"限制、限缩或者除外规定仅限于必要范围,不得扩大适用",[5]不过,有人认为这一原则实际上是暗含在《平等法》中的。[6]

二、劳动就业

(一)总体范围

《平等法》第五章重复此前立法的表述,规定雇主基于任一受保护的特征而对雇员或者求职者进行歧视或者欺凌[7]的行为是违法的。这一规定适用于招聘、获得劳动条件、晋升、培训或者其他待遇的机会,解雇或者其他"损害"(detriment)。"损害"解释得很宽泛,含义与直接歧视中的"不利待遇"相似。[8] 该法针对男女之间的劳动条件平等(性别平等条款)[9]以及与怀孕和生育问题(生育平等条款)都有专门规定。同时,该法也明确规定雇主骚扰雇员或者求职者的行为是违法的。[10] 《平等法》所调整的"劳动就业"被界定为通

---

[5] Lester Bill, cl 2(2)(a).

[6] Johnston v. Chief Constable of the Royal Ulster Constabulary[1987]1 QB 129(暗示《消除性别歧视法》所规定歧视的正当事由抗辩是与国家安全的目的有关的).

[7] EA, s 39.

[8] 参见原著第67页。

[9] 参见原著第121页。

[10] EA, s 40. 参见原著第97页。

过劳动合同所形成的就业,通过学徒合同或者劳务合同形成的劳动就业,或者基于劳务合同(a contract personally to do work)而形成的受雇关系。[11] 这一范围比其他劳动立法的范围要广,比如,与不公平解雇相关的立法仅适用于基于劳动合同形成的劳动就业。[12] 就作为大部分《平等法》规定基础和支撑的欧盟平等法律制度而言,欧洲法院认为,获得同工同酬和同等待遇的权利"不能通过参照成员国立法的方式加以界定,这一权利应当在欧盟层面具有统一的含义 107
(Community meaning)"。[13] 因为这些权利"构成了欧盟基石的一部分",因此,对"劳动者"的概念"不能进行限缩解释"。[14] 欧洲法院认为,"劳动者"是"在一段时间内,为了获取报酬,而根据另外一个人的指示为其提供服务的人"。[15] 在应用这一定义的过程中,欧洲法院认定劳务派遣机构通过劳务合同(contract for service)招聘的劳务派遣人员,虽然其与劳务接收方并未形成任何意义上的合同,仍然受到平等待遇原则的保护。[16] 欧洲法院还认定根据一项"框架"协

〔11〕 EA,s 83(2)(a).

〔12〕 对于定义的详细讨论,参见 Deakin,S and Morris,GS(2012)*Labour Law*,6th edn (Oxford,Hart Publishing),paras 3.16 *et seq*。

〔13〕 Case C-256/01 Allonby v. Accrington and Rossendale College [2004] IRLR 224, para 66.

〔14〕 Case C-256/01 Allonby v. Accrington and Rossendale College [2004] IRLR 224, paras 65,66.

〔15〕 Case C-256/01 Allonby v. Accrington and Rossendale College [2004] IRLR 224, para 67.

〔16〕 Case C-256/01 Allonby v. Accrington and Rossendale College [2004] IRLR 224, para 67.

议而聘用的兼职工人,尽管对工作时间未作出任何规定,仍然要适用《平等待遇指令》。[17] 由于《平等法》意图在各个受保护特征之间实现统一,尽管"劳动就业"这一定义沿袭了英国劳动立法的表述,但应当按照欧洲法院确立的标准进行解释以便与其保持一致。英国最高法院认定,这一定义并不涵盖无薪且无有效合同的志愿者,但是想要学习且给未来雇主留下好印象的实习生,则可能属于前述指令和英国立法的调整范围,因为这一指令和英国的立法适用于职业培训机会的获取。[18] 《平等法》还适用于在政府机构的就业,下议院和上议院的工作人员,[19] 以及军队的服役。[20] 对于根据国内立法,合同目的为非法的情形,欧盟的平等法并未作任何保留。然而,上诉法院认定,无权在英国工作的非法移民,不能主张其受到了非法歧视,因为其主张很明显是与其自身的非法行为有关的。[21] 这一判决并未将获得平等待遇的权利作为基本人权来对待,使非法移民无法获得保护,而这些非法移民权利特别容易受到不公正待遇。在本书写作时,有一个涉及非法移民的案件正在由英国最高法院审理,尚未作出判决。{英国最高法院于 2014 年 7 月 30 日作出终审裁决,认定被上诉

---

〔17〕 Case C – 313/02, Wippel v. Peek & Coppenburg GmbH & Co KG[2005]IRLR 211.

〔18〕 X v. Mid-Sussex Citizens' Advicew Bureau[2013]EqLR 154.

〔19〕 EA, s 83(2)(b)(c)(d).

〔20〕 EA, s 83(3),但是参见原著第 137 页有关"战备有效性"(combat effectiveness)方面的例外规定。

〔21〕 Hounga v. Allen[2012]EqLR 679, CA.

人即非法移民雇主的非法性抗辩不能成立，对上诉人即非法移民的上诉请求予以支持。其中，休斯大法官（Lord Hughes）和卡恩沃思大法官（Lord Carnwath）认为，签订劳动合同的非法性并不足以导致雇主非法解雇的行为，因此，对雇主的非法性抗辩不予认可；黑尔、克尔和威尔逊大法官认为，从打击针对易受伤害人群的人口贩卖行为并为其提供保护的公共政策出发，如果允许雇主通过援引所签订劳动合同的非法性而逃避对作为雇员的非法移民的法律责任，将是对这一公共政策的公然蔑视。Hounga v. Allen and Another [2014] UKSC 47.——译者注｝

"合同制工人"（contract worker）有权利获得保护，免于受到他们的"雇主"，如劳务派遣机构或者接受他们服务的机构的歧视。那些为合同制工人提供工作机会的人（被称为劳务使用人，principal），也不得实施歧视、骚扰或者欺凌等行为。[22] 这一规定是建立在此前立 108
法的基础上的，但是其将判例法的规则上升为制定法，明确这一保护义务的存在，不以雇主和实际用工单位之间存在直接的合同关系为前提。这一规定的意义重大，特别是在经销权、特许经营、加盟许可以及类似协议大行其道的今天，更是如此。在 Harrods Ltd. v. Remick 一案中，[23] 有一家公司是获得授权在哈罗德百货销售哈罗德系列商

〔22〕 EA, s 41.

〔23〕 [1997] IRLR 583, CA; and Abbey Life Assurance v. Tansell [2000] IRLR 387（服务的终端用户即使不存在直接的合同关系仍然负有义务）.

品的经销商(concessionaire),其一名雇员声称她因为未遵守哈罗德百货有关着装的要求而被哈罗德百货撤销了“驻店许可”(store approval),因而被她的雇主解雇。她主张哈罗德百货将着装要求适用于她的做法构成了直接种族歧视。哈罗德百货认为该案的情况并不属于法律规定的“合同制工作”(contract work)的情形,因为这一合同的内容是为经销商进行产品推广,并不是提供劳动,并且,哈罗德百货对经销商的雇员也无直接的命令权或者控制权。但上诉法院并未采纳哈罗德百货一方提出的代理意见。迪肯(Deakin)和莫里斯(Morris)认为,“可以看出上诉法院已经发现了原告所受到经济力量的真正来源”,[24]这一真正的来源便是哈罗德百货,因为它有权力撤销该工人的“驻店许可”。《平等法》对“合同制工人”定义的修正,无疑强化了对相互关系中经济现实的关注。

《平等法》对与警察、[25]合伙、[26]有限责任合伙、[27]出庭律师、[28]代理人(advocate)、[29]公职人员、[30]认证机构、[31]就业服务提

---

〔24〕 Deakin, S and Morris, GS (2012) *Labour Law*, 6th edn (Oxford, Hart Publishing), para 3.65.

〔25〕 EA, s 42.

〔26〕 EA, s 44.

〔27〕 EA, s 45.

〔28〕 EA, s 47.

〔29〕 EA, s 48.

〔30〕 EA, s 49(私人办公室), s 50(公共办公室), s 51(有关任命公职人员的建议).

〔31〕 EA, s 53.

供者、[32]贸易组织[33]以及地方政府官员[34]有关的歧视、骚扰和欺凌，作出了详细的规定和例外情形。这些规定复制了此前立法中的一些规定，但是使这些规定更系统，并且，除个别例外情况，将这些规 109
定拓展适用于所有受保护的特征。该法还对在轮船、气垫船上[35]的工作和离岸工作[36]作了一些特殊的规定。

所有的职业养老金或者年金计划均需要确立非歧视的规则。[37]这一规则禁止“负责人”对养老金计划的成员或者将来可能成为养老金计划成员的人实施歧视、骚扰和欺凌。[38]“负责人”包括养老金计划的受托人（trustee）或者经理，并且，在公职人员可能成为养老金计划的成员的情况下，那些负责将这些人任命到公职上的人则将成为“负责人”。[39]

对非歧视规则的违反将导致《平等法》规定的程序启动，以及由养老金监察专员（ombudsman）主导的调查。这些规定也是从此前立法有关年龄、残障、宗教/信仰以及性取向的规定中借鉴而来的。经

---

〔32〕 EA，s 55.

〔33〕 EA，s 57.

〔34〕 EA，s 58.

〔35〕 EA，s 81.

〔36〕 EA，s 82.

〔37〕 EA，s 61. 如果在这些养老金计划中有关于性别平等的规定（参见原著第121页），那么将适用性别平等的规定，而不适用非歧视的规则。

〔38〕 EA，s 61（2）.

〔39〕 EA，s 61（4）. 在这些养老金计划中出于非歧视的考虑而进行变动的权力，规定于《平等法》第62条。

由《平等法》,这些规定被拓展适用于性别重置、婚姻和民事伴侣以及性别这些受保护特征上。《平等法》的这一新规则并不适用于新规则生效之前所累积的养老金权益,或者其生效之前的工作年限所对应的养老保险待遇。生效之前的工作年限应当适用此前的反歧视立法。

《平等法》附录9对此前立法中有关劳动就业规定的例外情形进行了重申和阐明。这些主要的例外在延伸阅读4.1中进行了概括。那些有重大争议的问题将在下文进行讨论。

延伸阅读4.1　劳动就业:主要例外(《平等法》附录9)

1. 职业要求(para 1,参见原著第110页)

2. 与性别、婚姻或者性取向相关的宗教方面的要求(para 2,参见原著第111页)

3. 与宗教/信仰有关的其他要求(para 3,参见原著第112页)

4. 武装力量(para 4,参见原著第137页)

5. 就业服务(para 5)

6. 与工作年限相关的待遇(para 10,参见原著第115页)

110 7. 全国统一最低工资:年轻工人和学徒工(paras 11 - 12)

8. 经济性裁员补偿(para 13)

9. 人寿保险(life assurance):不良健康状况导致的提前退休(para 14)

10. 为特定年龄群体的儿童提供的照顾服务(para 15)

11. 向私人养老金计划进行的费用缴纳(para 16)

12. 为享受产假的女性提供的非合同约定的补偿(para 17)

13. 与婚姻状况有关的待遇(para 18)

14. 为公众提供服务的雇主就这些服务无须根据《平等法》第五章对其雇员承担责任(para 19)

15. 基于可靠的精算测量或者其他数据而在保险或者其他风险相关的问题上,基于性别或者相关事由合理地实施差别对待(para 20)

(二)真实职业要求

《消除性别歧视法》和《种族关系法》都规定了“真实职业要求”的具体列表,对于在招聘、晋升、培训、调岗以及个别案件中的解雇中出现的性别和种族歧视,给予豁免的待遇。这些列表缺乏灵活性且稍显过时。在《消除残障歧视法》中对残障歧视并无类似的规定。《种族关系指令》和《就业框架指令》中使用了比较宽泛但不无问题的表述,豁免那些合法且合比例的“真实并且是决定性的职业要求”(genuine and determining occupational requirements),但并无具体的细节规定。此后的政府规章和修正法案在年龄、宗教/信仰以及性取向方面基本上遵从了前述指令的做法,但是,在指令所规定的种族或者民族歧视,与仍然由此前立法调整的肤色或国籍歧视之间,存在不一致之处。《平等法》现在就所有受保护的特征作出了一个统一、含义明确的例外规定,这些受保护的特征包括残障、非跨性别者或者已婚人士,抑或民事伴侣。举证责任在主张适用这一例外的一方,其需要证明:

(1)这是一个职业要求;

(2)适用这一要求是实现某个合法目的的合比例手段(暗含的意思是这一要求是真实的,而非虚假的);

111 (3)对方并不能满足这一要求,或者除与性别有关的案件外,有合理理由相信对方无法满足这一要求。[40]

雇主、合同制工人的实际用工单位、合伙人、有限责任合伙的成员以及那些有权任命或罢免公职人员或者推荐任命公职人员的人,都可以主张这一例外。该法的立法释义给出的例子包括,对演员角色提出的真实性的要求,或者为倾向于使用英国手语(BSL)的聋人聘请一位英国手语教师作为咨询顾问,或者聘用一名女性咨询师为强奸案的受害人提供咨询。[41]《立法释义》给出的另外一个例子为:“如果这些服务是由男性工作人员提供,那么失业的穆斯林女性可以

〔40〕 EA, sched 9 para 1.

〔41〕 EN, para 798.

拒绝接受由（失业保险经办机构的）工作人员提供的再就业服务。”[42]这个例子是值得商榷的，因为根据法律规定，职业要求必须是“决定性的”或者“必不可少的”，而不仅是一种偏好或者只是一种重要的考量因素。

（三）宗教要求

在两种情形下，宗教/信仰可能构成职业要求：为某一宗教组织招聘，以及为某个以宗教/信仰为精神指引的组织招聘。这两种情形又产生了问题，在本书此前有关宗教/信仰的表达部分，[43]以及随后的服务提供部分[44]都会进行讨论，这一问题涉及平等权与宗教自由之间的合理平衡。

如果是“为了宗教组织的目的”而招聘（包括任命公职/私职人员），那么雇主可以对求职者的性别设定要求，要求他们不能是跨性别者，并对求职者的婚姻、民事伴侣或者性取向等方面作出特别的规定。[45]但雇主需要满足三个条件：（1）根据该宗教的教义，雇主必须适用这些要求（“遵守教义”标准）；[46]（2）雇主必须证明，“因为工作的性质或者背景，适用这一要求以便避免与宗教信徒中的大部人所

---

〔42〕 EN, para 798.

〔43〕 参见原著第51页。

〔44〕 参见原著第139页。

〔45〕 EA, sched 9 para 2(1).

〔46〕 EA, sched 9 para 2(5).

112 强烈拥护的宗教信仰相冲突”(“不冲突原则”);[47] (3)雇主需要证明求职者不能满足这一要求,或者除与性别有关的案件外,有合理理由相信求职者无法满足这一要求。[48] 举例来讲,这些规定意味着天主教可以要求其牧师均为男性。

这一例外的表述与此前立法中的规定相似,而此前立法的规定被高等法院在 R (on the application of Amicus-MSF section) v. Secretary of State for Trade and Industry[49] 一案中认定,符合《就业框架公约》的要求。在这一案件中,理查兹大法官(Justice Richards)认为,这是一个“范围很窄的例外”,且要受到比例原则的限制。在《平等法(草案)》的最初版本中,政府试图对这一裁决进行回应,在草案中规定这一要求的适用必须是实现某种合法目的的合比例手段。政府还首次在该草案中对“为了宗教组织的目的而进行的招聘”作出了界定,只有在招聘完全或者主要是为了:(1)引导或者协助对该宗教的礼拜活动或者仪式规则的遵守;或者(2)(向该宗教的教徒或者其他人)推广或者解释宗教教义时,才能构成“为了宗教组织的目的而进行的招聘”。这些表述上的变化遭到了很多人的反对,包括天主教主教大会的反对,并且,上议院并未通过政府提出的这一草案。为了确保这一草案在大选之前获得通过,在该草案被退回到下

〔47〕 EA, sched 9 para 2(6).

〔48〕 EA, sched 9 para 2(1)(c).

〔49〕 [2004] IRLR 430.

议院时，政府并未再坚持原来的立场。[50]

政府在这一问题上受到挫败，但对于在 Amicus 案中对例外的司法解释并没有太大的影响。对《平等法》的理解和解释必须与欧盟指令的规定保持一致，这些指令很明显采用了比例标准。这一挫败意味着对相关招聘（relevant employment）缺少了更精确的界定。议会辩论中经常援引一个劳动关系裁判庭案件。在该案中，一名求职者刚刚结束了一段同性关系，并表明他可能重新开始另一段同性关系，最后他被拒绝录用为教区的青年工作者。在该案中，裁判庭需要确定的事实问题是，作出录用决定的人是否证明"遵守教义原则"和"不冲突原则"已经得到了满足，以及提出的异性恋（或者独身）的要求是否构成为追求合法目的的合比例手段。

第二个例外可能范围更广。它允许那些以宗教/信仰为精神指引的雇主在就业问题上实行区别对待，要求求职者必须是信奉某个特定宗教的人。雇主或者负责任命的人需要证明：（1）这是一项职业 113
要求；（2）作出这一要求是追求合法目的的合比例手段；（3）对方并不能满足这一要求，或者有合理理由相信对方无法满足这一要求。[51] 这一例外与之前立法的效果大致相同，并且，看似源于《就业框架指令》中语焉不详的规定。但是，这一例外并未准确地反映指令

〔50〕 Hansard HC Vol. 508 col 931（6March 2010）（Solicitor-General）.

〔51〕 EA，sched 9 para 3.

的规定,后者规定,基于宗教/信仰实施的歧视,只有在"根据这些活动的性质或者总体上的环境,在参酌这一机构的精神特质的前提下,一个人的宗教/信仰构成真实、合法且正当的职业要求时",这种歧视才是有正当依据的。[52] 这样规定的目的据说是让宗教组织能够保留其精神特质。这一例外仅适用于宗教/信仰,而不适用于其他受保护的特征,如性取向或者跨性别者的身份。然而,并不确定的是,对于要求避免出现某些特定的行为,如同性恋之间的行为,此种与展示一个人的宗教信仰相关的要求是否属于这一例外的适用范围。[53] 比如,某个宗教收容场所可否要求其负责人保持独身禁欲的状态,尽管该负责人是同性恋?这一要求只有在能够被证明属于"职业"要求,追求的是一种合法目的,并且与所追求的目的之间符合比例原则时,方可称为正当。这最终成为特定情况下的事实判断问题。

(四)强制退休年龄

在劳动就业领域,2006 年《劳动就业平等(年龄)条例》对欧盟《就业框架指令》的规定作了两项重要的保留(derogation),分别是在强制退休和资历规则方面。《就业框架指令》第 6 条允许成员国规定以年龄为原因而实施的差别待遇并不构成歧视,只要它们能够"客

---

〔52〕 Directive 2000/78/EC, Art 4(2).

〔53〕 JCHR(Joint Committee on Human Rights)(2008 - 09) *Legislative Scrutiny: Equality Bill*, 26th Report of Session 2008 - 09, HL Paper 169, HC Paper 736 (London, The Stationery Office), para 172.

观、合理地以某种合法的目的作为正当性基础，这一合法目的包括合法的就业政策、劳动力市场状况以及职业培训的目标，并且如果实现这一目的的手段是合理且必要的话”。[54] 《平等法》就退休问题作出的保留规定，与2006年的《劳动就业平等(年龄)条例》一样，规定终止年龄在65岁及以上的雇员的劳动关系并不是年龄歧视，如果终止的原因是退休。[55] 2006年的条例修改了1996年《劳动权利法》的规 114
定，将“退休”作为劳动关系终止的一种可能的合理原因，并详细规定了哪些情形下的终止劳动关系可以被视为“退休”。该条例的规定在“年龄关切”组织(Age Concern)提起的诉讼中受到了挑战。欧盟法院给出的初步裁决意见认定，(成员国)未在国内立法中明确规定哪些差别待遇属于《就业框架指令》所称的合法目的，并不违反指令的规定。[56] 但是，如前所述，欧盟法院一直在尽力强调，成员国有义务按照“较高的证明标准”(to a“high standard of proof”)来确立作为正当事由抗辩的目的的合法性。当这一问题又回到英国高等法院时，布莱克法官(Blake J)认为，《立法释义》和在制定《劳动就业平等(年龄)条例》之前的磋商程序表明，政府对劳动力市场的信心和完整性

---

〔54〕 Art 6(1).

〔55〕 EA, sched 9 para 8.

〔56〕 Case C－388－07 R(Age Concern England) v. Secretary of State for Business, Enterprise and Regulatory Reform [2009] IRLR 173. 此后，又出现了 Case C－411－05 Palacios de la Villa v. Cortefild Servicios SA [2007] IRLR 989 一案，欧洲法院(ECJ)在该案中认定，各成员国并无义务在国内立法中规定在哪些具体情形中年龄歧视存在正当事由抗辩，只要能够通过其他规定得出这一结论即可。

有真实的关切,而这些关切都是合法的。他并不认为在 2006 年的时候将 65 岁确定为退休年龄的做法不合比例,但也提到,如果这一年龄是在 2009 年首次被确定为退休年龄,且工党政府不尽快安排一次评估的话,那么确定的这一退休年龄就会是一个不合比例原则的选择。

2010 年 7 月,联合政府公布了一份磋商文件,[57]宣布从 2011 年 4 月开始,将取消强制性的退休年龄,并就 2011 年 4 月至 10 月 1 日的过渡期作出了安排。这一点是通过 2011 年《劳动就业平等(废除有关退休年龄规定)条例》来实现的。[58] 从 2011 年 4 月起,仍然保留强制退休政策的雇主,只能依靠直接年龄歧视的正当事由抗辩来证明其行为不构成歧视。他们需要证明强制性的退休年龄是实现法定目的的合比例手段。同时,雇主也不得对 65 岁及以上的人,基于年龄原因而在招聘选择过程中实施差别对待。这些规则仅影响雇员,政府机构中的工作人员以及下议院和上议院的工作人员。其他重要群体,如警察和司法系统的公职人员、合伙以及有法定年龄限制的职业,如民用航空的飞行员,并未受到这一规则的影响。

115 英国最高法院在 Seldon 案[59]和 Homer 案[60]中就与强制退休

---

〔57〕 Department for Business and Department of Work and Pensions, *Phasing Out the Default Retirement Age*(July 2010).

〔58〕 SI 2011 No. 1069.

〔59〕 [2012] UKSC 16, [2012] EqLR 579;参照原著第 79 页。

〔60〕 [2012] UKSC 15, [2012] EqLR 594.

有关的正当事由抗辩的范围,给出了非常有价值的指导意见。

在第一个案件中,律师事务所的一名合伙人对合伙协议中有关合伙人必须在65岁退休的规定提出了质疑。劳动关系裁判庭认定,律师事务所已经证明在制定这一规则时其具备3项合法目的:(1)确保普通律师有晋升为合伙人的机会,而不至于离开律所;(2)通过建立稳定的预期,即明确何时合伙人会产生空缺的方式,促进远期规划;(3)降低以绩效管理的方式驱逐合伙人的需求,能够提升律所和衷共济的氛围。劳动关系裁判庭还认定,强制退休能够实现的合法目的包括:实现稳定员工队伍,劳动力规划,以及允许年长且能力下降的合伙人以体面方式退出而无须证明强迫其离职的合理性,也不会害及其职业尊严。前两项目的无法通过其他手段实现,而第三项关于和衷共济氛围的目的无法通过其他非歧视的方式加以实现。最高法院认定,前两项目的与在不同世代之间分享就业机会的合法社会政策目标相关;第三项则与保护尊严的目标直接相关。但是,这一案件被发回到劳动关系裁判庭重审,以确定选择65岁作为退休年龄是否为合理的手段。在随后的劳动关系裁判庭的审理中,裁判庭认定,考虑到所有的合伙人在签订合伙协议时对此均表示同意,且在当时默认的退休年龄是65岁,因此,65岁的规定是合理的,并且也是必要的。这一认定的言外之意是,如果退休年龄是雇主单方面规定的,或者如果总体上的默认退休年龄已经被取消,劳动关系裁判庭可能会根据案件事实作出不同的裁定。

除了取消默认的退休年龄外,与退休有关的程序要求也被取消。对雇员的任何解雇只受到不公平解雇法上的遵守公平程序的限制。

(五)资历规则

与年龄有关的第二项保留是资历规则。这一规则的目的是帮助就业规划,即通过提供与服务年限相关的待遇来吸引、留下并奖励有
116 经验的员工。《平等法》取代了此前的条例,[61]规定“如果甲将乙在待遇、设施或者服务方面,置于相对于丙而言不利的地位,只要这一不利地位的原因是乙的工作年限比丙短”,那么甲的做法并不构成年龄歧视。[62] 工作年限越长,证明差别待遇的正当性的难度就越大。相应地,这一绝对的例外仅适用于工作年限在5年内的情形。政府认为5年的上限规定能够使这一例外符合比例原则的要求。[63]

在经济性裁员的情况下,这一例外不能被用来证明解雇待遇水平的正当性,因为与工作年限有关的终止待遇并不是雇主对雇员工作经验的补偿。《劳动权利法》第11章规定了法定的裁员赔偿标准,这一标准与雇员的年龄、工作年限和每周的薪资水平有关。政府认

〔61〕 Employment Equality (Age) Regulations 2006, SI 2006/1031, reg 32, as amended by the Employment Equality (Age) Regulations 2006 (Amendment) Regulations 2008, SI 2008/573.

〔62〕 EA, sched 9 para 10.

〔63〕 在Rolls-Royce plc v. Unite Union [2009] IRLR 576一案中,集体协议中规定(确定待遇水平时)应当将工作年限考虑在内,这一做法得到认可;但是由于未明确论及工作年限标准是否为实现合法目的的合比例手段,沃尔法官(Wall LJ)对此提出了批评。

为,这一规定能够从《就业框架指令》第6(1)条中找到正当性支撑。[64]《平等法》允许雇主以法律规定的年龄和工作年限为基础,为雇员提供加强版的裁员赔偿,即提供比法定赔偿标准更慷慨的赔偿。[65] 同时,对于那些为因病提前退休的雇员提供人寿保险的雇主,法律也规定了一个例外,这种情形并不构成歧视。[66]

三、男女同工同酬

(一)为追求同工同酬而进行的长期斗争

1888年,英国工会联盟以全体一致的方式通过了一项决议,内容为:"在联盟看来,对于女性也在其中从事相同工作的行业而言,她们应当获得相同的报酬,这符合男性和女性的利益,也是人们所期盼的。"在接下来的75年里,英国工会联盟在不下40个场合中重申了这一理念。但是,不具有强制性的集体谈判并未实现这一目标。在20世纪60年代,私营领域的大多数集体合同中仍然分别规定了男性工人和女性工人的薪资水平,且女性的薪资水平明显低于男性的薪 117
资水平。在公务员队伍中,在经历了议会外的广泛压力后,终于在

〔64〕 EA, sched 9 paras 9, 13.

〔65〕 EA, sched 9 para 13.

〔66〕 EA, sched 9 para 14 as amended by SI 2011 No. 1069.

1961 年通过惠特利理事会协议(Whitley Council Agreement)的方式,实现了男女同工同酬。在 1946 年,同工同酬皇家委员会的大多数委员反对通过同工同酬的法律,因为这可能会对女性劳动力的需求产生负面的影响,在他们看来,现存的薪资水平差异反映了二者在劳动效率上的差异。[67] 1964 年当选的工党政府在上台之初便致力于通过同工同酬立法,但是直到 1970 年 1 月,才由时任劳动大臣(Secretary of State for Employment)芭芭拉·卡斯尔议员(Barbara Castle MP)向议会提出法案,于 1970 年 5 月 29 日获得皇家御准。随后不久,威尔逊政府便在选举中失利。《同工同酬法》原定于 1975 年 12 月 29 日生效,这意味着雇主有 5 年的过渡期来调整他们的薪酬结构;不过,在这一法定的生效日期前,政府对这一法律进行了重大修改,并最终以 1975 年《消除性别歧视法》的方式加以通过。[68]

1970 年《同工同酬法》要求对在同一职场工作(same employment)的男性和女性提供相同的劳动条件和待遇,只要他/她们的工作类型相似("like" work),或者根据工作评估分析(job evaluation study)确认为相当(equivalent)的工作类型,但雇主并无义务进行前述的工作评估分析。在英国并不存在概括性的同等价值劳动获得相同待遇的权利,这一权利为国际劳工组织 1951 年的第 100

〔67〕 Creighton, WB(1979)*Working Women and the Law*(London, Mansell)94.

〔68〕 Creighton, WB(1979)*Working Women and the Law*(London, Mansell). chs 3 and 4.

号《同工同酬公约》所确认。英国政府从一开始便对这一公约草案提出反对,理由是在由战争引发的大规模债务时期根本无力实现同工同酬。

与此同时,英国加入了《罗马条约》(Treaty of Rome),该条约第119条规定了“男性和女性从事相同的工作应当获得相同报酬”的原则。后来的欧共体第75/117/EEC号指令对这一规定的含义进行了“释明”(clarified),规定同酬原则“意味着相同工作报酬相同,或者同等价值的工作报酬相同”,旨在消除在薪酬的各个方面和条件上基于性别而存在的所有歧视。在Defrenne案中,[69]欧共体法院认定,就“直接和显性”的歧视而言,《罗马条约》第119条可以在成员国直接适用。1981年,欧洲委员会针对英国提出了侵权诉讼,最终欧共体法院认定英国违反了其根据公约承担的义务,并认为“成员国应当明确主管机构,在接收到法律要求提交的信息后,负责决定究竟某项工作是否与其他工作具有相同的价值”。[70] 对此,保守党政府的回应是出台1983年的《同工同酬(修正)条例》[Equal Pay(Amendment) 118
Regulations]。[71] 这一条例的目的是增加一项同等薪酬的兜底性事由,即如果女性受雇的工作,“就对她提出的工作要求而言(如努力程

---

〔69〕 Case 43/75,Defrenne v. Sabena SA[1976]ECR 455.

〔70〕 Case 61/81,Commission of the European Communities v. United Kingdom[1982] ECR 578.

〔71〕 SI 1983/1794.

度、技术水平和决策能力),与同一职场中的其他男性所从事的工作具有相同的价值”,那么她有权获得相同的薪酬。这一同等价值的诉求只有在主张相似工作(like work)、相当(equivalent)工作的诉求未得到支持的情况下,方可提起。1983年《同工同酬(修正)条例》在此后为了与欧盟的法律相一致进行了数次修改,不过这一立法的基本理念和框架并未改变。丹宁勋爵在1983年告知上议院,“它们的曲折和复杂异乎寻常”,“普通的律师根本理解不了”,并且,“劳动关系裁判庭也将面临巨大的困难,而上诉法院则无法统一这一问题上形成的各种观点”。[72]《平等法》实施后形成的复杂且琐细的判例法印证了丹宁勋爵论断的准确性。一个令人震惊的事实是,截至2012年3月31日,在劳动关系裁判庭受理的23,000件同工同酬案件中,只有32件(不到1%)在庭审中获得了胜诉判决,76件在庭审中未获支持。剩余的案件要么在英国咨询、调解仲裁服务局(ACAS)的主持下调解结案,要么撤回了申请。[73] 对1997年地方政府单一身份协议的执行状况进行的研究表明,尽管这一协议的目的是执行同工同酬原则,但结果却是引发了冗长、复杂的诉讼,在这些诉讼中个体权利与集体利益发生了冲突。[74]

---

〔72〕 Hansard HL Vol. 445 cols 901 - 02(5 December 1983).

〔73〕 参见原著第194页。

〔74〕 McClauglin, C(2014)“Equal Pay, Litigation and Reflexive Regulation: the Case of the UK Local Authority Sector”, 43 *Industrial Law Journal* 1.

《同工同酬法》的主要目的是统一薪酬支付的标准，而不是统一
薪酬，因为女性通常在加班或者与资历或工作年限有关的待遇方面
的机会较少。《消除性别歧视法》旨在对《同工同酬法》进行补充，为
女性打开晋升、培训、稳定就业以及其他机会的大门，这些机会会影
响女性的收入水平。最初，《同工同酬法》产生了重要的影响。1970
年，女性的平均小时总收入（不含加班工资）相当于男性的 63.1%。
到 1977 年，这一比例上升至 75.5%，随后一直在 73% ~75% 徘徊，
直到 1994 年才达到 80%。在 1997 ~2013 年，男女之间的薪酬差距
一直在缩小，但是 2013 年按照所有雇员的小时收入为统计口径，男
女之间的收入差距仍然在 19.7%。在那些对技术水平要求较高的行
业（水管工、电工等）以及经理和董事等职位，男女之间的收入差距仍
然很大。[75] 全国平等小组发现，基本上所有种族—宗教群体（ethno- 119
religious groups）中女性的收入低于男性群体中收入最低的人群。[76]

同工同酬立法只是决定女性薪酬与男性薪酬比例的众多复杂因素之一。除了《同工同酬法》，全国最低工资也是一个提高女性收入的因素，因为女性更多集中在收入较低的行业。男女之间收入不平等持续存在的原因包括二者在受教育程度方面存在的差异，但全国平等小组指出，尽管现在年轻女性的受教育水平与男性相当，甚至可

---

〔75〕 DCMS, *Secondary Analysis of the Gender Pay Gap*（March 2014）.

〔76〕 National Equality Panel（2010）*An Anatomy of Economic Inequality-The UK Report of the National Equality Panel*（London, Government Equalities Office）, 220.

能高于男性,她们在劳动力市场上仍然处于不利地位。[77] 其最重要的原因在于持续存在职业隔离现象,即女性集中在低收入的行业,在这些行业中,她们工作的价值被低估。造成这一现象的原因包括对女性社会角色的刻板印象、对负有育儿义务的女性存在的严重偏见以及平衡工作与家庭生活之间的实际难度。[78] 在过去 40 年里,立法没有能够(在同工同酬领域)带来重大变化的原因,要置于社会刻板印象以及社会经济结构的大环境中去理解。《平等法》对女性群体的利益有一定程度的提升,她们的同工同酬的主张在劳动关系裁判庭或者法院得到了支持,或者以《平等法》为依据来与雇主协商谈判以获得更高的收入和更好的工作条件,但总体而言,《平等法》在同工同酬问题上被证明效果并不理想。

2004 年,当时的英国首相组织了一个妇女与工作委员会(Women and Work Commission),就如何缩小性别收入差距提出建议,但是,该委员会的职责范围中并不包括就立法提出修改建议这一项。在 2006 年和 2009 年的报告中,[79] 该委员会提出了一系列建议,旨在改变刻板印象,提升女性对劳动就业的积极性,并使作为父母的

---

〔77〕 National Equality Panel(2010) *An Anatomy of Economic Inequality-The UK Report of the National Equality Panel* (London, Government Equalities Office). 220.

〔78〕 Browne, J (2006) *Sex Segregation and Inequality in the Modern Labour Market* (Bristol, Policy Press). chs 3 and 4.

〔79〕 Women and Work Commission (2006) *Shaping a Fairer Future* (London, Women and Work Commission); (2009) *Shaping a Fairer Future: A Review of the Recommendation of the Women and Work Commission Three Years On* (London, Women and Work Commission).

劳动者更易将工作与家庭生活结合起来。该委员会指出,职场存在的歧视往往是无意的,在薪酬体系运作的过程中悄无声息地产生。他们主张的措施包括雇主开展“平等检查”(equality check),公共部门雇主进行薪酬评估,以及工会平等代表(trade union equality representatives)的积极参与。

《剑桥评估报告》就《同工同酬法》的缺陷开展了详细的分析,并提出了三项主要的战略,包括:规定雇主承担积极的法律义务,主动对其薪酬结构进行评估,并采取积极措施以实现同工同酬;扩展作为对比对象的范围,并提高评估不同工作之间相对价值的方式;以及建立一套新的、改进版的劳动关系裁判庭程序。[80] 平等机会委员会和 120
其他很多组织后来也提出过类似的建议,作为对政府的《反歧视法评估报告》的回应。除了在2004年对劳动关系裁判庭程序进行微调以更好地确定同等价值这一措施外,[81]其他的建议均未获采纳。至于为什么不引入强制性的薪酬评估这一措施,工党政府给出了三项理由。

第一个理由是,这一措施“仅仅解决性别收入差距的诸多原因中

[80] See Bob Hepple, Mary Coussey and Tufyal Choudhury, *Equality*: *A Framework* (*Report of the Independent Review of the Enforcement of UK Anti-Discrimination Legislation*) (2000), paras 3.41 - 3.60.

[81] 参见原著第199页。

的一项,即性别薪酬歧视”。[82] 确实,歧视仅是女性面临不利地位的原因之一,但这并不意味着不需要去解决这一原因。如前所述,妇女与工作委员会建议,无意且通常为间接的歧视是造成性别薪酬差距的重要原因,而且,这一歧视通常是薪酬体系运作的结果。那么,结论自然应该是提供一种机制,对薪酬结构进行评估,以便大幅减少女性所遭受的较差待遇。第二个理由是,薪酬评估“在那些规定了强制性薪酬评估的国家和省份的私营部门产生的影响也非常有限”。[83] 在给出这个理由时,并未明确是哪一个国家,也未明确参考了有关这些国家薪酬评估影响的哪些研究。《剑桥评估报告》提到的美国、加拿大和北爱尔兰规定的(雇主承担)积极义务的成功例证被无视。第三个理由是,“强制性的同工同酬评估可能会违反善良规制原则,因为就给雇主带来的成本与解决问题的规模而言可能不成比例”。[84] 这一反对意见实际上是由英国工业联合会(Confederation of British Industry)提出的,而其他一些雇主团体则认为终止对女性

---

[82] *See* Department of Communities and Local Government(2007) *Discrimination Law Review: A Framework for Fairness. Proposals for a Single Equality Bill for Great Britain* (London, DCLG), para 3.7.

[83] *See* Department of Communities and Local Government(2007) *Discrimination Law Review: A Framework for Fairness. Proposals for a Single Equality Bill for Great Britain* (London, DCLG), para 3.7.

[84] See Department of Communities and Local Government(2007) *Discrimination Law Review: A Framework for Fairness. Proposals for a Single Equality Bill for Great Britain* (London, DCLG), para 3.7.

工作价值的低估会对工商业带来积极的好处。《剑桥评估报告》提出的建议是经过深思熟虑的，以确保强制性的薪酬评估相对所追求的性别薪酬平等目标而言，能构成一种合乎比例的回应。比如，它提出薪酬评估每 3 年进行一次，且仅限于雇佣 10 名以上全职雇员的雇主；对于集体合同或者工作场所层面的协议中的同工同酬规定，允许在一定时间内通过个体劳动合同的方式另行约定，以便能够给雇主一定时间来消化执行同工同酬计划可能带来的成本；并对双方发生争议时提起仲裁作出了规定。〔85〕 相反，政府的政策仍然倚重于一些在过去 40 年里被证明总体无效的方法，如在自愿的基础上，“促进最 121
优实践的传播”，和“开发一种轻触式的诊断工具——性别平等检查工具”。〔86〕 我们几乎可以肯定地预测，在性别薪酬差距方面无所作为的局面还将持续，特别是在经济衰退和薪酬上涨冻结的时期更是如此。

（二）平等条款与性别歧视请求之间的关系

同工同酬的规定现在被纳入统一的《平等法》调整范围内。《反

---

〔85〕 See Bob Hepple, Mary Coussey and Tufyal Choudhury, *Equality: A Framework* (*Report of the Independent Review of the Enforcement of UK Anti-Discrimination Legislation*) (2000). paras 3.45 – 3.52.《反歧视法评估报告》(*Discrimination Law Review*, para 3.24) 认为，对同工同酬规定延期实施（moratorium）的做法可能与欧盟法不一致，但《剑桥评估报告》的措施旨在确保个体劳动者的权利能在延期实施期间及以后得到合理的保护。

〔86〕 See Department of Communities and Local Government (2007) *Discrimination Law Review: A Framework for Fairness. Proposals for a Single Equality Bill for Great Britain* (London, DCLG), para 3.8.

歧视法评估报告》承诺对这一领域的法律进行简化和整合,但是,《平等法》在这一点上并未作出很多实质性的改变,与此有关的立法仍然过于复杂,且在一定程度上是难以理解的。造成这一点的原因包括仍然保留了适用于合同关系的性别平等条款与歧视的侵权诉由之间的区分。如果一个人认为,他与参照对象相比,由于种族、宗教/信仰、残障状况或者性取向等因素,得到的薪酬较低,其可以基于直接歧视或者间接歧视而提出普通的诉求,无须证明他的工作与其参照对象的工作是相同的,且也不存在特别的抗辩事由,如薪酬方面的差异是由"重要因素"(material factor)造成的,而非基于受保护的特征。

但是,如果一名女性主张她的薪酬或者其他的工作条件与作为参照对象的男性同事的薪酬或者工作条件并不相同,那么她需要援引性别平等条款,根据法律规定,每一个劳动合同中均暗含了这一条款。[87] 类似的规定(性别平等规则)也被法律推定作为职业养老金计划的条款。[88] 这一条款和规则的效果为,如果某雇员的劳动合同或者养老金计划的任何条款,比作为其参照对象的雇员的劳动合同或者养老金计划的条款更不利,那么这些条款将被修改,以避免出现不利待遇的情形。如果作为参照对象的雇员从一项条款中获益,而

---

〔87〕 EA,s 66.

〔88〕 EA,ss 67,68. 这一规定适用于 1990 年 5 月 17 日之前会影响养老金权益的工作年限。(1990 年 5 月 17 日是欧洲法院根据《欧洲共同体条约》第 119 条在 Case C - 262/88 Barber v. Guardian Royal Exchange Assurance Group[1990]ECR I - 1899 案中作出裁决的时间);EA,s 67(10)。

该条款并不属于某雇员劳动合同的内容，那么性别平等条款的效果便是将这一条款加入雇员的劳动合同中。比如，如果男性雇员的劳动合同允许其将雇主的交通工具用于私人目的，那么与他从事相同 122
工作的女性雇员也有权获得同样的待遇。[89] 与此相似，如果在一项养老金计划中的条款使经办单位可以行使自由裁量权将某一性别的人置于更加不利的地位时，那么这项条款就需要进行修正以避免通过前述方式来行使这种自由裁量权。[90]

歧视侵权并不适用于存在性别平等条款或者性别平等规则的情形。但是，性别歧视侵权适用于非基于合同的薪酬与待遇（如作为特惠的圣诞奖金等），以及招聘、晋升、调岗、培训和解雇等事项。[91] 原则上讲，基于性别平等条款或者规则而提出的诉求，与其他性别歧视的诉求之间应该不存在交叉。如果诉争事项是由劳动合同或者养老金计划规定的，那么只能适用平等条款或者规则。

（三）假定的参照对象

区分（在性别平等问题上）合同诉求与侵权诉求存在的主要问题是，一个人只有在能够找到另一性别的真实参照对象时，才能以违反平等条款或者规则（合同）为由提起诉求。[92] 如果参照对象是假定

---

〔89〕 EN, para 230.

〔90〕 EA, s 67(2)(b).

〔91〕 EA, s 70.

〔92〕 EN, para 219.

的,其就不能以违反平等条款为由提起诉求。同样,根据《平等法》之前的法律,其也不能基于性别歧视的侵权而提起诉求。这意味着,当时的法律对于性别隔离很严重的行业,效果不彰,因为在这些行业可能无法找到另一性别的真实参照对象。为了解决这一在保护程度上的明显差异,政府有两个选项。第一个选项,就是在与平等条款或者规则有关的诉求(合同)中,允许寻找假定的参照对象,这一选项为平等与人权委员会和妇女与工作委员会所推崇。这一选项并未被采纳,有两个理由:与一个本不存在的人的工作价值或者合同条款进行对比,并不现实;[93]这在雇主的薪酬安排是否合法这一问题上会产生"难以容忍的不确定性",因为不可能考虑到(假定的)参照对象存在的所有情形。[94]

123 第二个选项,也是后来为《平等法》所采纳的选项,[95]是在合同中有薪酬的规定,但是性别平等条款或者规则无法发生作用的情形,允许以直接性别歧视为由提起侵权诉讼。这意味着,如果在雇主的工作场所没有从事同样工作的参照对象,那么雇员可以直接性别歧视为由提起侵权诉讼,而在这一侵权诉讼中是允许与假定的参照对

---

〔93〕 Hansard HL Vol. 716 col 943(27 January 2010)(Baroness Royall).这一点与欧盟法一致,参见 Case 129/79, Maccarthys Ltd. v. Smith[1980]ICR 672,691。

〔94〕 See Department of Communities and Local Government(2007)*Discrimination Law Review: A Framework for Fairness. Proposals for a Single Equality Bill for Great Britain*(London,DCLG), para 3.27.

〔95〕 EA, s 71.

象进行比较的。比如，如果雇主业务范围内的某项工作已经外包给了另外一家公司，而该公司对女性雇员提供的薪酬低于此前该雇主提供的薪酬，在这种情况下，女性雇员可以提起直接性别歧视侵权诉讼，而非违反性别平等条款的合同诉讼。这一点也适用于双重侵权，即受保护的特征中有一项是性别，如（从事相同工作的）黑人女性比白人男性薪酬标准较低的情形。

然而，基于合同支付薪酬如果存在间接性别歧视的，只有通过平等条款的方式加以主张。[96] 比如，非全日制雇员，当然，其中大部分是女工，可能会因为雇主的政策、操作实践或者标准被置于特别不利的境地，这些政策、操作实践或者标准规定只有全日制的雇员才能获得特定的待遇。[97] 然而，负责人需要证明这一政策、操作实践或者标准是实现某一合法目的的合比例手段。[98] 这一抗辩事由与间接性别歧视中的抗辩事由相同。政府并不相信在无法以平等条款（合同）提出诉求的情况下，以间接性别歧视提出的诉求能够获得支持。[99] 当然，这一问题并非毫无争议，可能需要通过诉讼的方式加以解决。从理论上讲，假定的参照对象在间接性别歧视的案件中是可能的，尽管在现实中对薪酬结构方面存在的系统性间接歧视受到

〔96〕 EA, s 71(2).

〔97〕 EA, s 69(a). 参见原著第 84 页。

〔98〕 EA, s 69(1)(b).

〔99〕 Hansard HL Vol. 716 col 943(27 January 2010)(Baroness Royall).

批评的情形下,并不总是需要寻找参照对象。[100] 不过,为了证明某种“特别的不利境地”,往往需要依靠某种假定的参照对象,至少这种可能性是存在的;而这一点在平等条款(合同)下并不可能。

(四)参照对象的选择

《平等法》基本上复制了此前的规定,明确当甲受雇于与作为参
124 照对象的另一性别的乙相同的工作时,性别平等条款或规则(合同)可以适用。[101] 如果甲的工作与乙的工作类似(like),或者经过评估分析为与乙的工作相当(equivalent),或者与乙的工作具有相同的价值,那么甲的工作则与乙的工作相同。[102] 在两种情形下,可以作这些对比。第一种情形是甲与乙受雇于同一雇主,并在同一工作场所工作;[103] 第二种情形是他们虽然在不同的工作场所工作,但受雇于同一雇主。在第二种情形中,只有在不同工作场所适用共同的劳动条件和标准时(要么总体上适用共同的条件和标准,要么甲和乙之间适用共同的条件和标准)才可以作此对比。[104] 这些共同的条件不需要完全相同,只需要它们“大体上具有可比性”(substantially comparable)即可。[105] 典型的例子就是集体合同规定了共同条件的

[100] 参见莱斯特勋爵给出的例子:Hansard HL Vol. 716 col 944(27 January 2010)。

[101] EA, s 64(1).

[102] 《平等法》第 65 条就这些术语作出了界定。

[103] EA, s 79(3).

[104] EA, s 79(4).

[105] British Coal Corp v. Smith[1996]IRLR 404, HL, 410 per Lord Slynn.

情形。[106] 如果一个人受雇于“有关联的雇主”(associated employer),那么他/她也可以成为参照对象。[107]

《罗马条约》第119条(现为《欧盟运行条约》第157条)曾经一度被解释为允许作更宽泛的比较。确实,Defrenne v. Sabena 一案的判决[108]认为,作为比较对象的男性和女性应当是在“同一个工作场所或者从事同一服务”,在该案基础上,爱丽丝(Ellis)认为对比的范围不应当局限于同一个工作场所或者是同一雇主。[109] 随后,欧洲法院的解释开始变得严格,要求识别造成不平等薪酬且能改变这一状况的“单一来源”(single source)。[110] 结果,由于餐厅服务员的雇主从原来的地方政府转移变更为一家私人承包商,因此,不能再主张与其前雇主的雇员实行同工同酬,尽管这些雇员的工作被认为与餐厅服务员的工作具有同等的价值。与此相似,受雇于一个政府部门的公务员,不能主张与受雇于其他政府部门公务员实行同工同酬。尽管他们都是政府雇员,

---

〔106〕 Leverton v. Clwyd County Council [1980] AC 706; [1989] IRLR 28, HL, 31 per Lord Bridge.

〔107〕 《平等法》第79(9)条规定,如果某个公司是由另外一家公司直接或者间接控制的,或者两家公司都是由第三人控制的,那么这两家公司就构成关联雇主。

〔108〕 Case 43/75, [1976] ECR 455, para 22.

〔109〕 Ellis, E(1991) European Community Sex Equality Law (Oxford: Oxford University Press) 62.

〔110〕 Case C-320/00 Lawrence v. Regent Office Care Ltd. [2002] IRLR 822; Case C-256/01 Allonby v. Accrington and Rossendale College [2004] IRLR 224.

但是上诉法院认为,政府并不是“单一来源”。[111]

在对不同工作场所之间进行比较时有一个问题存在争议,即女性雇员需要证明受雇于同一雇主、在不同的工作场所工作的男性雇员存在到她所在的工作场所工作的可能性。
125 到底有没有必要证明男性至少有可能在同一个工作场所工作?在 North v. Dumfries and Galloway Council 一案中[112],英国最高法院对此作出了否定的回答。黑尔大法官在判决书中写道,立法并未要求作为参照对象的男性与女性雇员在同一工作场所工作。这一解释与欧盟判例法中的“单一来源”原则并不协调。“同一职场工作”(same employment)标准的功能并不是为了在不同工作之间建立可比性(comparability),建立可比性是“类似工作”、“经评估为相当的工作”或者“同等价值”标准的目的。“它(同一职场工作标准)的功能是确立进行比较的条件,并排除那些地理因素在确定条件上起重要作用的情形。”[113]英国最高法院在这一案件中解释了1970年《同工同酬法》第1(6)条的规定,即有关“相关雇员群体”的共同劳动条件和标准的规定。作为1970年《同工同酬法》第1(6)条的替代,在2010年《平等法》的第79(4)条将这些表述删除了。有学者认为这一变化可能会限缩进行有效对比

---

〔111〕 Robertson v. DEFRA[2005]IRLR 363. 但是这一裁决的正确性在 North v. Dumfries and Galloway Council 后面临着质疑,参见 Naper,B(2014),“Equal Pay in 2013”,246 Equal Opportunities Review 8,246 EOR 8 at 9。

〔112〕 [2013]EqLR 817.

〔113〕 Para 13 per Lady Hale.

的范围，但这一点（限缩有效对比的范围）从来都不是整合同工同酬不同规定的目的，且也将与英国法致力于与其保持一致的欧盟法不相协调。[114] North 一案的判决应当被视为根据 2010 年《平等法》所作出的一个权威判决。

集中式集体谈判的式微，政府部门对服务实行外包，再加上政府部门内部财政预算权力下放日益普遍，这意味着，现实生活中所能够进行的薪酬对比越来越无法突破性别隔离的壁垒。《剑桥评估报告》预见到了这一点，为此，就扩宽对比的范围提出了若干建议。比如，它建议规定雇主应当在所有工作场所实现同工同酬，而非在某一个特定的工作场所实现同工同酬，当然，雇主可以提出证明薪酬差异客观合理性的抗辩。[115]《剑桥评估报告》还建议应当允许与同属于一类公共服务行业的其他雇主进行对比。[116] 另一个建议提出了比例价值原则。立法并未规定获得合比例薪酬（proportionate pay）的权利；女性雇员只有证明她的工作与作为参照对象的男性雇员的工作具有相同或者更多价值，她的诉求才能获得支持；这意味着，如果她

[114] Napier, B (2014) "Equal Pay in 2013", 246 *Equal Opportunities Review* 8. 246 EOR 8 at 9.

[115] See Bob Hepple, Mary Coussey and Tufyal Choudhury, *Equality: A Framework* (*Report of the Independent Review of the Enforcement of UK Anti-Discrimination Legislation*) (2000), para 3.56.

[116] See Bob Hepple, Mary Coussey and Tufyal Choudhury, *Equality: A Framework* (*Report of the Independent Review of the Enforcement of UK Anti-Discrimination Legislation*) (2000), para 3.55.

获得了相当于男性雇员80%的薪酬,而她的工作的价值相当于男性
126 雇员的90%,那她无法获得任何救济。《剑桥评估报告》认为,比例价值原则能够克服与不存在从事相同工作的男性参照对象相关的一些困难。但《剑桥评估报告》提出的这些建议没有一个得到采纳。其唯一的进展是将欧洲法的判例法上升为制定法,规定作为参照对象的工作无须与主张同工同酬的雇员的工作同时存在。[117] 前任或者后任雇员的工作均可以进行比较。但是,如果前后两个工作间隔的时间越久,那么下文提到的“真实重大因素”(genuine material factor, GMF)抗辩事由成立的可能性也就越大。此外,为了用统计学上的证据支撑作出一个有意义的对比,参照对象无须限于单一的前任或者后任雇员,且作为参照对象的范围越大越好。[118] 未作改动的“相同工作”(equal work)的定义仍然很复杂,且无法令人满意,以下是在同工同酬诉求中存在的主要问题。

(1)与对应性别的人(参照对象)相比,该雇员是否从事类似的(like)工作? 这两个工作是相同的或者大体相似的,并且二者之间存在的差异对他们工作的条件并不具有实际的重要影响。[119] 有必要

---

[117] EA, s 64(2); Case 129/79 Macarthys Ltd. v. Smith[1980]IRLR 210, ECJ. 在上议院的委员会审议阶段,政府接受了一项修正案,并改变了最初法案中有关与“同事”(colleague)进行对比的表述,以便表明参照对象不一定与该雇员同时受雇:Hansard HL Vol. 716 col 939(27 January 2010)。

[118] Cheshire & Wirral NHS Trust v. Abbott[2006]IRLR 546, CA.

[119] EA, s 65(2).

考虑二者工作差异发生的频繁程度,以及这些差异的性质和程度。比如,男性和女性在超市从事相似的工作,即货架摆放工,他/她们的工作就是"类似的",尽管在现实中有可能男性往往要摆放更重的物品,或者往更高的货架摆放物品。围绕这一问题发生的争议在今天已经很少了,这些争议主要发生在过去。

(2)如果不存在类似工作,那么需要确定的是通过分析性的工作评估研究,该雇员从事的工作是否与其参照对象的工作大致相当(equivalent)? 这一点的前提是假设雇主自愿开展了工作评估研究,评估的结论为雇主或者其他委托方如工会所接受。[120] 如果经过评估,两份工作在对雇员提出的要求方面具有同等价值,那么这两份工作将被认为是相当的。[121] 如果经过评估,女性雇员的工作价值被认为比男性参照对象的价值高,这并不会阻止女性雇员主张同等待 127
遇。[122] 此处的风险在于,雇主有可能使用伪造的工作评估研究来压制基于同等价值而提出的诉求(详见下文)。消除此种风险的一项保障措施是,对于那些以特定性别为基础而对男性工作和女性工作评

---

[120] Arnold v. Beecham Group Ltd. [1982] IRLR 307.

[121] 《同工同酬法》中规定了工作要求的例子,比如,努力程度、技能水平和决断力。这一点并未被《平等法》第65条所规定,但是在平等与人权委员会出台的法定操作指引中对此进行了阐述。

[122] In Redcar and Cleveland Borough Council v. Bainbridge(No. 1)[2007] IRLR 984. 该案裁决后来被吸收到《消除性别歧视法》第1(5)条规定[现在为2010年《平等法》第65(4)条所取代],以便允许与那些被安排到较低级别的岗位工作但薪酬较高的雇员进行对比。

定不同价值的做法,不予考虑。比如,如果相对于作为参照对象的女性课堂助理而言,工作评估对男性体育老师的体力要求给予过高的权重,那么这一评估结论应该被无视。[123]

(3)如果经过工作评估研究发现,并不存在相当的工作,那么申请人需要证明她的工作与作为参照对象的异性的工作具有同等的价值。这是一个兜底的条款,于1983年被引入。它要求对雇员提出的工作要求进行分析,要考虑诸如努力程度、技能水平和决断力等因素。[124] 就劳动关系裁判庭而言,有一个非常复杂且耗时的程序来确定"同等价值"问题,并可能会任命一名独立的专家参与其中。[125] 事实上,尽管这一程序在2004年进行了改革,其程序方面存在的障碍再次敲响了同工同酬立法的丧钟。

(五)真实重要因素(GMF)抗辩

1970年《同工同酬法》和1990年《养老金法》规定,雇主和管理人可以为薪酬或者养老金的差异提供客观的正当理由,以豁免平等条款或者规则(合同)的适用。比如,某个体可能因为资历更高而获得比其他人更多的薪酬。这被称为真实重要因素抗辩。这一抗辩事由存在于英国加入《罗马条约》前,但是当同等价值原则被引入时有所修改。关于这一抗辩的范围,英国判例法与欧盟法之间并不总是

---

〔123〕 EHRC, Code of Practice on Equal Pay, para 14.

〔124〕 EA, s 65(6).

〔125〕 参见原著第199页。

一致的。比如,欧盟法对于在薪酬上的直接性别歧视,并不总是允许提出正当事由抗辩,但有学者认为,英国法上有关抗辩事由的规定允许提出这一抗辩事由。[126] 在现实中,多数同工同酬案例涉及非故意的间接歧视。欧洲法院认定,一旦有初步证据证明雇主的薪酬体系对女性雇员会产生负面影响,举证责任将转移至雇主,由其证明其薪酬方面的做法是实现合法目的的合比例手段。[127] 比如,欧洲法院已 128
经认定,尽管原则上讲,对非全日制雇员实施差别薪酬和差别待遇可以提出正当事由抗辩,但是雇主仅提出一些笼统的看法,如这样做将会降低管理和培训成本等,并不足以构成正当事由抗辩。[128] 遗憾的是,欧洲法院的解释并不总是明确清晰的,典型例证为基于资历逐步增加薪酬幅度的解释。[129] 而英国上诉法院 Armstrong v. Newcastle upon Tyne NHS Hospital Trust 一案[130]的判决使这一问题变得更复杂。在该案中,上诉法院认定一旦证明不利影响的存在,在两个问题上的举证责任便转移至雇主:首先,待遇上的差异并不是由性别上的差异造成的;其次,如果雇主无法证明待遇上的差异不是由性别上的

---

[126] Strathclyde Regional Council v. Wallace [1998] IRLR 164, HL, para 18; Armstrong v. Newcastle upon Tyne NHS Hospital Trust [2006] IRLR 124.

[127] Case 109/89 Danfoss [1989] IRLR 532.

[128] Case C – 170/84 Bilka-Kaufhaus v. Weber von Hartz [1986] IRLR 317.

[129] Compare *Danfoss* with Case C – 184/89 Nimz v. Freie und Hansetadt Hamburg [1991] IRLR 222, and the attempt to reconcile these cases in Cadman v. HSE [2004] IRLR 971 and Wilson v. HSE [2009] IRLR 282.

[130] [2006] IRLR 124.

差异造成的,雇主必须为薪酬上的差异提供客观正当理由。这一认定与欧洲法院的意见相左。[131] 鲁本斯坦(Rubenstein)指出,Armstrong 案的裁决也不符合逻辑,因为这一裁决的大意是说,如果能够证明不存在直接歧视,那么间接歧视的认定就可以被无视。[132] 伊莱亚斯大法官(Justice Elias)在 Coventry City Council v. Nicholls 一案中对这一问题进行了解释:

> 在统计数据表明存在足够惊人的歧视时,究竟是否就间接歧视的初步证据的存在作出不可辩驳的推定(irrebuttable presumption),除非举示正当理由的存在;还是说尽管存在明显差异的数据,原则上雇主可以将这种薪酬方面的差异解释为与性别因素完全无涉,进而也就不存在提供正当理由支撑的问题?在这一问题上是存在争论的。[133]

政府承诺对同工同酬的法律进行"整合简化",[134] 但是最初的

---

[131] Case C-127/92 Enderby v. Frenchay Health Authority.

[132] Rubenstein, M(2009), "The EOR Guide to the Equality Bill: Part 2 - Protected Characteristics", 190 *Equal Opportunities Review* 28, 33.

[133] [2009] IRLR 345, EAT, at 347.

[134] See Department of Communities and Local Government(2007) *Discrimination Law Review: A Framework for Fairness. Proposals for a Single Equality Bill for Great Britain* (London, DCLG). para 321.

《平等法(草案)》在重要因素抗辩问题上的立场并不清晰,并且按照一种解释的说法,似乎将 Armstrong 案中的原则上升为了立法规定。[135] 不过,在上议院委员会讨论阶段,政府提出的修改议案似乎已经在消除 Armstrong 案的影响。现在的规定是,雇主必须证明薪酬方面的差异是某种重要因素(material factor)造成的,对这种重要因素的倚重:

> (1)并不涉及因原告的性别而对其相比于参照对象进行更不利对待的问题; 129
>
> (2)如果这一因素从间接效果上看具有歧视性,那么需要构成实现合法目的的合比例手段。[136]

这一改变的效果用主管大臣(Minister)的话讲:

> 针对同工同酬诉求提出的重要因素抗辩,如果雇主能够证明他所用来解释薪酬差异的这一因素是真实的而非虚假的,且这一因素并不直接地产生歧视的效果;如果提出诉

[135] Rubenstein, M(2009), "The EOR Guide to the Equality Bill: Part 2 – Protected Characteristics", 190 *Equal Opportunities Review* 28, 33; JCHR(Joint Committee on Human Rights)(2008 – 09) *Legislative Scrutiny: Equality Bill*, 26th Report of Session 2008 – 09, HL Paper 169, HC Paper 736(London, The Stationery Office). paras 196 – 99.

[136] EA, s 69(1)(a),(b).

求的一方举出证据证明这一因素间接地具有歧视的效果,那么雇主需要证明他对这一因素的依赖具有正当性,且合乎比例原则,这样的话,雇主的抗辩才能成立……这一直是我们在立法中增加这一条款的意图。[137]

(六)集体谈判与过渡性安排

平等这一法律原则的执行"会经常遇上集体谈判",而"作为一种理念的集体谈判却并不特别关注平等机会问题"。[138] 已故学者布莱恩·贝尔卡森(Brian Bercusson)曾经对集体谈判与平等机会之间的关系进行过深入的研究,他认为,前述问题的根源在于"平等机会政策的复杂理念碰上了工会谈判平台与雇主人力资源政策的相对受限的议题"。[139] 正如我们此前了解到的,[140] 在 1975 年前,很多集体合同本身就是具有歧视性的。在 20 世纪 70 年代后,集体合同中仍然持续存在间接歧视的现象。

争议较大的一个问题便是针对不同雇员,集体谈判达成不同的集体合同,是否可以作为同工同酬诉求的抗辩事由。在这一问题上的典型案例为 Enderby v. Frenchay Health Authority 案[141],欧洲法院

---

[137] Hansard HL Vol. 716 col 939(27 January 2010)(Baroness Royall).

[138] Bercusson, B(1996) *European Labour Law*(London, Butterworths)182 – 83.

[139] Bercusson, B(1996) *European Labour Law* (London, Butterworths)183.

[140] 参见原著第 116 页。

[141] Case C – 127/92, [1993] IRLR 439.

认定，不同集体合同的存在，即针对主要是男性雇员的群体谈一份集体合同，而针对主要是女性雇员的群体又谈另一份薪酬标准较低的集体合同，如果没有其他特殊的情形，本身并不能为不平等的薪酬待遇提供正当理由支持。但是，最近在 Redcar 案和 Middlesbrough 案中，[142] 上诉法院表示，“针对不同的工作种类进行单独的集体谈判这一事实本身，可以作为同工同酬诉求的抗辩事由，即这些工作在薪酬方面的差异是开展了不同的集体谈判的结果，而不是雇员性别差异 130
的结果”。[143] 换句话说，“能够通过非歧视性的集体谈判程序加以解释的薪酬差异，也能够完全对抗同工同酬诉求”。[144] 不过，根据最新的重要因素抗辩，或许也能得出一个不同结论。这一抗辩要求不同的集体合同必须完全不受性别的影响；如果不同的集体合同在间接意义上具有歧视性，那么必须构成追求合法目的的合比例手段。

第二个问题是对于一些过渡性安排，如果包含一些过去的间接歧视措施，那么在能够为这些安排提供正当理由支撑时，这些安排是

---

〔142〕 Redcar & Cleveland Borough Council v. Bainbridge (No. 1), Surlees v. Middlesbrough Borough Council, Redcar & Cleveland Borough Council v. Bainbridge (No. 2) [2018] IRLR 776, CA.

〔143〕 Redcar & Cleveland Borough Council v. Bainbridge (No. 1), Surlees v. Middlesbrough Borough Council, Redcar & Cleveland Borough Council v. Bainbridge (No. 2) [2018] IRLR 800.

〔144〕 Redcar & Cleveland Borough Council v. Bainbridge (No. 1), Surlees v. Middlesbrough Borough Council, Redcar & Cleveland Borough Council v. Bainbridge (No. 2) [2018] IRLR 800.

否合法。这一点很重要,特别是在集体合同中包含对此前占据优势地位工人的薪资保护(pay protection)条款,以便将体力劳动者与白领雇员的劳动合同条件相协调时更是如此。在 Redcar 案和 Middlesbrough 案中,上诉法院认定,薪资保护条款如果有间接性别歧视的效果,将无法构成重要因素抗辩。受到这些薪资保护条款保护的通常是男性雇员,他们曾在过去从对女性雇员的歧视中获益。至于雇主能否为间接歧视的做法提供正当理由支撑,上诉法院并未排除这种可能性。在 Redcar 案中,上诉法院认为雇主知晓这一操作受到性别歧视影响的事实,但未对歧视因素采取任何措施,因此,无法援引重要因素抗辩。在 Middlesbrough 案中,上诉法院认为,为了减轻减薪的影响而引入薪资保护机制,并不必然构成正当理由支撑。

新的真实重要因素抗辩规定,“减少男女之间在劳动条件上的不平等现象这一远期目标将被认为是一项合法的目的”。[145] 当然,这一点并不会改变 Redcar 案和 Middlesbrough 案的判决结果。即使目的是合法的,实现这一目的的手段也必须合乎比例原则。仅为那些薪资水平可能会降低的人提供一个“软着陆”机制,如果这一机制并未与在过去受到歧视的群体进行协商,或者为了照顾此前处于优势地位群体的利益,同工同酬条款被拖了几年后才执行,且受歧视群体所面临的不利地位并未减轻,那么这一机制并不符合比例原则。

---

〔145〕 EA, s 69(3).

很重要的一点是，新的真实重要因素抗辩标准是累积性的（cumulative）。在一个间接歧视的案件中，不仅需要证明某一规定、政策或者操作实践未受到性别因素的影响，并且，还要证明这一规定、政策或者操作实践是合乎比例原则的。在爱尔兰发生的 Kenny v. Minister for Justice, Equality and Law Reform 一案中，[146]欧洲法院认定，“良好产业关系的利益”（the interests of good industrial relations）在确定是否存在客观的正当理由时，可以作为考虑的因素之一。纳皮尔（Napier）指出，“良好的产业关系”这一表述本身可能 131
就有歧视性的含义。《平等法》中有关真实重要因素抗辩的表述[147]表明，雇主既不能援引本身具有歧视性的集体合同，也不能援引工会对移除歧视性薪酬条款的抵制态度。[148]

（七）有关薪酬的讨论

工党政府并未接受有关强制性薪酬评估（mandatory pay review）的建议，相反，它致力于提升在薪酬问题上更高程度的透明性和对话，认为这样将会使雇员对薪酬上的差异提出质疑和挑战。为此，《平等法》中增加了一项新的规定，旨在使劳动合同中有关雇员不得向其他雇员透露薪酬标准的约定不具有执行效力，并规定对透露自

---

[146] [2013] EqLR 380.

[147] EA, s 69(1)(a)(b).

[148] Napier, B (2014), “Equal Pay in 2013”, 246 *Equal Opportunities Review* 8. at 10; Coventry City Council v. Nicholls [2009] IRLR 345, EAT.

己薪酬水平或者知晓他人薪酬水平的雇员实施的报复行为为非法。[149] 这一规定的适用范围仅限于透露薪酬水平的目的是让透露自己薪酬水平的人或者知晓他人薪酬水平的人发现:薪酬上的差异是否与某一种受保护的特征有关,并不限于性别。[150]

这一规定在最初起草时仅适用于在同一职场工作的同事或者前同事之间的讨论。它并不包含向同事之外的工会工作人员或者记者所作的信息透露。议会联合人权委员会和自由民主党出于保护表达自由的目的,敦促将其适用范围拓展至所有旨在发现薪酬差异是否与某种受保护特征有关的薪酬讨论。[151] 这一建议最终为政府所采纳,法案在上议院的委员会审议阶段得以修改。根据政府发言人的说法:"这一规定适用于任何有关薪酬的信息披露,只要雇员能够证明这一披露的必要目的是发现薪酬与受保护特征之间是否存在关联,以及在多大程度上存在关联。"[152]

但是,至于修改后的立法表述是否完全反映了政府的意图,并不清楚。尽管雇员将其劳动合同的薪酬约定出于前述目的披露给他人的做法受到保护,但雇员的劳动合同中如果包含禁止其打听其他雇

---

〔149〕 EA, s 77(1),(4).

〔150〕 EA, s 77(3)该条对"相关披露"(relevant disclosure)一词作了界定。

〔151〕 JCHR(Joint Committee on Human Rights)(2008 – 09) *Legislative Scrutiny: Equality Bill*, 26th Report of Session 2008 – 09, HL Paper 169, HC Paper 736 (London, The Stationery Office), para 192.

〔152〕 Hansard HL Vol. 716 col 947(27 January 2010)(Baroness Thornton).

员薪酬的约定,只有在其他雇员是其“同事”或者“前同事”的情况 132
下,才不具有执行效力。正如女男爵巴特勒－斯洛斯(Baroness Butler-Sloss)指出的那样,“同事”一词意味着其是一同工作的人,或者至少在同一个工作场所工作的人。[153] 这应该不包括外部的工会工作人员,平等与人权委员会的代表,律师,或者记者。在很早以前的 Bent’s Brewery Co. Ltd. v. Hogan 一案中,[154] 工会干部向工会会员发放调查问卷,有些会员是啤酒厂的车间经理,这些调查问卷的目的是了解他们的工资单、收入、费用开支等情况。法院认定,工会干部的行为构成了诱使经理违反合同义务的行为,故而需要承担责任,因为根据法律,不得泄露秘密信息构成经理们劳动合同的默示条款。这一行为构成了侵权,属于蓄意制造劳资纠纷(trade dispute)或者使原有的劳资纠纷升级,因此不受法律保护。根据《平等法》,似乎除非获得信息的请求是由同事提出的,其他人提出的请求无法获得保护。如果工会想要规避这一法律上的障碍,那么它需要确保获得信息的请求是由那些本身就是某个雇员的同事的工会平等问题代表来提出,而不是由外部的工会干部提出。

获得薪酬方面信息所面临的另一个可能的障碍是 1998 年《数据保护法》(Data Protection Act 1998)。该法规定个人数据的披露需要

---

〔153〕 Hansard HL Vol. 716 col 948(27 January 2010)(Baroness Thornton).

〔154〕 [1945]1 All ER 570.

满足的条件:“数据披露必须为实现数据控制者、第三方或者接收数据披露的一方所追求的合法利益的目的所必需(necessary)。”最高法院在一个案件中认定,运动的组织者因为对某地方政府的雇员是否获得了平等的薪酬心存怀疑,就获得该雇员的薪酬信息而言便享有“合法利益”,有权通过信息公开申请(Freedom of Information Act request)的方式获得此类信息。“必需”(necessary)一词被解释为“合理必需”(reasonably necessary),申请获得数据的方式只能以不透露其他个人信息的方式进行。[155]

(八)性别薪酬差距信息

《平等法》第78条授权主管大臣制定政府规章,要求英国雇用250人以上的私营部门和志愿部门(voluntary sector)的雇主公布男性雇员与女性雇员薪酬差异信息。未遵守这些要求的雇主可能会面临民事执法措施,或者构成犯罪被要求支付多达5000镑的罚金。这一措施的目的据说是确保“他们性别薪酬差异的信息(以百分比表达的男女之间收入差距的幅度)能够属于公共领域”。[156] 工党政府的意图是让雇主能够在自愿的基础上定期公布上述信息。后来的联合
133 政府,一如此前的工党政府,似乎并不打算动用这一制定政府规章的权力,除非有关自愿报告的工作缺乏足够进展。

---

[155] South Lanarkshire Council v. Scottish Information Commissioner [2013] EqLR 1066.

[156] EN, para 273.

(九)强制性的同工同酬审计

在立法层面,最接近强制性同工同酬审计的是2013年联合政府通过的《企业与规制改革法》(Enterprise and Regulatory Reform Act 2013)。[157] 预期政府将通过制定政府规章,要求劳动关系裁判庭在发现存在违反同工同酬规定的情形时命令开展同工同酬审计。"违反同工同酬规定"(equal pay breach)是指违反平等条款(合同),或者违反与其他性别歧视规定中与薪酬有关的内容。审计旨在识别出需要采取的行动,以避免将来再出现违反同工同酬规定的现象。政府规章将规定审计的内容及其他细节。[158] 对于在最近3年中已经完成审计的,或者有关薪酬的安排已经满足透明度要求的,或者没有理由认为雇主违反同工同酬规定的行为是系统性的,或者开展审计带来的弊端超过带来的益处时,法律作了除外规定,可以不进行审计。[159] 第一个政府规章必须规定一个豁免期间,在这一期间,雇员人数在10人以下或者新设立的公司不受这一规定的限制。[160] 不遵守前述命令的惩罚将是向英国的国务大臣(Secretary of State)支付最高5000英镑的罚金。劳动关系裁判庭可以委托独立的审计人员开展审计,并为雇主提供建议,帮助他们缩小薪酬差距。有关审计的

---

〔157〕 ERRA 2013, s 98 inserting new s 139 A EA.

〔158〕 Government Equalities Office, *Equal Pay Audits*: consultation (2013).

〔159〕 EA, s 139A(5).

〔160〕 EA, s 139A(10).

磋商报告(Consultation Document)提到,最优实践是由经理、雇员或者雇员代表机构组成的团队来开展审计工作。[161] 政府已经决定不要求在公司年报或者其网站上公布审计的结果。但是,他们必须向“相关方”披露,而“相关方”应该包括所有公司的雇员及雇员代表。关于审计问题存在一种合理的担忧,即进行审计的强制要求,可能会导致有些公司尽早与雇员达成和解以避免裁决以及任何后续的审计。不过,对审计进行的影响评估表明,在与雇员达成和解的场合,和解金额只增加了 10% ~25%(每个案件增加了 149 英镑)。相对于一场全面的审计来说,这一代价可能会被证明是值得的。前述在过去 3 年开展过审计的例外规定,可能会鼓励雇主在(劳动关系裁判庭)程序开始之前开展自己内部的独立评估。

---

〔161〕 Para 32.

第五章　平等的领域Ⅱ:服务、建筑设施及其他

一、服务与公共职能 135

(一)一般范围

《平等法》第三章禁止在服务的提供(包括物品和设施)和公共职能的行使过程中实施歧视、骚扰和欺凌。这一规定将上述领域中禁止基于各种受保护特征实施歧视的保护性规定进行了整合和拓展,但婚姻、民事伴侣以及与年龄(18 周岁以下)并不在这一整合之列。[1] 如果涉及的受保护特征是宗教/信仰或者性取向,那么有关

〔1〕 EA,s 28(1).参见原著第 63 页和第 40 页。

骚扰的规定并不适用于服务的提供和公共职能的行使。[2] 此处“公共职能”的定义与1998年《人权法》的定义相一致。[3] 这些职能并不涉及服务的提供,而包括许可职能、政府或者地方机关磋商职能的行使,公共高速公路的提供,规划许可决定的作出以及监狱和假释服务的核心职能。[4] 由于在公共职能行使以及其他由公共机构提供但不构成公共职能行使的服务中均禁止实施歧视,围绕《人权法》在这两个领域的区分方面衍生出来的复杂判例法,对《平等法》而言并无太大意义。[5]

136 **(二)年龄豁免**

提供服务过程中的直接年龄歧视,如果构成“实现合法目的的合比例手段”,则具有正当性。[6] 在服务提供中的年龄歧视问题上,欧盟并未有指令加以规定,但是,英国的法院系统可能会受到欧洲法院在就业年龄歧视正当事由问题上形成的判例法的影响。间接年龄歧视也有可能获得正当性支撑。[7] 除了这些一般的抗辩事由外,《平等法》及其附录还规定了许多范围宽泛的例外情形。这些例外情形

---

〔2〕 EA,s 29(8).参见原著第99页。

〔3〕 EA,s 31(6).

〔4〕 EN,para 125.

〔5〕 JCHR(Joint Committee on Human Rights)(2008 – 09) *Legislative Scrutiny: Equality Bill*, 26th Report of Session 2008 – 09, HL Paper 169, HC Paper 736 (London, The Stationery Office), para 141.

〔6〕 EA,s 13(2).参见原著第77页。

〔7〕 参见原著第87页。

是由2012年10月生效的部门规章(Ministerial Order)对《平等法》的附录3进行修改后新增的。[8] 这些例外情形包括：

(1)在移民控制过程中适用年龄标准的；

(2)在金融服务中基于年龄实施差别待遇，前提是在提供金融服务时所开展的任何风险评估是建立在合理参考可信赖来源提供的相关信息基础上的；

(3)概括式的以年龄为基础的优惠，如对老年公民或者年轻人使用娱乐设施进行价格优惠；

(4)与年龄有关的假期旅行优惠，如18~30岁旅行俱乐部(Club 18 -30)；

(5)有关接受服务的人需满足最低年龄的限制，前提是服务提供者展示了年龄警示，如购买酒精饮料或香烟的年龄警示；

(6)对于移动居住房屋的占有人规定最低年龄要求；

(7)私人俱乐部或者协会基于年龄提供的各种优惠；

(8)在体育运动中的年龄限制，如对18岁以下的人参加竞赛的限制。

对于医疗和社会看护方面的服务，并未规定具体的例外情形。在治疗过程中出现的与年龄有关的歧视，必须通过客观证据证明其正当性。在住宅租赁问题上，也不存在任何禁止年龄歧视的保护性

[8] The Equality Act 2010(Age Exceptions)Order 2012 SI 2012 No. 2466.

规定。

(三)宪法功能

还存在一类豁免,源于对议会的主权和法院的独立地位的承认。前述禁止并不适用于宪法所规定职能的行使,但是那些在议会大厦中提供服务的人,如提供茶歇服务的人,仍然不得实施歧视。[9] 与
137 准备或者制定立法有关的活动并不受这些禁止性规定的约束,但地方政府制定地方性法规的活动却要受到这些禁止性规定的约束。[10] 法官就案件的是非曲直所作的判决,或者检察官就是否启动或者继续刑事追诉程序的决定,不能成为根据《平等法》提起歧视或者骚扰诉求的依据,但是法院的工作人员就服务提供所作的一些行政管理方面的决定可以成为前述诉求的依据。[11] 任何对司法行为的挑战,必须根据《人权法》的规定提出。比如,欧洲人权法院认定,在量刑过程中的种族刻板印象(racial stereotyping)违反了《欧洲人权公约》第6(1)条(公平裁判)和第14条(平等)的规定。[12]

(四)武装力量和安保服务

与武装力量有关的除外规定共有三类。第一类与公共职能的行

---

〔9〕 EA, sched 3 para 1; example given by the Solicitor-General PBC(EB)10th sitting col 344(18 June 2009).

〔10〕 EA, sched 3 para 2; EN, para 683.

〔11〕 EA, sched 3 para 2; EN, para 683.

〔12〕 Todorova v. Bulgaria(application 37193/07)25 March 2010(基于被告的罗姆族裔身份,而拒绝作出缓刑的决定).

使有关,其可以基于年龄、残障状况、性别重置状况或者性别原因实施差别对待,只要原因是确保战斗力即可。[13]

第二类,女性和跨性别者可以被排除在武装力量之外,只要能够证明这一排除是“确保武装力量战斗力的合比例手段”。[14] 这实际上重复了此前立法中规定的豁免,但是将战斗力豁免的范围进行了限缩,仅限于与招聘、培训、晋升以及转职等有关的直接歧视。目前,只有武装力量中承担地面近战职位(ground close-combat),即要求武装力量人员开展近距离搏斗并面对面杀死敌人的职位才限定于男性,且这一政策目前正在接受评估。[15]

第三类,武装力量不受《平等法》中与残障状况、年龄相关的劳动就业方面规定的约束。[16] 为此,工党政府给出的理由是“武装力量人员需要符合健康标准,以确保他们的体质能够应对武装力量的强度要求……并且在作战环境下不会成为负担或者对他人构成危险。”[17] 议会联合人权委员会认为这一豁免“并非必要,与联合国《残疾人权利公约》并不相容”,并且,可能与《欧洲人权公约》第 8 条(私

---

〔13〕 EA, sched 3 para 4.

〔14〕 EA, sched 9 para 4(1) – (2).

〔15〕 EN, para 799.

〔16〕 EA, sched 9 para 4(3).

〔17〕 JCHR (Joint Committee on Human Rights) (2008 – 09) *Legislative Scrutiny: Equality Bill*, 26th Report of Session 2008 – 09, HL Paper 169, HC Paper 736 (London, The Stationery Office), para 181.

138 人生活)和第14条的规定(平等)也并不相容。[18] 在国家安全方面,除了为确保国家安全这一目的而采取的合比例行动这一概括例外,[19]还规定了一个空白的除外规定(blanket exclusion)。[20]

(五)移民职能

人权与移民控制之间似乎总是同床异梦(uneasy bedfellows)。[21]《平等法》就移民控制规定了三种主要的豁免情形:国籍和民族起源或来源国,宗教/信仰,以及残障。就第一种豁免而言,欧盟成员国担心其采取的移民控制措施有可能会受到来自《种族指令》的挑战,因此,力主对指令草案进行修改以限制其适用。《种族指令》的序言明确阐明,其并不适用于与第三国国民(TCNs)的入境与居住以及获得就业机会相关的规定。成员国当然可以赋予更宽泛的免于歧视的保护,但事实上,在很多国家针对第三国国民存在广泛的歧视。自2000年《种族关系法》(RRA)修改后,英国有关种族歧视的法律就适用于有关移民功能的行使过程。这一点为《平等法》所延续,且原则上适用于所有受保护的特征。[22] 在Prague Airport一案中,基于对来自捷

---

〔18〕 JCHR(Joint Committee on Human Rights)(2008 – 09) *Legislative Scrutiny: Equality Bill*, 26th Report of Session 2008 – 09, HL Paper 169, HC Paper 736 (London, The Stationery Office), paras 177 – 82.

〔19〕 EA, s 192.

〔20〕 EA, sched 3 para 5.

〔21〕 Hepple, B (2004), "Race and Law in Fortress Europe", 67 *Modern Law Review* 1 – 15. 1. 参见原著第49页。

〔22〕 EA, s 29.

克共和国的罗姆人的刻板印象,即与其他群体相比,他们更容易提出虚假诉求,被告有选择性地加大审查力度的做法,被上议院认定为直接种族歧视。[23] 然而,《平等法》[24]复制了《种族关系法》的规定,如果是与临时入境相关的申请、滞留或者和条件审查相关的事项,并获得了主管大臣的授权,则允许基于国籍,或者民族或种族起源实施区别对待。[25] 该授权使移民官员能够对某一特定国籍或者民族或者国家来源的人实施比对其他人更为严格的审查,比如有数据或者其他证据表明,具有某一国籍的群体更容易滥用移民控制措施。令人生疑的是,与国籍歧视不同,民族定型(ethnic profiling)是否与《欧洲人权公约》或者《消除一切形式的种族歧视公约》兼容,这两个公约对基于种族或者民族而实施的各种分类确立了比较高的审查标准。[26]
移民局首席监察官(Chief Inspector of the Immigration Service)与此 139
前的种族问题独立观察员(Race Monitor)一样,都有义务就移民决定与反歧视法的兼容性问题进行观察并提出建议。首席监察官到目前为止所公布的报告还未涉及任何与近年来国籍或者民族授权行动相

---

〔23〕 R(European Roma Rights Centre) v. Immigration Officer at Prague Airport[2004] UKHL 55;[2005]2 AC 1,HL(3).参见原著第70页。

〔24〕 EA,sched 3 para 17.

〔25〕 EA,sched 3 para 17.

〔26〕 参见原著第88页。JCHR(Joint Committee on Human Rights)(2008 - 09) *Legislative Scrutiny:Equality Bill*,26th Report of Session 2008 - 09,HL Paper 169,HC Paper 736(London,The Stationery Office),para 152.

关的信息。

第二种豁免允许在有利于公共福祉的情况下，基于一个人的宗教/信仰拒绝其入境英国或者从英国递解出境。[27] 这包括禁止那些提供与宗教相关服务的人入境，如牧师或者阿訇。按照政府的表述，他们这样做的目的是要排除那些所谓的“仇恨布道者”（preachers of hate）。值得讨论的是，这一例外是否必要，因为存在广泛的权力可以在“有利于公共福祉”的情况下将某些人排除在外，如那些煽动种族仇恨的人。议会联合人权委员会认为，这一规定将与《欧洲人权公约》第 8 条（私人生活）、第 9 条（宗教）和第 14 条（平等）的规定冲突。[28]

这三种豁免中最具争议性的是第三种，即将特定的移民事项决定豁免于残障歧视规定的适用范围外，只要这些决定“为公共福祉所必需”。[29] 事实上，这使长期以来对那些希望在英国久居的人进行健康检查（如肺结核筛查）的做法得以延续。当将移民职能放入平等立法的框架下时，某种特定的豁免被认为是必要的。面对这一权力的行使可能不会限于对公众健康安全构成严重危险情形的担忧，政府作出了承诺，表明其并无意利用这一权力仅因为某个人可能对健

---

〔27〕 EA, sched 3 para 18.

〔28〕 JCHR (Joint Committee on Human Rights) (2008 – 09) *Legislative Scrutiny: Equality Bill*, 26th Report of Session 2008 – 09, HL Paper 169, HC Paper 736 (London, The Stationery Office), para 156.

〔29〕 EA, sched 3 para 16.

保体系或者照护体系带来的潜在成本而将其排除在外,只要他满足了移民规则的要求。[30] “公共福祉所必需”标准似乎比某种正当事由抗辩或者合比例原则更严格。[31] 政府对联合国《残疾人权利公约》这方面的内容作了保留。议会联合人权委员会认为,这一豁免可能与英国《人权法》第2条(生命权)和第3条(对残障人不人道和侮辱性的待遇)的规定不协调。[32]

(六)宗教/信仰豁免

性别平等与宗教自由之间的冲突,反映在围绕禁止在服务过程中基于宗教/信仰实施歧视和骚扰的例外情形而展开的冗长的议会辩论上。[33] 基于真实宗教原因而作出的拒绝服务决定,与平等原则的适用之间的冲突也在议会上得以讨论。这一问题在几个案件中都存在,这一点在前述第二章已加以讨论。[34] 就婚姻宗教仪式而言,规定禁止性别重置歧视的例外情形,是对宗教自由的尊重。[35] 所以,如果英格兰教的牧师或者罗马天主教的牧师认为,拟结婚的伴侣中有人基于2004年《性别重置法》的规定取得了他/她的性别,而拒 140

---

〔30〕 Hansard HL Vol. 716 col 906(January 2010)(Baroness Thornton).

〔31〕 Hansard HL Vol. 716 col 905(January 2010)(Baroness Thornton).

〔32〕 JCHR(Joint Committee on Human Rights)(2008 – 09) *Legislative Scrutiny: Equality Bill*, 26th Report of Session 2008 – 09, HL Paper 169, HC Paper 736(London, The Stationery Office), para 147.

〔33〕 参见原著第111页有关劳动就业的例外。

〔34〕 参见原著第51页。

〔35〕 EA, sched 3 para 24(England and Wales), para 25(Scotland).

绝为他们主持结婚的宗教仪式,这样做并不违法。[36] 但是,就婚姻登记官(Registrar)而言,无论他的宗教信仰如何,均不得基于上述原因而拒绝进行民事伴侣或者同性婚姻的登记工作。[37] 在民事伴侣的登记方面,已经出现了一些松动的迹象。2004 年的《民事伴侣法》曾禁止这一登记仪式在宗教建筑中举行,但是这一限制已经被取消。然而,想要登记为民事伴侣的人,不能要求教堂负责人在教堂中为其举办这一登记仪式。[38] 2013 年《结婚(同性伴侣)法》允许同性婚姻,但是并不适用于那些根据英格兰教仪式而订立的宗教婚姻。[39] 同时,还有例外规定允许宗教的牧师为男性和女性提供不同的服务,或者仅为同一性别的人提供服务,[40] 只要这样做是出于宗教目的,并且发生在用于宗教目的的地方以及为遵守该宗教的教规或者避免与该宗教的大量信众的宗教观点相冲突所必需。[41]

(七)单独、同性或者单一群体的服务

立法中明确规定,种族隔离会构成违法的直接歧视。[42] 在性别隔离这一问题上,也通过大量的判例法形成了一个类似的原则。比

---

〔36〕 EN, paras 724(England and Wales), 727(Scotland).

〔37〕 Ladele v. United Kingdom[2013]EqLR 264.

〔38〕 EA, s 202.

〔39〕 Marriage Act 1949, s 26A(5) inserted by Marriage(Same Sex Couples) Act 2013, s 4(1).

〔40〕 做礼拜的行为不属于"服务",因此,不在《平等法》的调整范围之列。

〔41〕 EA, sched 3 para 29.

〔42〕 EA, s 13(5). 参见原著第 67 页。

如,在一个酒吧中女性不能点单;[43]学校遴选录取的程序使女生能 141
够上的学校数量少于男生;[44]或者女性被允许比男同事提前 5 分钟离开工厂。[45] 剥夺女性的选择权,或者剥夺男性的选择权,均构成“较差待遇”和“损害”。正如美国最高法院在 1954 年的著名判决中所阐明的那样,并不存在“隔离但平等”,因为强制隔离本身就是带有歧视性的。[46] 遗憾的是,这一原则并未规定在《平等法》中,因为 2013 年英国发生了一件有重大争议的公共事件,即对于外来的演讲人以宗教原因提出的听众中的女性与男性分不同区域就座的要求,大学接受这一要求是否合理合法。[47] 英国大学的代表机构发布的一项指南称,大学应该接受这一要求。这一结论的依据是法律建议,即这一做法是必要的,目的是遵守英格兰和威尔士的大学根据 1986 年《第 2 号教育法》所承担的义务,即“采取合理可行的措施,确保来访演讲者在法律范围内享有的言论自由得到保护”。同时,这一义务被认为与《欧洲人权公约》第 9 条和第 10 条所规定的宗教表达自由和表达自由,能够在一定程度上共同证明“自愿隔离”的正当性(很明显可以选择混合区就座)。然而,平等与人权委员会随后对此表态,即“在对公众开放的学术会议或者讲座中,不应当允许基于性别

〔43〕 Gill v. El Vinos Ltd. [1983] QB 425, CA.

〔44〕 R v. Birmingham City Council, ex parte EOC [1989] AC 1155, HL.

〔45〕 Ministry of Defence v. Jeremiah [1980] QB 287, CA.

〔46〕 Brown v. Board of Education 347 US 483 (1954).

〔47〕 (2014) EOR 2.

实施隔离”。[48] 在笔者看来,这是正确的建议,并且,这一点也适用于基于其他受保护特征如宗教或者性取向而实施的隔离,除非有法律的明确授权。

其中一项关于豁免的法律规定便是允许公共或者私人的服务提供者为男性或者女性提供单独的服务,只要能够证明一起提供服务效率很低,且限定提供是实现合法目的的合比例手段。[49] 在《立法释义》中给出的例子是为无家可归的男性和女性提供分别的招待所,因为不分性别的招待所效率较低。[50] 仅为单一性别提供服务是被许可的,只要满足特定的条件,并证明限制供应是实现合法目的的合比例手段。[51] 典型的例子包括只有某一性别的人才需要某一服务的场合(如针对女性开展的宫颈癌筛查);并不足以为不同性别的人
142 同时提供,或者为不同性别的人单独提供并不现实可行;医院或者其他地方的服务,因为客户需要特别的照护;可供多人使用的服务,如试衣间,女性可能会拒斥男性的出现,反之亦然;或者服务可能会涉及用户与他人的身体接触,而如果用户是不同性别的人,其他人可能会反对(比如,女性按摩技师在家中只为女性顾客提供的服务,因为她不希望在家里为男性顾客提供按摩服务)。[52]

---

〔48〕 EHRC, press statement, 11 December 2013; legal guidance, 18 July 2014.

〔49〕 EA, sched 3 para 26.

〔50〕 EN, para 732.

〔51〕 EA, sched 3 para 27.

〔52〕 EN, paras 733 – 38.

有些人可能会比较介意与性别重置的人群分享单独或者单一性别的服务,因此1975年《消除性别歧视法》在这一问题上规定了一个例外。这一例外又被2010年《平等法》所复制,根据这一例外规定,单独提供或者为单一性别的人提供服务如果是实现合法目的的合比例手段,则具有正当性。[53]《〈平等法〉立法释义》中给出的例子是,在为性侵害的女性受害人提供的群体心理咨询活动中,将一名男跨女的跨性别者排除在外的情况。[54]

对于那些通常向具有某一类特征的人提供服务的人来说,如加勒比黑人理发店,或者只提供清真肉类的屠宰户,前述禁止歧视的规定可能会产生问题。如果服务提供者有合理的理由认为,为不具备上述特征的人提供服务不切实际,那么其可以拒绝提供服务。所以,只提供清真肉类的屠宰户不需要销售犹太食品,但是他不能拒绝向非穆斯林销售清真肉类。同样,理发店无须提供欧洲发型的理发服务,但是如果白人想要梳成(加勒比黑人的)辫子,且这样做不存在技术上的难度,理发店就不能拒绝。[55]

(八)健康与照护

一系列的例外是建立在公共健康方面的考量上的。血站的经营者如果有可信的证据(比如,在某个国家性活跃群体感染艾滋病的可

---

〔53〕 EA, sched 3 para 28.

〔54〕 EN, para 740.

〔55〕 EA, sched 3 para 30.

能性更高)证明接受某个人的血液捐赠会将公众或者捐赠者本人置于危险中,且拒绝捐赠并非不合理,则可以拒绝其请求。[56] 对于怀孕的妇女,也可以拒绝为其提供服务,前提是有理由相信为其提供服
143 务将对其健康和安全构成威胁。然而,必须证明服务提供者对身体状况存在其他问题的人也会采取类似的措施。[57] 比如,航空公司可以拒绝为怀孕35周以上的妇女提供航空运输服务,如果航空公司认为这样做将对其健康和安全造成风险;但是,前提是航空公司也要对具备其他会影响健康和安全的身体条件的人拒绝提供航空运输服务。[58]

还有一个例外旨在保护私人和家庭生活权,该例外规定,对于那些在自己家中提供照顾服务或者类似服务(有偿或无偿)的人,在提供服务时,不受在服务过程中禁止歧视、骚扰和欺凌规定的限制。[59]《立法释义》给出的例子是一个穆斯林家庭可以选择只为穆斯林儿童提供看护服务。[60]

(九)保险

雇主经常与保险公司签订各种保险合同,为其雇员提供健康保险或者年金保险。保险合同的条款无关个体特征,而是建立在雇主

---

〔56〕 EA, sched 3 para 13; EN, paras 696 – 99.

〔57〕 EA, sched 3 para 14.

〔58〕 EN, para 701.

〔59〕 EA, sched 3 para 15.

〔60〕 EN, para 704.

的营业性质和雇员的总体特征基础上的。由于健康保险通常是作为雇主提供的“待遇包”的一部分，因此，雇主必须确保其为雇员购买健康保险的行为并不会根据《平等法》有关劳动就业的规定构成非法歧视；比如，对于健康保险对男女雇员之间的差异，雇主必须能够提供正当理由。保险公司或者年金公司并无义务确保保险合同与《平等法》有关服务或者公共职能的规定相符。[61] 另外的规定允许保险公司向残障人收取不同的保费、提供不同的保险待遇，前提是具备合理性。[62] 例如，人寿保险公司可以拒绝为病历显示已经罹患癌症的人承保，或者对于那些有心脏疾病且有确切证据显示心脏病发作风险更大的人群，在承保旅行保险时收取更高保费。[63]

（十）广播

《平等法》明确规定，不得针对广播或者内容的传播提出歧视、骚 144
扰或者欺凌的诉由，这一规定旨在保护表达自由和广播人独立。[64] 这一点并不适用于通过电子通信网络、服务或者设施发送信号的情形。

（十一）运动

《平等法》[65] 允许针对男性和女性举办不同的体育竞赛，前提是

---

〔61〕 EA, sched 3 para 20; EN, paras 712 – 13.

〔62〕 EA, sched 3 para 21.

〔63〕 EN, paras 714 – 15.

〔64〕 EA, sched 3 para 31.

〔65〕 EA, s 195; EN, paras 614 – 16.

在这些竞赛中体力、耐力或者体格是决定成功或失败的主要因素,并且,一个性别与另外一个性别相比通常处于不利地位。如果出于公平竞赛或者竞赛安全的考虑,主办方限制跨性别者参加的做法并不违法,但是不得超出前述限度。国家运动队、区域性或者地区性的体育俱乐部可以将参赛的资格限定为特定条件,如国籍、出生地或者居住地等。年龄方面的限制(如 18 岁以下)可以适用在体育方面,以确保公平竞赛,或者竞赛安全,或者遵守有关全国或者国际竞赛的规则,或者增加某一项体育运动的参与度。[66] 这些体育活动既包括体力方面的运动,如足球,也包括对脑力或者智力要求更高的活动,如桥牌或者象棋。

二、建筑设施

《平等法》第四章禁止在建筑物的处分、管理和占有方面实施歧视、骚扰和欺凌。这一规定适用于除年龄、婚姻和民事伴侣[67]以外的所有受保护的特征(见前文第二章),年龄、婚姻和民事伴侣在此前的立法中亦没有得到保护。在处分建筑物,拒绝对建筑物进行处分,

---

〔66〕 EA, s 195(7) inserted by SI 2012 No. 2466, para 9.

〔67〕 EA, s 32(1).

或者在管理建筑物时，基于性取向或者宗教/信仰原因对某些人进行骚扰，不属于《平等法》的调整范围；但是，这些骚扰行为有可能会构成直接歧视。[68] 将这几种特征排除在保护范围外的原因，在前文已经进行了一些讨论。[69]

禁止与建筑设施有关的歧视和骚扰这一规则存在个别例外。第一个例外是居住在建筑物中的人对建筑物的全部或者部分，在不借助房屋中介或者发布广告的情况下进行私下交易的情形。[70] 这一 145
例外并不适用于种族歧视。它仅适用于在处分建筑物时，拒绝交易的理由是宗教/信仰或者性取向的情形。所以，信奉天主教的房东，可以拒绝租客将房屋转租给非基督徒租客的请求，但是不能拒绝租客转租给残障人的请求。[71] 第二个例外与小型建筑物[72]部分的处分、占有或者管理有关，如果一个人实施了上述行为，或这个人的某位亲属[73]也住在该栋建筑中，而该建筑还包括有需要与其他不属于该户的人共用的设施。这一例外不适用于种族歧视。所以，信奉犹太教的房东可以拒绝将其房屋的部分租赁给非犹太人，因为租客需要与其共用一套厨房，有可能不尊重其饮食习惯；但是，不能因为潜在

---

〔68〕 EA, ss 33(6), 34(4), 35(4), 212(5).

〔69〕 参见原著第99页。

〔70〕 EA, sched 5 para 1; EN, paras 765 – 72.

〔71〕 EN, para 131.

〔72〕 Defined in EA, sched 3 para 3(3), (4).

〔73〕 Defined in EA, sched 3 para 3(5).

的租客是黑人而拒绝租赁。[74]

对于公共住房(communal accommodation)中禁止基于性别或者性别重置原因实施歧视的规则也有一个例外,即包括公共就寝区域的住宅,出于隐私原因,可以将住户限于某一性别的人。[75] 在决定能否将住处的使用限于同一性别的人时,必须考虑多重因素,包括对住宅进行改造的要求是否合理以及合理的程度,或者要求提供进一步的便利是否合理。某一性别相比另一性别使用这一住宅的需求的频繁程度,也是一个考量因素。与跨性别者相关的限制必须是达成合法目的的合比例手段。

三、教育

(一)与婚姻、年龄相关的例外

《平等法》第六章规定,教育机构对学生或者学位申请人实施歧视、骚扰或者欺凌行为的,除个别例外情形,皆属违法。这些规定大多照搬了此前立法的规定。而这些保护并不适用于那些因婚姻状况
146 或者民事伴侣身份而被中小学、高等教育机构或者资质培训机构歧

〔74〕 EA, sched 5 para 3; EN, para 770.

〔75〕 EA, sched 23 para 3.

视的人员。[76] 这些规定同样也不适用于那些由于年龄而对小学生实施的歧视、骚扰或者欺凌。[77]

学校的招生政策或者培养方案可以依据学生或者申请人的年龄进行区别对待,而学校的交通工具可以仅为某一特定年龄段的学生提供服务。[78]

《平等法(草案)》第一稿中将学生排除在教育领域的禁止怀孕或者生育歧视的保护范围外。但是,政府最终被相关团体说服,认为有必要对那些怀孕或者在产假结束后继续学业的女学生提供支持,并且,禁止怀孕歧视的规定可以在无损降低青少年怀孕率的政策的前提下适用于学校。[79]《平等法》这一规定的效果是,女学生不会因为怀孕而被要求离校,或者不准其参加考试,或者中断她正在接受的教育。[80]

(二)与骚扰有关的例外

如前所述,[81]一个更严重的限制是学校的主管机构无须为学校

---

〔76〕 EA,ss 84(b)(学校),90(高等院校),95(资质培训机构).

〔77〕 EA,s 84(a).参见原著第 40 页。

〔78〕 EA,sched 3 para 9,还有例外允许高等学校将待遇和设施(比如公寓)限定给已婚人士和民事伴侣,参见 EA,sched 12 para 6;或者将育儿设施限定于学生的子女或者某一年龄群体的子女,参见 EA,sched 12 para 7。

〔79〕 Hansard HL Vol. 716 col 552 – 53(19 January 2010).

〔80〕 EN,para 74;Hansard HL Vol. 716 col 553(19 January 2010).

〔81〕 参见原著第 100 页。

因为性别重置、宗教/信仰或者性取向而对学生实施的骚扰行为负责。[82] 然而,如果教师因性别重置或者性取向原因而对学生进行骚扰,有可能构成"损害"(detriment),进而满足直接歧视的条件。[83]

(三)与宗教/信仰有关的例外

《平等法》在宗教学校问题上维持了现状。《平等法》规定,学校
147 在录取安排、录取某位学生的条件或者不予录取的决定方面对学生实施歧视、骚扰或者欺凌的,学校的主管机构构成违法。[84] 然而,对于那些负有传播宗教教义的职责的学校(faith schools,宗教学校),如果基于宗教/信仰原因而在录取方面实施歧视,则存在一个重要的例外。[85] 这一规定允许宗教学校在申请人超过录取人数的情况下,优先考虑信奉该宗教的申请人。地方政府及教育主管部门在为信奉某一宗教的学生提供教育机会,而不为信奉另一宗教的学生提供教育机会的情况下,这一规定也能使它们享受到免于歧视指控的保护。[86] 公共机构对于在设立、改建或者关闭宗教学校过程中,[87]学校的培养方案、礼拜或者其他宗教仪式,[88]以及学校的交通方式等

---

[82] EA,s 85(3),(10).

[83] EA,s 212(1).

[84] EA,s 85. 公立学校的"主管机关"是当地的政府或者管委会;而独立或者非公立学校的主管机关是所有人。

[85] EA,sched 11 para 5.

[86] EA,sched 3 paras 6 and 7;EN,para 686.

[87] EA,sched 3 para 11(f).

[88] EA,sched 3 para 11(a)and(c).

方面的决定，[89]不会受到歧视的指控；且对于宗教学校，主管部门可以选择信奉某一宗教的成员作为学校的校长。[90]

在 JFS 一案中，[91]就犹太教宗教学校拒绝录取一名根据母系传承标准不是犹太人的男孩的问题，最高法院的裁决并未挑战在这一问题上的现状。在该案中，最高法院的多数法官认定，这一做法构成基于民族而非宗教的歧视。该案未解决的问题是，法律允许公立的学校采取以宗教信仰为基础的录取标准，是否与《欧洲人权公约》附件 1 第 2 条(受教育权)和第 14 条(平等)的规定兼容。这一问题已经困扰议会联合人权委员会一段时间了。[92] 或迟或早，政府需要提供证据证明这一抗辩事由的正当性，即这一基于宗教的歧视在一个民主社会中，为《欧洲人权公约》第 9(2)条中所规定的“其他人的权利和自由的保护”所“必需”，并且是合比例的，特别是在各种学院和“免费”学校扩张且无须对地方政府负责的大背景下。

---

〔89〕 EA, sched 3 para 11(e). 议会联合人权委员会认为在学校交通服务问题上，政府尚未证明这一例外存在的必要性。See JCHR(Joint Committee on Human Rights)(2008 - 09) *Legislative Scrutiny*: *Equality Bill*, 26th Report of Session 2008 - 09, HL Paper 169, HC Paper 736(London, The Stationery Office)234 - 38.

〔90〕 EA, sched 3 para 11(d); EN, para 695.

〔91〕 R(on the application of E) v. Governing Body of JFS [2009] UKSC 15; [2010] IRLR 136. 参见原著第 48 页和第 74 页。

〔92〕 JCHR(Joint Committee on Human Rights)(2008 - 09) *Legislative Scrutiny*: *Equality Bill*, 26th Report of Session 2008 - 09, HL Paper 169, HC Paper 736(London, The Stationery Office), paras 209 - 12.

总体来讲,学校不得在提供教育的方式上对学生实施歧视,[93]但是,这些禁止性规定并不适用于那些与培养方案相关的任何内容。[94] 按照《立法释义》的说法,“这样可以确保《平等法》不会阻碍
148 学校将一系列问题、观点和材料纳入其教学大纲,并将各种观点和思想传授给学生的能力”。[95] 此前的立法在培养方案问题上,仅就基于宗教/信仰的歧视规定了豁免。这一规定使英国的学校无须像美国学校一样面对来自天主教原教旨主义者的挑战,其对学校只讲进化论(evolution)而不讲神灵论(creationism)的做法提出了挑战。[96]《平等法》将培养方案问题上的豁免拓展至所有受保护的特征。议会联合人权委员会担心,对于培养方案执行中在性取向歧视上的豁免可能会导致出现一种情况:同性恋学生可能被告知同性恋是罪恶的,或者由于他们的性取向而使道德价值减等。政府的回应是,其试图确保学校享有完全的教育自由,而无须在法庭程序中证明将某种文献或者历史作品列入培养方案的正当性。[97]

---

〔93〕 EA,s 85(2)(a).

〔94〕 EA,s 89(2).

〔95〕 EN,para 303.

〔96〕 JCHR(Joint Committee on Human Rights)(2008 – 09)*Legislative Scrutiny: Equality Bill*, 26th Report of Session 2008 – 09, HL Paper 169, HC Paper 736(London, The Stationery Office), para 214.

〔97〕 JCHR(Joint Committee on Human Rights)(2008 – 09)*Legislative Scrutiny: Equality Bill*, 26th Report of Session 2008 – 09, HL Paper 169, HC Paper 736(London, The Stationery Office), paras 216 – 21.

对于学校（不仅是宗教学校）组织或者举办的礼拜或者其他宗教仪式来说，无论其是否构成培养方案的一部分，法律有关禁止宗教歧视的规定也有一个例外。[98] 这一规定的目的是避免与现有的立法框架相冲突，后者通常要求所有的集体礼拜行为总体上具有基督教的性质。[99] 父母可以选择不让其子女参加集体礼拜活动；16～18 周岁的学生（sixth-form pupils）也可以选择退出集体礼拜活动[100]；对学校而言，没有义务为不同宗教信仰的学生提供单独的礼拜活动。在现代多元信仰的英国，很难证明对基督教偏好的正当性；确实，在非基督教的宗教学校中根本不可能这样做。学校可以通过以下几种途径来规避上述严格的法律义务：比如，其可以向地方政府申请取消这些要求，或者可以引入与所有学生都相关的集体礼拜仪式，而无论这些学生的背景或者信仰。但正如议会联合人权委员会所指出的，《平等法》所规定的豁免，仍有可能受到基于《欧洲人权公约》而提出的挑战。该委员会建议，与其在集体礼拜问题上豁免其不得基于宗教/信仰歧视的义务，不如重新检视要求宗教学校举办日常的基督教礼

---

〔98〕 EA, sched 11 para 6.

〔99〕 EN, para 881.

〔100〕 议会联合人权委员会意图将这一权利赋予所有年满 16 周岁以上的学生，参见 JCHR（Joint Committee on Human Rights）（2008－09）*Legislative Scrutiny: Equality Bill*, 26th Report of Session 2008－09, HL Paper 169, HC Paper 736（London, The Stationery Office）, para 228。

拜的合理性。[101]

149 《平等法》复制了此前立法的规定,允许高等学校在就职培训问题上实施区别对待,只要这一培训所关联的工作可以基于真实的职业需求(genuine occupational requirement)而对求职者拒绝录用。[102]比如,一所基督教的神学院可以拒绝录用女性申请人参加旨在培养(全男性)天主教牧师的课程训练。[103] 如果某个机构(实践中有部分高中)有传播宗教教义(religious ethos)的职责,那么政府的主管部门可以对其进行归类,以便其能够优先录取那些有相同宗教背景或者信仰的学生,但这一点仅适用于不构成职业培训的课程。[104]

(四)与单一性别机构相关的例外

《平等法》照搬了《消除性别歧视法》有关单一性别机构和高等学校的许多规定。地方政府可以建立单一性别学校,但是必须为男生和女生提供数量大致相当的学位。[105] 某个学校即使在特定的课程上例外地招收了小部分另外性别的学生,并不影响其单一性别学

---

〔101〕 JCHR(Joint Committee on Human Rights)(2008 - 09) *Legislative Scrutiny*: *Equality Bill*, 26th Report of Session 2008 - 09, HL Paper 169, HC Paper 736 (London, The Stationery Office), para 228.

〔102〕 EA, sched 12 para 4. 参见原著第 110 页。

〔103〕 EN, para 882.

〔104〕 EA, sched 12 para 5.

〔105〕 EA, sched 3 para 8.

校的性质。[106] 对于单一性别的高等学校也有类似的规定，并对正在转变为男女混合教育机构的单一性别机构作了一些过渡性的安排。[107]

四、结社

（一）私人俱乐部

《平等法》旨在实现《欧洲人权公约》第 11 条所保障的结社自由与平等和非歧视的权利之间的平衡。《平等法》第七章通过规定协会歧视、骚扰或者欺凌现有或者潜在的成员、会员或者顾客的行为为违法行为，来实现前述目的。[108] 这一规定适用于会员或成员人数在 25
人及以上，对会员资格设有规则限制且存在遴选过程的机构。[109] 所 150
以，一个由一群朋友开办的、没有正式的会员资格规则的私人俱乐部，[110] 及那些 25 名会员以下、不对外的小俱乐部，可以作区别对待。健身房、夜总会、赌场以及类似的设施可以将“会员资格”作为准入的

---

〔106〕 参见《平等法》附录 11 中第 1 段、第 2 段有关单一性别寄宿制学校的规定（EA, sched 11 para 1, and para 2）。对于那些正在经历从单一性别教育机构到男女混合教育机构转变过程的学校，可以申请过渡阶段的豁免，参见第 3 段、第 4 段的规定。

〔107〕 EA, sched 12 paras 1 – 3.

〔108〕 EA, ss 101, 102.

〔109〕 EA, s 107(2).

〔110〕 EN, para 348.

前提条件,但如果没有采取一种真正的遴选过程,是不会被作为此处的机构加以要求的;但是,会受到《平等法》第三章有关向公众提供服务的限制。[111] 此处的机构不要求进行公司登记,也无论其活动是否以营利为目的。[112]

在这一问题上,此前的立法存在一个缺陷,即尽管基于种族[113]、残障[114]或者性取向[115]原因实施的歧视为非法,但是这一禁止歧视的规定并不适用于性别或者其他受保护的特征。《平等法》将与歧视和欺凌相关的保护范围扩展至性别、年龄、宗教/信仰、怀孕与生育,以及性别重置,但是并不包括婚姻与民事伴侣关系。[116] 而与骚扰有关的规则适用于除宗教/信仰以及性取向以外的其他受保护特征。[117]

某个机构不能拒绝其成员获得某些待遇。比如,既吸收男会员也吸收女会员的私人高尔夫俱乐部,不能要求女会员仅在某些日子打球,而男会员可以随时打球。[118] 但是,《平等法》并未禁止某些机

---

〔111〕 EN, para 348, and see Dockers' Labour Club & Institute Ltd. v. Race Relations Board[1976] Ac 285, HL, under the corresponding provisions of the RRA.

〔112〕 EA, s 107(4).

〔113〕 RRA, s 25.

〔114〕 DDA, s 21F.

〔115〕 Equality(Sexual orientation) Regulations 2007, made under the Equality Act 2006, s 81.

〔116〕 EA, s 100(1).

〔117〕 参见原著第100页。

〔118〕 EN, para 337.

构将他们的会员资格限定为具备某一受保护特征的群体。[119] 如果对会员资格有限制，那么也可以对其成员或者顾客施加同样的限制。[120] 但是，如果将会员资格限定为某一肤色的人，则属违法。[121] 所以，“绅士”俱乐部或者“淑女”俱乐部仍是合法的，同样，穆斯林俱乐部、波兰人俱乐部，退休人士俱乐部，以及某类特定残障如聋哑人俱乐部等也是合法的，但是，禁止某一肤色的人加入的俱乐部则为法律所禁止。尽管某类组织歧视怀孕妇女属于被禁止的行为，但法律允许俱乐部在准入、待遇享受的条件方面对其进行区别对待则为例外，前提是这一区别对待为确保其健康和安全所必需，且对于有类似身体状况的人会适用类似的限制。[122] 比如，某个私人俱乐部可以规 151
定怀孕到特定月份的孕妇不得使用壁球场，前提是对于心脏有问题的会员也有类似的限制。[123] 《平等法》并未禁止俱乐部为男性、女性或者儿童举办单独的体育竞赛活动，只要体力、耐力和体格构成决定竞赛结果的重要因素；[124] 该法也允许根据国籍、出生地或者居住地等因素来遴选国家、地区或者当地的体育队的队员。[125]

就《平等法》在服务、公共职能、建筑和结社方面的规定而言，宗

---

〔119〕 EA, s 101, sched 16 para 1(1).

〔120〕 EA, sched 16 para 1(2), (3).

〔121〕 EA, sched 16 para 1(4).

〔122〕 EA, sched 16 para 2.

〔123〕 EN, para 909.

〔124〕 EA, s 195(1)－(4).

〔125〕 EA, s 195(5), (6).

教/信仰类的机构(而非商业机构)可以适用一个普遍的例外。[126] 这一例外允许此类机构对会员资格、活动的参与者范围,以及它们所提供的物品、设施、服务及建筑的利用施加一定的限制。这些限制仅限于以宗教/信仰或者性取向为由的限制。就宗教/信仰而言,这一例外仅适用于为实现该类机构的目的所必需,或者避免给该类机构所代表的宗教/信仰的信徒造成冒犯所必需的范围。就性取向而言,这一例外仅适用于遵守该组织的教义所必需,或者避免与该组织所代表的成员的宗教信仰相冲突所必需的范围。如果某个机构与公共机构之间订立了服务合同,代该公共机构开展活动,那么该机构不得基于性取向实施歧视。比如,某宗教机构与地方政府签订合同,为弱势群体提供食宿,那么它在开展这一活动过程中不得对同性恋实施歧视。[127]

(二)政党

前述有关协会可以将成员资格限定为具备某一受保护特征的人群的例外,并不适用于经注册的政党。[128] 这意味着,政党不能通过种族或者宗教标准来限制其成员资格。在这一点上的例证便是平等
152 与人权委员会诉英国国家党(BNP)一案,因为该党的章程和党员标

〔126〕 EA, sched 23 para 2.

〔127〕 EN, para 996.

〔128〕 EA, sched 16 para 1(5).

准对那些非“本土高加索人”构成了歧视。[129] 英国国家党同意对此作出修改，但是修改后的党员标准要求支持种族主义原则，被认定为构成间接歧视且违法，因为那些根据出身或者起源并非本土英国人的人，作为一个种族群体，其惯例和文化传统根本无法满足这些要求。在该案中，法官认为，抱持歧视性的观点，与政党在招募成员时采用歧视性的标准，具有本质上的差异。

在《平等法》立法过程中，议会辩论的主要议题是政党应当采取积极行动，在各级经选举产生的机构中增加女性代表和黑人代表的数量。[130]

五、其他非法行为

（一）雇主和被代理人的责任

《平等法》取代了此前立法中的类似规定，规定对于雇员在劳动过程中实施的歧视、骚扰和欺凌行为，雇主需要承担责任。[131] “雇

〔129〕 *Equality and Human Rights Commission in Griffin* [2010] EQLR 42 (Central London County Court).

〔130〕 参见原著第161页。

〔131〕 EA, s 109(1).

员”包括签订了劳动合同或者劳务合同而提供服务的自然人。[132] 至于雇主对于雇员的行为是否知情,或者是否批准其行为,对雇主承担的责任没有影响。[133] 当然,对于雇员在劳动过程中所从事的行为,雇主也享有一项法定的抗辩事由,即证明其已经采取了所有合理的措施来预防雇员从事这些类似的行为。[134]

在 Jones v. Tower Boot Co. Ltd. 一案中,[135] 对“劳动过程”(course of employment)一词作出了相对宽泛的界定。一位 16 岁的劳动者受到了他的几位同事实施的严重肢体和口头的种族骚扰。劳动关系上诉裁判庭采用的是当时典型的侵权法标准,即这些行为是否发生在工作过程中。也就是说,这些行为是否为雇主授权的;或
153 者,如果不是雇主授权的,这些行为与雇主授权的行为是否联系紧密以至于可以被理解为一种行为模式,尽管这一模式并不恰当。劳动关系上诉裁判庭认定,骚扰行为非常严重,以至于无法描述为执行授权行为的未授权模式。然而,上诉法院在对《种族关系法》中有关转承责任(vicarious liability)规定的目的进行检视后认为,这些规定的目的如下:

---

〔132〕 EA, s 83(2), (4), s 212(1). 警察局长或者相关的警察局需要对警察的行为承担责任(EA, s 42)。

〔133〕 EA, s 109(3).

〔134〕 EA, s 109(4).

〔135〕 [1997] IRLR 168, CA.

> 通过规定雇主对此类骚扰承担额外责任，将承担责任的主体范围拓展至实施骚扰行为的雇员之外，来震慑种族和性别骚扰；然后为雇主提供（前述）合理措施抗辩，免除那些已经尽了最大努力避免此类骚扰发生的雇主的责任；以期同时鼓励那些尚未付出此类努力的雇主，采取合理的措施以便能够在其工作场所适用同样的抗辩事由。[136]

普通法上的转承责任标准随后也为上议院所修改，现在与歧视和骚扰案件中采取的标准非常接近。[137] 很明显，雇主主张雇员故意实施骚扰行为或者完全出于雇员个人的原因实施骚扰行为，并不能构成抗辩事由。

在实践中，有些劳动关系裁判庭也采纳了另外一种法定抗辩事由，即雇主已经针对如何避免歧视行为提供了明确的指示和培训。但在一个普通法的侵权案件中（并不存在此类抗辩），仅仅给出不要从事某一侵权行为的明确指示，并不能成为雇主免责的理由。在歧视和骚扰案件中，劳动关系裁判庭和法院需要仔细审查雇主采取的所有合理措施，包括监督管理措施和审计措施等。[138]

被代理人需要为代理人在代理授权的情况下所作的任何行为承

---

[136] [1997] IRLR 168, para 38.

[137] Lister v. Helsey Hall Ltd. [2001] UKHL 22; [2001] IRLR 472.

[138] Canniffe v. East Riding of Yorkshire Council [2006] IRLR 555, EAT.

担法律责任。[139] 此处的标准为被代理人是否给予了代理人以实际或者推定的授权,授权其从事某种可能会以歧视的方式实施的行为。[140]

(二)雇员和代理人的责任

在雇主或者被代理人承担责任,或者若非因采取所有合理措施避免行为发生否则将承担责任的情况下,雇员和代理人是否需要承担个人责任,对此法律也作了明确的规定。雇员或者代理人需要为
154 此承担责任,并且不再需要证明雇员或者代理人知晓其行为是违法的。雇员或者代理人所享有的唯一的抗辩事由是证明他之所以这样做是因为相信了雇主或者被代理人所作的有关这一行为是合法的声明,或者他有合理理由认为这一行为是合法的。[141] 如果雇主或者被代理人有意(knowingly)或者公然地(recklessly)就某一行为在《平等法》上的合法性问题作出错误的陈述,将构成犯罪,可以处最高5000英镑的罚金。[142]

(三)指示、引发或者诱使违法行为

《平等法》对此前立法中有关指示、引发或者诱使他人实施歧视、骚扰或者欺凌行为,或者试图这样做的人的法律责任进行了进一步

---

[139] EA, s 109(2).

[140] Lana v. Positive Action Training in Housing (London) Ltd. [2001] IRLR 501, EAT.

[141] EA, s 110.

[142] EA, s 110(4), (5).

的明确、整合和扩展。此前，判例法已经允许接受实施歧视行为指令的人起诉：比如，因为接到指令对黑人求职者进行歧视的白人雇员辞职后，被认定为“因种族原因”受到了歧视。[143]《平等法》明确赋予收到实施歧视、骚扰或者欺凌行为指令的人以救济，当然前提是他们受到了损害(detriment)。[144] 这是法律首次规定，受到损害的潜在受害者(intended victim)也可以提起诉讼，即使他们未执行收到的指示。[145] 平等与人权委员会也可以提起诉讼。[146]

(四)协助违法行为

最后，《平等法》复制了此前立法中的条款，规定那些协助其他人从事违反该法行为的人也要独立承担法律责任(liable in their own right)。协助其他人从事违反《平等法》的行为是违法的；除非能够证明，他的协助是建立在信赖被协助者所作出的这一行为是合法声明的基础上的，且这一信赖是合理的。[147] 有意或者公然地就某一行为在《平等法》上的合法性问题作出错误的陈述，将构成犯罪，可以处最高 5000 英镑的罚金。[148]

---

[143] Weathersfield v. Sargent[1999]IRLR 94.

[144] EA,s 111(5)(a).

[145] EA,s 111(5)(b).

[146] EA,s 111(5)(c).

[147] EA,s 112.

[148] EA,s 112(3),(4).

第六章　平等的提升

155 ## 一、变动中的组织政策与行为

《剑桥评估报告》借助现代规制理论的最新研究成果，设计了一套“最优”的规制形式，目的是帮助消除和减少代表性不足、排斥以及其他实现平等机会的制度性壁垒。[1] 我们称之为“强化版的自我监管”(enforced self-regulation)。

自我监管涉及三个相互关联的机制。第一个是机构的内审机制，确保其能够开展有效的自我监管；第二个是利益群体（如经理、雇

---

〔1〕 See Bob Hepple, Mary Coussey and Tufyal Choudhury, *Equality*: *A Framework* (*Report of the Independent Review of the Enforcement of UK Anti-Discrimination Legislation*) (2000), ch 3.

员和服务的使用者)的参与机制,在改变的过程中必须保障这些利益群体的知情权,征求他们的意见,并吸纳他们的参与;第三个是委员会机制,委员会应在自愿机制失灵时充当提供协助和最终执行的后备角色。这些相互关联的机制在那些被监管者、利益受影响者,以及作为公共利益监护人的委员会之间形成了一个三角关系。我们认为,这一宏大的策略需要在具体的场景中不断完善,特别是(1)公共机构提升平等的积极义务;(2)私营领域雇主实现劳动就业平等或者公平参与的积极义务;(3)雇主引入同工同酬计划的积极义务;(4)将采购合同和政府补贴作为一种惩罚和激励机制。这一策略中唯一得到《平等法》完全采纳的部分是第一点,即统一规定并扩大了公共部门所负有的提升平等的积极义务;同时,有关采购合同与政府补贴的建议也得到了一定程度的采纳。[2] 工党政府曾在该法中增加了公共部门消除社会经济不平等现象的义务,[3]但这一修改并未生效,随后被联合政府废除。[4] 有关强制性劳动就业平等和同工同酬计划的提议并未得到采纳。[5] 作为“强化版的自我监管”,或者麦 156
克拉登所称的“反射性”(reflexive)或者“回应性”(responsive)规制的一种形式,这一新法是存在瑕疵的。但是,正如他就《平等法》所依

〔2〕 参见原著第163页。
〔3〕 参见本书原著第1版,第141~143页。
〔4〕 ERRA 2013.
〔5〕 参见原著第120页。

据的《反歧视法评估报告》建议所作出的评价,“就平等立法领域的规制理论而言,跟此前的做法相比,这很明显构成了一个重要,并且也是彻底的转型”。[6]

无论是履行积极义务的公共部门,还是自愿采取积极措施的其他机构或者个人,都要受到非歧视原则的约束。将性别、种族或者任何其他受保护的特征作为提供更优惠待遇标准的做法是为法律所禁止的,即使这一点被用来为弱势群体提供优惠待遇也不例外。[7] 因此,积极措施作为非歧视原则的例外,必须被证明具有正当性,且只能在特定的场合下实施。《平等法》并未对“逆向”或者“积极”歧视作出专门规定,比如,对那些具有特定特征如种族或者性别的人规定配额(quota)。也就是说,根据现有的英国立法,要求公司董事会中女性董事达到一定比例的做法并不合法。尽管,戴维斯勋爵(Lord Davies)受政府委托所开展的调查显示,增加公司董事会中女性董事的数量会给企业带来更好的效益,[8]但是与许多欧盟成员国明确将女性董事的比例规定为30% ~40%不同,英国政府一直抵制通过法律规定配额或者比例的做法。相反,英国倚重于企业采取积极措施

---

[6] McCrudden, C(2007), “Equality Legislation and Reflexive Regulation: A Response to the Discrimination Law Review's Consultative Paper”, 36 *Industrial Law Journal*, 255, 266.

[7] Fredman, S(1997), “Reversing Discrimination”, 113 *Law Quarterly Review* 575, 576.

[8] Davies, Lord (2011), *Women on Boards: Review* (Department for Business, Innovation and Skills).

将女性董事的比例在2015年之前提高到25%(英国富时100指数中公司董事会女性董事的比例从2011年的12.5%上升到2014年的20.7%)。《平等法》只允许在下列三种情形中采取积极行动:(1)当这样做是实现相关目的的合比例手段时;(2)当招聘或者晋升出现"并列"必须作出选择时;(3)政党在公共选举中遴选候选人时。《平等法》中也有专门的规定,允许慈善组织对特定的群体提供优惠。

二、积极行动

(一)与积极行动措施相关的一般例外

《消除性别歧视法》与《种族关系法》在有限情形下允许采取积极行动措施,以便在女性和少数民族出现代表性不足的情形,鼓励申请并提供专门的培训。《剑桥评估报告》[9]经过调查发现,这些规定很少被使用,并且,至少从两个方面看来是过时的。第一,它们是建 157
立在一个已经发生改变的培训模式的基础上的。积极行动的目的必须是为了"特定的工作",这一观念不再适当,因为雇主的培训计划现在往往是为了培训受训者某一方面的能力,而这一能力在很多职位

〔9〕 See Bob Hepple, Mary Coussey and Tufyal Choudhury, *Equality: A Framework* (*Report of the Independent Review of the Enforcement of UK Anti-Discrimination Legislation*) (2000), paras 2.48 -2.49.

中都需要。第二,对于那些工作经验积累或者其他类似项目,这些规定并不允许采取积极行动。

这些规定之所以已经过时,还在于它们已经被欧盟法所取代,欧盟法中的最新进展允许采取更广泛和灵活的积极行动。最初,《平等待遇指令》第2.4条对于平等待遇原则规定的例外很有限,仅限于"能够提高男女平等机会特别是能够消除现有的影响女性机会的不平等现象"的场合。欧盟法院在Kalanke一案中[10],认定德国《不来梅平等待遇法》(Bremen Act on Equal Treatment)有关"并列择一"(tie-breaker)的条款,即在有两名或者两名以上候选人条件相同时,任命性别代表性不足的候选人,超出了第2.4条所许可的范围,第2.4条被解释为平等待遇原则的一个例外。但是,两年后,在Marschall一案中,[11]欧洲法院维持了德国北莱茵-威斯特法伦州(Nordrhein-Westfalen)法中有关公务员遴选时并列择一条款的合法性,理由是该法中有一保留条款规定,只有在"与另外一个候选人相关的原因"无法占主导地位时,优先考虑女性的规则才适用。只要在积极行动措施中存在些许灵活性,并且能够消除职业路径中的现实障碍,如工作经验欠缺或者有育儿职责等,那么这些积极行动措施与第2.4条的例外规定并非不兼容。在Badeck一案中[12],存在面试的

[10] Case C-450/93 Kalanke v. Freie Hansestadt Bremen[1993]ECR I-3051.

[11] Case C-405/95 Marschall v. Land Nordrhein-Westfalen[1997]ECR I-6363.

[12] Case C-158/9 Badek v. Hessische Ministerprasident[2009]ECR I-1875.

比例要求，但是遴选过程是从评估求职者的适合度、能力和资质开始的，只有在男性求职者与女性求职者不分伯仲时，才优先考虑女性求职者，目的是与提升计划相一致，该提升计划要求学术训练职位中“女性的比例应当与该学科中女性研究生的比例相当”。这一点被欧洲法院认定为合法。在随后的判例中，欧洲法院明确，比例标准应当适用于所有积极行动措施。[13] 某项积极行动措施如果完全因为某种受保护的特征而将某个人排除在任命或晋升外，通常不会被认定 158
为符合比例标准。

2002 年，欧盟对《平等待遇指令》进行修订，吸收了这一判例法规则。《平等待遇指令修订版》第 3 条允许成员国维持或者采纳《欧盟运行条约》(TFEU)第 157(4)条所规定的措施。该条规定：

> 为了在职场实现男女之间完全平等的目的，平等待遇原则并不禁止成员国维持或者采取提供特定优惠的措施，只要这些措施的目的是使代表性不足的性别更容易追求某项职业活动，或者是为了避免或者补偿在职业生涯中出现的不利境遇。

---

[13] Case C－407/98 Abrahamsson v. Fogelquist[2000]ECR I－5539；Case C－476/99 Lommers v. Minister Van Landbowen，Natuurbeheer EN Visseij[2002]ECR I－2891；Case C－319/2003 Serge Briheche v. Ministre de I' Interieur，Ministre de l' Education nationale and Ministre de la Justice[2004]ECR I－8807.

与此类似,《种族指令》第5条规定:

> 为了在实践中实现完全平等的目的,平等待遇原则不应当禁止成员国维持或者采取特定的措施,以预防或者避免与种族或者民族起源相关的不利境遇。

《就业框架指令》第7.1条在宗教/信仰、残障、年龄和性取向问题上作出了完全相同的规定;第7.2条允许“创设或者维持旨在确保或者提升(残障人)在工作环境中实现融合的法律规定或者设施”。

《剑桥评估报告》建议英国法律的规定应当与欧盟法律包括欧洲法院的解释一致。《平等法》通过两个条款实现了这一点:其中一条是概括性的,另一条仅适用于招聘与晋升。这两条规定是许可性的,而非强制性的,但扩大了法律所许可的范围。它们适用于所有的受法律保护的特征。其第158条规定,本法并不禁止一个人采取相应的行动,只要这些行动是实现下列三个目的的合比例手段:

> (1)促使或者鼓励具备某种受保护特征的人克服或者减少因该受保护特征所带来的不利影响;
>
> (2)满足具备某种受保护特征的人群与其他不具备该受保护特征人群的不同需求;

(3)促使或者鼓励具备某种受保护特征的人参与一项此前参与率很低的活动。

比如,相应的措施可以针对特定的弱势群体,包括提供培训以帮助他们找到工作,或者提供医疗服务以解决他们的需求。[14] 该法还授权,可以制定政府规章明确哪些措施是不被许可的。[15] 劳动关系裁判庭和法院需要依据欧盟法律来确定哪些措施符合比例标准。 159
《立法释义》中提及相关的因素包括:不利境遇的严重程度,需求或者代表性不足问题的极端程度,以及消除这些问题的对策是否存在等。[16] 无条件的配额或者预留位置的做法很明显是违法的,但是,如果基于某个群体受到不利对待的客观原因而给该群体提供一定的优先顺位,则是可以的。所以,如果在一所大学中黑人学生的代表性不足,那么它就可以重点针对特定的中学和社区,为此类学生提供招生录取培训和特别帮助,并解决在招录和学业提升中所面临的现实问题。但是,大学不能专门设立一个种族配额或者为特定群体预留招生指标。在残障问题上,可以对残障人群提供相比非残障人群更有利的待遇。[17] 年龄歧视如果能够被证明是实现合法目的的合比

〔14〕 EN, para 511.
〔15〕 EA, s 158(3).
〔16〕 EN, para 512.
〔17〕 EA, s 13(3).

例手段,则具有正当性。[18]《平等法》中有关积极行动的规定也允许为具备某类特定残障的人群,如自闭症或聋哑人,提供更有利的待遇。

(二)招录与晋升

在招录和晋升中采取"并列择一"(tie-breaks)的做法,尽管为欧盟法律所允许,欧洲法院在相应的判例法中对相应的规则进行了明确,但是这一做法在实践中被证明极具争议。《平等法》第159条允许雇主在作出招录或者晋升决定时着重考虑某一受保护的特征,前提是具备这一特征的人面临不利境遇或者代表性不足。招录的定义很宽泛,包括接纳某人加入合伙,或者律师事务所招聘实习律师或者提成律师,以及公共职位招聘。[19] 在议会辩论中给出的例子是,一所小学中全部都是女教师。如果该小学想为学生树立一个男性的榜样,且男女求职者同样优秀,那么可以优先选择男性求职者,以降低男老师代表性不足的问题。[20] 这一规定也可以被用来救济与某种受保护特征相关联的不利境遇,如女性因生育子女而出现的职业中断现象。

这一规定只能在求职者"彼此之间一样优秀"(as qualified as

---

〔18〕 参见原著第77页。此外,在年龄歧视上还有一些具体的例外,参见原著第115页和第136页。

〔19〕 EA,s 159(5).

〔20〕 PBC(EB)16th sitting col 6704(30 June 2009)(Mark Harper).

each other）的情况下才能使用。[21] 保守党曾提出议案，主张将这一表述修改为“同等优秀”（equally qualified），[22] 但是这一议案并未得到采纳，理由是“这一修改会导致雇主对这一规定作出过于狭隘的理解，比如这一规定只要求资质本身相当即可……[或者]要求求职者具有完全相同的资质”。[23] 主管大臣表示，“任何对求职者是否适合某一职位的评估，需要考虑与该职位有关的一系列因素，比如经验、天资、体力，或者在面试或测试中的表现。正式的资质仅仅是在从整体上评估求职者是否适合职位时的一个考虑因素”。[24]《立法释义》也采纳了这一解释。[25] 这样解释的意图是，如果雇主合理地认为求职者具备大致相当的能力，那么他可以援引某一受保护的特征，作为优先录用的依据。这一点与欧洲法院的判例法一致，允许在求职者具备“基本相当的条件”的前提下，对某一求职者优先录用。[26] 160

雇主不得制定自动给予具备某一受保护特征的人相比其他不具备这一特征的人更优惠待遇的“政策”。[27] 对于这一限制的效果，存在一定的模糊之处。议会联合人权委员会认为，这一规定或许能够

〔21〕 EA，s 159（4）（a）.

〔22〕 PBC（EB）16th sitting col 604（30 June 2009）（Marke Harper）；Hansard HL Vol. 717 col 656（9 February 2010）（Lord Hunt of Wirral）.

〔23〕 Hansard HL Vol. 717 col 658（9 February 2010）（Baroness Royall）.

〔24〕 Hansard HL Vol. 717 col 658（9 February 2010）（Baroness Royall）.

〔25〕 EN，para 518.

〔26〕 Case C－407/98 Abrahamsson v. Fogelqvist［2000］ECR I－5539.

〔27〕 EA，s 159（4）（b）.

制止雇主制定有关积极行动措施的刚性政策。[28] 根据《立法释义》的解释,这样做的意图是让雇主根据个案的具体事实来确定是否需要采取积极行动措施。当然,如果《平等法》没有使用"政策"这一表述,并与欧洲法院的判例法规则一致,作出明确规定,需要根据求职者各自的情况进行判断,直到得出结论认为他们具备大体相当的条件(substantially equivalent merits),那么这一意图就再明显不过了。这一解释应当由法院和劳动关系裁判庭加以采纳。所采取的任何行动都必须是实现克服或者降低不利境遇或者代表性不足这一目的的合比例手段。[29]

第 158 条的规定(概括规定)并不适用于招录与晋升;只有第 159 条才适用。[30] 但在现实中,第 159 条很少被使用,尽管该条具备在不违反平等待遇原则的前提下提升多样性的潜力。

161 **(三)政党**

女性往往会发现她们很难被主要的政党推举为候选人;并且,即使被推举为候选人,相较男性候选人而言,她们更不容易获胜。议会选举的权利在 1918 年被拓展至女性;但是直到 20 世纪 90 年代,女性议员的比例才超过 6%。截至 2005 年,女性议员的比例为 20%;

---

〔28〕 JCHR(Joint Committee on Human Rights)(2008 – 09) *Legislative Scrutiny: Equality Bill*, 26th Report of Session 2008 – 09, HL Paper 169, HC Paper 736 (London, The Stationery Office), para 248.

〔29〕 EA, s 159(4)(c).

〔30〕 EA, s 158(4).

到2014年,这一比例才慢慢提升至23%(147名女性议员)。政府的22名阁员中仅有5位是女性。截至2014年4月,在欧盟的28个成员国中,就议会中女性议员的比例而言,英国排名第15位;在议会联盟(Inter-Parliamentary Union)所列的190个国家中,英国排名第74位。[31] 地方政府中女性代表的比例比国会稍高,但是仍然不超过1/3。黑人和亚裔少数族群在议员中的代表性严重不足:在2010年5月的大选中,只有4%的议员是黑人或者亚裔(649名议员中的27名);而英国人口中黑人加亚裔的比例是18%。[32] 地方议会的议员中只有4%的议员有少数民族背景。(每个选区内的)单一议员,即"第一个冲过终点线"(first past the post)的选区制度,造成了目前的少数族群代表性不足的问题。如果地方的政党组织认为在当地的选民中存在某种偏见,那么他们将推举他们认为"最安全"的选项。而根据替代投票(alternative vote,AV)制度,选民可以表达第二位和第三位的偏好,这可能会使地方政党组织为选民提供更广泛的选择,特别是在其他政党这样做的时候更是如此。在苏格兰,其议会议员中有1/3是女性,而在威尔士,其国民议会中有接近一半的议员是女性,究其原因,比例代表制(proportional representation)发挥了重要的作用。

---

〔31〕 Women in Parliament and Government, House of Commons Library, standard note SNO 1250, 11 April 2014.

〔32〕 Ethnic Minorities in Politics, Government and Public Life, House of Commons Library, SN/SG/1156, 16 October 2013.

与此类似,在实行比例代表制的欧洲议会,来自英国的欧洲议会议员(MEP)中有1/3是女性。

2002年《性别歧视(选举候选人)法》允许政党在选择候选人时作出适当的安排,以提升女性代表的比例。《平等法》复制了这些规定,同时也增加了第七章(结社)所保护的其他特征的规定。这些规定适用于英国议会、欧洲议会、自治政府以及地方政府的选举。[33]
162 各政党被允许作出适当的安排,以减少该政党在上述机构中存在的代表性不平等现象。[34] 比如,某个政党被允许在政党候选人推荐列表中为具备某一类受保护特征的人预留位置,如特定种族、民族或者残障人,但是,这需要与所意图实现的减少该群体代表性不足的目的相比构成合比例的手段。[35] 这并不意味着允许使用仅包括具备某一类受保护特征候选人的"封闭"列表,不过,列表上的候选人均为同一性别这一情况是允许的。[36] 同一性别候选人的"封闭"列表在2030年年底之前均是被许可的,据乐观估计,届时将实现更大程度的平等。主管大臣有权利将前述"封闭"列表的使用时间延展至2030年年底之后。[37] 自由民主党的议员曾试图将有关积极行动的

〔33〕 EA,s 104(8).

〔34〕 EA,s 104(3)(b)。"不平等"意味着具备某一受保护特征的获胜候选人与不具备这一特征的获胜候选人之间在数量上的不平等。EA,s 101(4).

〔35〕 EA,s 104(3)(e).

〔36〕 EA,s 104(7).

〔37〕 EA,s 105.

规定扩展适用于党内的选举，但是这一提议被工党政府所否决。[38]

由议长担任召集人的议会代表会议（Conference on Parliamentary Representation）建议，在获得各党派同意的前提下，各政党应当被要求公开其推举的议员的多元化程度，当然，可以隐去政党信息。这样做的目的是“增强对公众负责的意识，并为政党识别和移除造成特定群体的代表性不足的障碍提供激励”。[39]《平等法》中有一条新的规定对这一建议进行落实，赋予主管大臣以制定政府规章的权力，可以要求政党公布其所推举的参选候选人与多元化程度有关的数据。[40]政府规章将明确这一要求究竟涵盖哪些受保护的特征，但可以明确的是，这些特征并不包括婚姻和民事伴侣、怀孕和生育。[41] 政党不得要求任何人提供这些相关的信息，[42]目的是对其成员的隐私权加以保护。

（四）慈善

在之前的立法中，有多处涉及慈善组织的例外，允许其仅为同一性别、种族、宗教/信仰，或者性取向的人提供慈善服务；《平等法》对这些例外规定进行了整合。该法将有关慈善组织的例外拓展适用于

---

〔38〕 PBC（EB）13th sitting cols 480 – 85（25 June 2009）.

〔39〕 Hansard HL Vol. 716 col 1458（9 February 2010）（Baroness Royall）.

〔40〕 EA，s 106.

〔41〕 EA，s 106（6）.

〔42〕 EA，s 106（11）.

163 所有受保护的特征。[43] 前提是必须严格按照慈善组织的章程,并且提供慈善服务的方式必须与要实现的合法目的——避免或者补偿因某种受保护特征造成的不利境地的目的——相比,构成合比例的手段。其并不保护肤色歧视。如果慈善服务的受益人仅限于黑人或者白人,那么其慈善组织章程的规定将被解释为这一限制并不存在,慈善服务可以向整个社区提供。《平等法》现在允许慈善组织出于提升或者支持某项慈善事业的目的,组织单一性别的活动,如只允许女性参加的趣味慢跑活动。

三、公共部门的平等义务

(一)目的

综合性和变革性平等的愿景(见前文第1页)体现在对公共部门平等义务(PSED)的整合与统一上。这一义务的主要目的是"带来文化上的改变,以便将促进平等作为公共机构的核心业务"。[44]

《平等法》包含了一项新的统一的平等义务,将此前的种族、残障以及性别方面的平等义务进行整合,并扩展至年龄、性别重置、怀孕

〔43〕 EA, ss 193, 194; EN, paras 608 - 13.

〔44〕 Government Equalities Office (2009) *Equality Bill: Making it Work. Policy Proposals for Specific Duties* (London, GEO), para 3.3.

与生育,宗教/信仰,以及性取向。[45] 这一义务在年龄问题上并不适用于学校或者儿童托养院(children's home),[46]因为政府认为现行立法对此已经作出了充分的规定。这一义务也不适用于移民职能[47]或者司法职能。[48]

(二)概括义务与具体义务

与此前的立法一样,在这一点上既存在概括义务,也存在具体义务。概括义务要求公职部门在行使其职能的过程中,适当考虑(due regard)下列需求:

(1)消除歧视、骚扰、欺凌以及任何其他为《平等法》所禁止的行为;[49]

(2)提升具备某种特征的人与不具备该种特征的人之间的机会 164
平等;[50]

(3)在具备某种特征的人与不具备该种特征的人之间营造良好的关系。[51]

此前的立法称之为"促进"(promoting)平等。《平等法》将这一表述改为"提升"(advancing),意义重大。这预示着一种更积极的方

[45] EA,s 149. 参见原著第 14 页有关此前立法所规定的义务。
[46] EA,sched 18 para 1. 参见原著第 40 页。
[47] EA,sched 18 para 2. 参见原著第 138 页。
[48] EA,sched 18 para 3. 参见原著第 136 页。
[49] EA,s 149(1)(a).
[50] EA,s 149(1)(b). 此条并不适用于婚姻与民事伴侣。
[51] EA,s 149(1)(c). 此条并不适用于婚姻与民事伴侣。

式,聚焦于在结果方面取得更大的进步。将“提升机会平等”的要求适用于宗教/信仰问题上,被证明存在较大争议。比如,医院必须考虑穆斯林患者与犹太患者之间不同的膳食习惯。医院可以通过提供满足所有宗教/信仰要求的素食餐,来避免直接歧视的指控(平等义务的第一层级)。但是,“提升”平等的义务似乎意味着医院应当为穆斯林患者提供穆斯林素食(halal meals),为犹太患者提供犹太素食(kosher meals)。在劳动就业领域,提升平等的义务或许意味着应当为虔诚的雇员提供祷告设施。自由民主党曾经在立法程序中的议会委员会审议阶段和报告阶段提出修正议案,排除在宗教/信仰方面的提升义务(不涉及平等义务的另外两方面内容),理由是这一义务会使地方或者其他公共机构在优先考虑某一个宗教群体而非其他宗教群体问题上面临压力,会导致为不同的宗教群体提供不同的设施场所的局面,当然,自由民主党的这一修改议案并未获得通过。[52] 如果为某一个民族群体如犹太人,提供相对隔离的设施,这会当然地构成非法的歧视;[53]在非民族的宗教群体中,如穆斯林群体,如果有证据证明这一隔离的设施相较其他宗教群体所获得设施而言较差,那么也会构成歧视。[54] 工党政府在保守党的支持下,在议会中否决自

---

〔52〕 PBC(EB)15th sitting cols 554 – 55(30 June 2009);Hansard HL Vol. 716 col 1504(9 February 2010);Hansard HL Vol. 717 col 1404(2 March 2010).

〔53〕 EA,s 13(5).

〔54〕 参见原著第140页。

由民主党的修改议案,主张公共机构所需要做的事情是考虑其政策对某一特定宗教群体需求的影响。比如,如果穆斯林妇女反对与男性一起游泳,公共机构不一定非要为她们建立单独的泳池,但可以像现在很多机构做的那样,为男性和女性安排不同的游泳时间。[55] 但是,如果公共机构的政策令某个特定的宗教群体感到不适,那它可能会花费大量的法律成本在法律程序中证明其正当性。正如莱斯特勋 165
爵所言,将宗教包含在提升平等义务的适用范围,可能会鼓励"分裂,而非聚合"。[56] 在性取向问题上提升平等的义务并未引起类似的关切。政府认为这一义务并不要求公共部门"宣传同性恋"或者贬低婚姻的重要性,而是指当一个地方广泛存在对同性恋人群的欺凌时,地方政府应当有所行动。[57]

除了概括义务,相应地,政府规章还规定了具体政府部门的具体义务,以便能够使他们更有效地履行公共部门的平等义务。[58] 这些具体的义务本身并不是目的,而是"为了更好实现概括义务的手

〔55〕 PCB(EB)15th sitting col 574(30 June 2009)(solicitor-general).

〔56〕 Hansard HL Vol. 716 col 1506(27 January 2010).例如,因宗教引发的性别隔离问题,参见原著第140页。

〔57〕 See Department of Communities and Local Government(2007)*Discrimination Law Review:A Framework for Fairness. Proposals for a Single Equality Bill for Great Britain* (London, DCLG), para 5.67.

〔58〕 根据《平等法》第153条、第154条、第155条制定。政府规章中列举了具体的政府部门。

段”。[59] 此前的立法在种族、残障以及性别问题上规定的具体义务存在抵牾,《平等法》意图通过在平等的各个侧面(受保护的特征)引入一种统一的方式。

在英格兰、[60]苏格兰[61]和威尔士,[62]分别由不同的政府规章对公共机构的义务作出规定。相比之下,在规定公共机构应该做哪些事情方面,苏格兰和威尔士的政府规章比英格兰的政府规章要更进一步。联合政府否决了通过一项法定操作指引来明确《平等法》的具体要求的做法,但是,平等与人权委员会针对每个辖区都发布了操作指引。[63] 在英格兰,有 150 名及以上雇员的公共机构,必须每年至少公布一次具备某种受保护特征的雇员信息,或者受其政策或者操作影响的其他具有某种受保护特征的人的信息。苏格兰和威尔士的政府规章,比英格兰的政府规章更进一步,明确要求公布有关公共机构雇员构成,以及招录、培训和留用雇员的情况。在英格兰的最佳实

---

〔59〕 Government Equalities Office (2009b) *Equality Bill: Making it Work. Policy Proposals for Specific Duties* (London, GEO), para 3.6.

〔60〕 The Equality Act 2010 (Specific Duties) Regulations 2011, SI 2011 No. 2260.

〔61〕 The Equality Act 2010 (Specific Duties) (Scotland) Regulations 2012, No. 162.

〔62〕 The Equality Act 2010 (Statutory Duties) (Wales) Regulations 2011, No. 1064 (W 155).

〔63〕 EHRC, The Essential Guide to the Public Sector Employment Duty: ENGLAND (AND Non-devolved Public Authorities in Scotland and Wales), rev 3rd edn (EHRC, November 2012); Essential Guide to the Public Sector Equality Duty (Scotland) (EHRC, 2012); and Essential Guide to the Public Sector Equality Duty (Wales) (EHRC, 2012). 政府平等办公室(The Government Equalities Office)也公布了“快速入门”手册。

践操作也要求收集此类信息。在苏格兰,公共机构还负有额外的义务,需要公布有关性别收入差距,以及有关同工同酬和职业隔离政策声明方面的信息。对平等方面的信息的收集和使用,能够使政府在充分证据的基础上来执行有关平等的概括义务。在种族和性别平等 166
立法经历了40年的发展以后,收集与种族或者性别方面的身份信息变得相对容易。前述操作指引强调“营造一种雇员或者服务的使用者愿意被问及其性取向、性别身份或者宗教的文化”的重要性。在监测性取向问题时,公共机构应当注意与《欧洲人权公约》第8条所规定的私人与家庭生活权的潜在冲突。

特定的机构还应当准备并公布一个或者多个平等目标(苏格兰称为“平等结果”),这些平等目标对于实现概括的平等义务是必不可少的。在英格兰和威尔士,这一点必须在2012年4月6日前完成;在苏格兰,这一点必须在2013年4月30日前完成,此后,至少每4年公布一次。这些目标必须明确具体且可量化。苏格兰和威尔士的政府规章要求,如果所公布的平等结果并不能涵盖所有受保护的特征,则需要给出原因。前述操作指引规定,公共机构应当采取一种合比例的方法,这意味着规模较大的机构如政府部门,相较规模较小、影响领域较小的机构如小学而言,更可能在一系列广泛的问题上制定更多的目标。苏格兰的政府规章比英格兰的政府规章更进一步,要求公共机构在2015年4月30日前报告实现这些平等结果的进展,并在此后每两年报告一次。[64] 与英格兰的政府规章不同,苏格兰和威尔士的政府规章都要求公共机构对新的或者修订的政策或者操作实践进行平等影响评估(equality impact assessment),且在出台一项政策或者形成一项操作实践时,必须考虑评估结果。[65] 在英格兰,平等与人权委员会的操作指引对平等目标的执行未有多谈,仅建议应当将平等目标内嵌于该组织的业务规划和培训之中。就英格兰的政府规章而言,未规定平等影响评价和定期审查机制,不得不说是其一大缺陷。

之所以在英格兰未作这些要求,联合政府给出的解释是其作出的为公共机构"减少负担和官僚作风"的承诺,以及从过程驱动方式到对透明度的关注转变的承诺,以便能够给公共机构松绑,使它们有精力做应该做的事情,为它们的表现承担应有的责任,并对公众负责。[66] 长期以来,存在一种流传很广的观点,即此前立法有关种族、性别和残障方面具体义务的规定使有些公共机构开始关注纸面规定,并采取一种清单打钩的方式(tick-box approach)以确定它们是否
167 遵从了正确的程序步骤,而不关注这些程序步骤究竟是否提升了平等。[67]

---

〔64〕 SI 2012 No. reg 5(4).

〔65〕 SI 2012 No. reg 5.

〔66〕 Government Equalities Office, *Equality Act* 2010. *The Public Sector Equality Duty Reducing Bureaucracy*, Policy Review Paper(March 2011), para 3.

〔67〕 See Lord Ouseley, Hansard HL, Vol. 717, col 1399. 参见原著第 174 页。

(三)磋商参与(engagement)

或许积极义务最重要的功能是确保所有利益相关人(stakeholders)参加的内部审查机制能够正常开展。在2010年《平等法》之前,公共部门在种族问题上所负有的具体义务,要求公共部门的种族平等计划要包含就拟出台政策对促进种族平等的影响进行磋商的安排;[68]在性别问题上,要求公共部门申明其向相关雇员、服务使用者或者其他人(包括工会)就已经采取或者准备采取的措施开展了磋商;[69]而有关残障的规定更进一步,要求公共部门在制定平等计划的过程中,吸收那些在公共部门看来对其执行职能有兴趣的残障人"参与"(involve)。[70]

为了取代此前存在的(公共部门的)具体义务,政府根据《平等法》准备制定政府规章,经历了磋商环节后的草案第一稿,要求所列的公共机构公布它们在制定政策过程中所采取的(与公众)互动(engagement)的细节。但是,到2011年3月,出现了一个大转折。英格兰的政府规章新草案公布,删除了此前有关公开互动细节的规定。其规定的要求仅限于公布收集的信息和平等目标。与此形成对

---

〔68〕 The Race Relations Act(Statutory Duties)Order 2001, SI 2001 No. 2548, Art 2(b)(i) and the Race Relations Act(Statutory Duties)Order 2003 SI 2003 No. 3006, Art 2(b)(i).

〔69〕 The Sex Discrimination Act 1975 (Public Authorities) (Statutory Duties) Order 2006, SI 2006 No. 2930, Art 2(6)(d).

〔70〕 The Disability Discrimination (Public Authorities) (Statutory Duties) Regulations 2006, SI 2006 No. 2966, reg 2(2). 并且,与此有关的信息应当被纳入平等计划的内容,参见该法第2(3)(a)条。

比的是,苏格兰和威尔士的政府规章规定,在形成平等结果或者目标的过程中,所列的公共部门必须“采取合理的措施吸收那些具备相关受保护特征或者其他在公共部门看来能够代表这些人利益的人参与进来”。[71] 这里的问题是围绕目的和目标的透明度要求本身是否会带来足够的内部审查和自主行动。一些报告指出,英格兰的公共部门为了达到缩减开支的目的,正在放弃监测和影响评估,并且,也没有与利益相关方、工会以及平等代表进行磋商,或者吸收残障人的参与。

168 (四)采购合同与政府补贴

工党政府建议,在公共部门确定它们的平等目标以及为实现平等目标而采取的措施时,负责签订采购合同的公共部门应当公布的细节包括:它们如何确保在采购活动中将平等因素作为其中一部分加以考虑。其给出的例子是,如果英国国家医疗服务体系地区服务站(NHS trust)发现当地社区的一部分居民被无意地排除在某项服务范围之外,那么它应当考虑采购活动如何被用来实现将医疗服务扩大到所有社区居民的目的。[72] 另一项建议是,公共部门应当被要求使用与平等相关的奖励标准,前提是这些标准与采购合同标的相关,并符合比例标准。就此给出的例子是大型公有房屋的修缮计划,为

〔71〕 SI 2012 No. 162 reg 4(2).

〔72〕 Hansard HL Vol. 716 col 649(9 February 2010)(Baroness Royall).

了解决在当地和全国范围内建筑领域女性劳动者代表性不足的问题，地方政府可以在合同中增加一个条件，要求该建设合同所需工程量的10%由女性完成，承包商或者分包商与这些女性签订了学徒、培训或者劳动合同，并且正在组织其参与培训项目。[73]

联合政府并不愿意在英格兰执行此类详细的平等义务，但是苏格兰和威尔士的政府做到了。苏格兰和威尔士的政府规章规定，公共部门必须适当考虑（due regard）是否在奖励标准和采购条件中增加一些能够帮助其更好地履行平等义务的因素。任何采购要求都必须与采购协议的标的相关，且符合比例标准。英格兰的政府规章并未就此作出规定；但是，平等与人权委员会的操作指引表示，进行采购的公共机构可能需要将与平等相关的义务规定在合同中，以便与其根据法律所承担的平等义务一致。这意味着作为获得合同的条件之一，需要禁止承包商实施任何不合法的歧视，并要求承包商采取一切合理的措施确保其职员、供应商、分包商均满足《平等法》的要求。这一点适用于所有政府采购，无论其金额大小；不过，金额的大小可能会影响对前述平等考量因素的合比例性判断。如果公共职能被外包，那么外在的承包商则会受到概括的平等义务的约束。当事各方

[73] Hansard HL Vol. 716 col 649 (9 February 2010) (Baroness Royall).

169 需要遵守欧盟有关公共采购政策中设定的非商业目标的限制。[74]在 2016 年 4 月之前,英国必须执行欧盟第 2014/12/EU 号有关公共采购的指令。该指令第 18 条在历史上首次作出规定:

> 成员国应当采取合理的措施,确保在公共合同的履行过程中,经营者遵守了环境、社会和劳动法领域欧盟法、国内法、集体合同以及附件十所列举的国际环境、社会和劳动法规定所列明的义务。

该指令附件十所列举的规定包括国际劳工组织第 111 号《就业和职业歧视公约》和第 100 号《对男女工人同等价值的工作付予同等报酬公约》。该指令明确规定,在执行相关措施时应当遵守欧盟法的基本原则,特别是确保平等待遇原则的实现。负责订立合同的公共机构应当满足必要的透明度要求,确保所有投标者都被合理告知评标过程中所采取的标准和安排。当时的期待是,英国将通过国内立法对欧盟指令的这些规定进行转化,规定如果承包商被劳动关系裁判庭在经过合理庭审后认定存在严重的不端行为,包括持续存在的

〔74〕 在平等与其他社会正义目标有关的政府采购问题上,麦克拉登率先开展了权威性、标志性的研究,参见 McCrudden, C (2007) *Buying Social Justice: Equality, Government Procurement and Legal Change* (OxfordUniversity Press) 508 – 66;还可参见《剑桥评估报告》第 3.74 ~ 4.77 段。

歧视,或者其他严重违反国内平等立法或者国际劳工组织或者欧盟标准的行为,将被排除在备选名单(approved lists)之外,不邀请其参加投标,在竞标过程中不被允许中标,终止合同并承担终止合同的责任等。但是,到目前为止,《平等法》并未在这一点上作出任何明确规定。而平等与人权委员会的操作指引则回避这一问题,只是建议公共机构在采取补救措施之前先寻求专业的法律建议。

(五)"适当考虑"(having due regard)的含义

《平等法》明确阐明了"适当考虑提升平等机会的需求"的含义。这包括下列需求:

> (1)消除具备某一受保护特征的人所面临的与该特征相关的不利境遇,或者使之最小化;
>
> (2)采取措施满足具备某一相关受保护特征的人与其他不具备这一特征的人之间不同的需求;
>
> (3)鼓励具备某一受保护特征的人参与公共生活或者其他活动,而这一类人对公共生活或者其他活动的参与度较低。[75]

该法明确,在为满足残障人与非残障人不同的需求而采取的措 170

---

〔75〕 EA, s 149(3).

施中,应当考虑所涉及的残障类型。[76] 这包括为残障人提供合理的便利。[77] 更宽泛地讲,这一义务可能意味着对一些人提供相对其他人更优惠的待遇,前提是《平等法》许可这样做。[78] 这或许意味着以各种例外为依据,提供差别待遇或者积极行动措施。比如,这一义务可能会使地方政府为黑人女性的避难所提供资金支持,这一避难所为家庭暴力的受害人提供庇护,目的是提升女性的平等机会,并满足女性相比其他群体的不同需求;或者它会使地方政府将公共服务向老年人倾斜,或者使学校对其反欺凌的政策进行审视以防止"恐同"行为的发生。[79] 《平等法》也阐明了"适当考虑营造良好关系的需要"的含义。这一点主要涉及"解决偏见"和"促进理解"的需求。[80]

根据此前立法有关种族、性别和残障平等义务的规定,以及2010年《平等法》的规定,对于这一关键概念的解释,已经形成了相当庞大的判例法。这一解释通常是目的解释,并形成了若干原则。其中一个原则是,这一义务是有关实质平等的,需要采取积极的措施,进行更严格的审查,而不仅看是否违反了非歧视原则。[81] 同时,必须对

---

〔76〕 EA,s 149(4).

〔77〕 参见原著第94页。

〔78〕 EA,s 149(6).

〔79〕 EN,para 484. 公共部门的(平等)义务在这一点上也有适用的余地,尽管骚扰这一违法行为不得由个体援引。参见原著第101页。

〔80〕 EA,s 149(5).

〔81〕 R(Baker) v. Secretary of State for the Environment[2008]EWCA(CIV)141,para 30(Dyson LJ);R(E) v. JFS[2008]EWHC 1535,para 213(Munby J).

机会平等进行有意识的考量,机会平等问题现在已经被置于政策制定的核心位置。[82] 另一个原则是,受这一义务约束的公共机构必须在作出任何政策决定之前,事先考量这一问题。这是“确保实现反歧视立法目标机制的重要且内在的一部分”。[83] 同时,法院不能仅以与行政决策者相比它会更多地考虑平等的影响为由,而对行政决策程序进行干预。[84]

还有一个原则是,公共部门对于涉及平等的各项考量因素必须 171
采取一种“真实、严格且开放的方式”。[85] 这包括要尊重事实。所以,在有证据显示轮椅使用者由于轮椅的尺寸和特定的残障在使用出租车面临严重的困难时,负责出租车许可的机构就不能得出“轮椅使用者作为一个群体”可以无障碍地使用出租车的结论。[86] 在存在歧视效果的情形中,公共机构应当考虑消除这些后果的措施;如果歧视是间接性的,则它必须合理地检视这些效果是否合理且符合比例

---

〔82〕 Bracking v. Secretary of State for Work and Pensions[2014]EqLR 60,para 26.

〔83〕 Secretary of State for Defense v. Elias[2006]EWCA(CIV)1293;[2006]IRLR 934,para 274(Arden LJ).

〔84〕 R(Hurley and Moore) v. Secretary of State of Business, Innovation and Skills [2012]EWHC 201(Admin)per Elias LJ,paras 77 – 78.

〔85〕 R(Boyejo) v. Barnet London Borough Council[2009]EWHC 3261(Admin),paras 58 – 59(HHJ Milwyn Jarman QC).

〔86〕 R(Lunt) v. Liverpool City Council and EHRC(Intervener)[2009]EWHC 2356 (Admin).

标准。[87] 这并不意味着总是需要开展(平等)影响评估,但是,公共机构至少要考虑是否需要采取影响评估以及其他获得信息的措施。[88]

这些原则的应用在 Bracking v. Secretary of State for Work and Pensions 一案[89]中得到了体现。在该案中,残障人事务大臣作出决定,取消了独立生活基金(Independent Living Fund,ILF),上诉法院推翻了这一决定。这一基金与地方政府合作,为社区中需要社会护理服务的残障人提供"护理包"(care package),包括服务和直接现金支付。4 名身患严重残障的人对残障人事务大臣的决定提出了司法审查的请求。上诉法院认定,残障人事务大臣违反了适当考虑公共部门平等义务的规定。据称,公共部门平等义务为公共部门带来了"沉重的负担",它们需要证明已经通过善意且审慎的方式来面对它们作出的决定可能带来的后果。[90] 在该案中,上诉法院并未发现有任何证据证明残障人事务大臣对于她对残障人所负有的义务有任何

---

[87] R(Eisai) v. National Institute for Clinical Excellence[2007]EWHC 1941(Admin), para 93(Dodds J).

[88] R(Brown) v. Secretary of State for Work and Pensions [2008] EWHC 3158 (Admin), para 89.

[89] [2014]EqLR 60;对这些原则的较早阐释见于 R(Kaur) v. London Borough of Ealing[(2008) EWHC 3158 (Admin)]一案的判决之中。在该案中,法官认定取消对 Southall Black Sister 的经济资助是违法的,因为并未开展平等影响评估。

[90] Bracking v. Secretary of State for Work and Pensions[2014]EqLR 60, para 74, per Elias LJ.

清晰的认识。她所在部门的官员也未采取措施提醒其所负有的提升平等的积极义务。在该案中,公共部门平等义务的范围是由英国根据联合国《残疾人权利公约》第19条所负有的义务决定的,英国有义务采取有效且合适的措施,为残障人在社区生活的权利提供便利,这一权利就包括在合理情况下独立生活的权利。残障人事务大臣应当被提醒她所负有的这些义务,但是实际上并没有。

(六)公共机构的范围 172

《种族关系法》规定了承担种族平等义务的机构列表,而《消除残障歧视法》和《消除性别歧视法》将承担平等义务的机构界定为"承担公共性质职能的机构"。2010年《平等法》将这两种做法加以结合,既列举了承担这一义务的公共机构,[91]同时也将概括义务适用于任何行使公共职能的人。[92]但是,通过政府规章规定的具体义务可能只能适用于所列举的公共机构,而不能拓展适用于所有行使公共职能的人这一更广的范畴。[93]这在很大程度上限制了具体义务的范围,因为在全国和地方层面,越来越多的公共职能现在开始由私营领域的主体或者民间机构行使。这一点在教育、医疗、监狱、社

---

〔91〕 EA,sched 19.所列举的承担这一义务的公共机构包括政府的大臣、各政府部门,武装力量,英国医疗服务体系,地方政府,警察,由地方政府建立的学校的管理机构,继续教育机构的管理委员会以及高等教育机构,以及威尔士和苏格兰各种财政供养的公共机构。这一列表可以由主管大臣在经过磋商后加以修订。

〔92〕 EA,s 149(2).

〔93〕 EA,s 153.

会福利领域以及社会住房的个别方面体现得尤其明显。[94]

(七)执行

公共部门平等义务并不会衍生出任何可以执行的私法上的权利。它只能通过司法审查的方式加以实施。司法审查程序可以由任何享有足够利益的主体(包括平等与人权委员会)提起。到目前为止,实践中的大部分司法审查程序都是由非政府的机构或者个人提起的,尽管平等与人权委员会在个别案件中也积极地进行干预。至于被认定违反这一义务情况下能提供何种救济,则更多地属于法官自由裁量权的范畴。如果公共机构在决策时未适当考虑公共部门的平等义务,那么所作决定则为非法,应当被撤销,至于被撤销的方式则依法官自由裁量权而会体现出不同的特点。[95] 在极少的情况下才会裁定赔偿。一个饶有兴趣的进展是法官会在作出最终裁决之前鼓励公共部门采取措施对缺陷(如未进行磋商)进行补救。[96] 但是,需要注意的是,能够申请司法审查的事由是有限的。执行公共部门具体平等义务的方式通常是由平等与人权委员会签发一个整改通知(compliance notice);如果公共部门未及时整改,平等与人权委员会可以申请法院令状,要求公共部门整改。[97]

---

〔94〕 Hansard HL Vol. 717 col 1401(2 March 2010).

〔95〕 Bracking v. Secretary of State for Work and Pension[2014]EqLR 60, para 69.

〔96〕 Halford, J(2009), "Paying Attention to Inequality: The Development of Positive Equality Duties", 14 *Judicial Review* 21.

〔97〕 参见原著第 175 页。

最后，未履行公共部门平等义务可能会构成歧视的证据；或者在个体提起的法律程序中，直接导致对间接歧视的正当事由抗辩不被采纳。如果公共机构并未考虑其政策可能带来的任何歧视影响，或者没有为歧视行为提供任何可能的正当理由，那么就不大可能说服法院相信这些行动与其所追求的合法目的是成比例的。[98] 173

(八)公共部门平等义务的审查

自 2008 年开始实施财政紧缩政策以来，公共部门平等义务在制止或者延迟公共服务的削减方面，毫无疑问发挥了重要作用，在提供这些公共服务的过程中，公共机构有可能未对这些服务对具备受保护特征的某个或多个群体造成的影响给予合理的考虑。认定公共机构未遵守法律有关公共部门平等义务规定的情形包括：对预防家庭暴力的服务进行调整，导致取消了针对黑人和少数族裔女性受害人专门服务的经费支持；[99] 学校的校服政策对那些出于宗教或者文化原因而无法遵守这一政策的人群产生了不利的影响；[100] 护理机构的收费并未考虑老年痴呆症患者的特殊情况；[101] 规划方面的决策并未

〔98〕 See Secretary of State for Defence v. Elias[2006]EWCA(CIV)1293,[2006]IRLR 934,para 133(Mummery LJ);R(E)v. Governing Body JFS[2009]UKSC 15,paras 100 - 03 (Lord Mance),212(Lord Hope).

〔99〕 R(Kaur)v. London Borough of Ealing[2008]EWCA 2062 Admin.

〔100〕 R(Watkins-Singh) v. Governing Body of Aberdare High School[2008]EWHC 1865(Admin); R(G) v. Head Teacher and Governor of St Gregorory's Catholic Science College[2011]PTSR 931.

〔101〕 R(South West Care Homes)v. Devon County Council[2012]EWHC 2967 Admin.

考虑少数族裔的人开办的小微企业的情况;[102]出租车的牌照发放并未考虑轮椅使用者的特殊需求;[103]以及对租客进行驱逐,但并未考虑他们特别的精神健康需求。[104] 统一整合的义务规定扩大了公共部门平等义务的适用范围,使其有可能被用来处理交叉歧视的问题,即因为一个行政行为使两个或者以上的群体被置于不利境地的情形。然而,对具体的受保护特征的关注意味着,总体上的社会经济不公平现象并未得到解决,对一个弱势群体的保护有可能是以损害另一个弱势群体的利益为代价的。2010 年《平等法》的第 1 条曾为特定的公共部门规定了额外的义务,即当它们作出具有战略性质的决
174 策时,需要适当考虑通过一种能够减少因社会经济不公平所造成的结果不平等现象的方式来行使它们的权力,但是这一条后来被废止。尽管这一规定也受到了很多批评,[105]但是它意图将关注的重点从特定的身份转移到更广泛意义上的不平等问题。

曾经,这一新的整合后的具体义务规定被寄予厚望,希望能够引起关注重心的转变,即关注公共部门能够达致的结果,而不再过分关注它们应当遵循的程序。政府平等办公室(Government Equalities Office)宣称,"我们竭力避免严苛的官僚程序或者一个'清单打钩'

[102] Harris v. London Borough of Haringey[2010]EWCA Civ 703.
[103] R(Lunt)v. Liverpool City Council[2009]EWHC 2356 Admin.
[104] Pieretti v. London Borough of Enfield[2010]WECA Civ 1104.
[105] 参见本书第 1 版,第 141~143 页。

的方式,进而产生大量的文件,而这些文件一经产生,很快被束之高阁”。[106] 对于公共部门平等义务的履行问题,《反歧视法评估报告》列出了4项关键原则:对证据的使用应当聚焦于公共机构能够有所作为的领域;与雇员、服务使用者以及其他相关方进行磋商并吸收其进行参与;透明度,即允许人们了解公共机构的程序进展;能力,即强有力的领导和高水平投入。[107]

鉴于这些提议,乌斯利勋爵(Lord Ouseley)在获得平等与人权群体广泛支持的基础上提出了一项修正案。这些群体,用乌斯利勋爵的话讲,由于公共机构未能兑现它们在所有职能行使方面所负有的义务,而“感到幻灭和沮丧”;然而,在上议院的报告阶段,工党政府就否决了这一修正案,这一点令人吃惊。[108] 这一修正案旨在确保公共部门平等义务能够带来一些纸面以外的变化。它会要求公共机构“采取所有合比例的措施”以期消除歧视、提升平等,并营造良好的关系。它的目的是使公共机构开始产生真正的变化,而这一点可以由

---

[106] Government Equalities Office (2009) *Equality Bill: Making it Work. Policy Proposals for Specific Duties* (London, GEO), para 3.17.

[107] Government Equalities Office (2009) *Equality Bill: Making it Work. Policy Proposals for Specific Duties*(London, GEO), paras 3.9 – 3.14.

[108] Hansard HL Vol. 717 col 1399(2 March 2010). 政府的平等办公室和施耐德·罗斯(Schneider Ross)曾在报告中指出,影响评估可能会带来过重的官僚负担;但是也提到,很多机构确实在决策程序以及资源分配方面有了显著的改善,参见 Schneider Ross(2009) *Equality Duties: Assessing the Cost and Cost Effectiveness of Specific Race, Disability and Gender Equality Duties*(London, GEO)。

平等与人权委员会和法院根据比例标准来认定,而非像过去的做法一样,将如山的文件堆积在一起以证明它们已经适当考虑了涉及平等的各种考量因素。政府否决这一修正案,给出的理由是法院在(平等)义务问题上作出的判决已经明确了公共机构需要“严格且开放地”考虑这一影响,[109]并且,如果公共机构就所有受保护特征都需要采取合比例的措施,那么会使公共机构有限的资源更加捉襟见肘,
175 “而那些有着更迫切需求的人可能反而无法得到帮助”。[110] 这一理由似乎错误理解了“比例”标准的含义,根据这一标准,公共机构掌握的资源,及基于不同群体的需求而确立的优先方向,很明显都将是相关的因素。

法院一直很急迫地强调,“适当考虑”标准并不是一项达致某种结果的义务,且也不存在为实现特定结果而需要采取措施的义务。程序与结果之间的联系,可以通过具体义务中要求与利益相关人进行磋商、吸收其参与的内容而建立。这一点在苏格兰和威尔士已经实现;但是,政府意识中“给企业松绑”的观念导致政府在英格兰直接放弃了这一要求。从事实证研究的研究者会发现,对比研究三个辖区在机会平等问题上的进展会是一个很有意思的话题,特别是考虑这三个辖区在同一个问题上就法律义务作出了不同的规定。法院对

---

〔109〕 可参见摩西勋爵(Moses LJ)在 Kaur 一案(前注 89)中的评述:“仅仅是清单打勾的方式并不能满足评估过程的要求。”

〔110〕 Hansard HL Vol. 717 col 1402(2 March 2010)(Baroness Thornton).

监测、记录留存以及程序的强调可能会增加官僚负担，而对改变结果毫无助益。如弗莱德曼指出的那样，“法院一头扎进了这个管制三难选择（trilemma）中的每一个角落。影响评估很容易受到管制抵制的影响：确实，证据显示影响评估更容易沦为官僚体系中的‘各种填表’，而非采取实际行动”。[111]

2012年5月，联合政府设立了一个独立指导小组（Independent Steering Group），对公共部门平等义务的运作情况进行评估。独立指导小组在报告[112]中指出，公共部门平等义务背后的原则获得了广泛的支持，并且，有些公共机构“在其日常工作中在将平等问题主流化上做得很好”。但它们认为，要对公共部门平等义务的影响下一个最终的结论还为时过早。独立指导小组建议制定更详尽的操作指南，明确公共机构的最低要求；明确公共机构的监管部门，如监察员与纠察在为这一义务的执行提供支持方面有重要的作用；并明确公共机构应当在遵守法律关于这些义务的规定方面采取一种合比例的方式，而不应当用来“装点门面”（gold plate）。鉴于围绕司法审查所引发的关切，独立指导小组建议政府应当考虑是否有更便捷、高效的处理与公共部门平等义务相关纠纷的方式。鉴于政府所提出的改革司

---

〔111〕 Fredman, S (2011) *Discrimination Law*, 2nd edn (Oxford, Oxford University Press) 405, 420.

〔112〕 Government Equalities Office, *Review of the Public Sector Equality Duty*, *Report of the Independent Steering Group* (September 2013).

法审查的建议,议会联合人权委员会对独立指导小组组长就公共部门平等义务的价值所作的肯定表示欢迎,即独立指导小组组长认为,公共部门平等义务应当继续通过司法审查机制的方式作为一种具有法律执行力的义务而存在。这并不排斥设计另外一种更便捷、高效的机制的可能性,但是,议会联合人权委员会建议任何此类机制应当保留司法审查作为这一义务的最终法律执行力保证,而不是取代司法审查。[113]

---

〔113〕 Joint Committee on Human Rights, *The Implications for Access to Justice of the Government's Proposal to Reform Judicial Review*.

第七章　法律的实施

一、平等与人权委员会

177

(一)统一的委员会[1]

平等与人权委员会根据2006年《平等法》[2]成立,并于2007年10月1日起正式开始投入运营,取代了此前的种族平等委员会、残障人权利委员会以及平等机会委员会。这一委员会管辖的事项范围既包括种族、性别和残障,也包括新型受保护的特征如年龄、宗教/信

---

〔1〕 总体的论述可参见 Hepple, B (2012), "Agency Enforcement of Workplace Equality", in L Dickens(ed.) *Making Employment Rights Effective: Issues of Enforcement and Compliance* (Oxford, Hart Publishing), ch 4。

〔2〕 2006年《平等法》中这一委员会的英文名称为"Commission for Equality and Human Rights"(CEHR),但是该委员会后来决定将其英文名字调整为EHRC。

仰、性取向和性别重置。此前的各个委员会彼此之间很相像,但又不完全相同,不同委员会的行事风格也有一些特殊之处。整合后的新委员会与此前的几个委员会相比,职权范围更宽,包括促进人权实现的职权,并享有更大的执行权力(基本上是以残障人权利委员会作为模型的)。

为了确保平等与人权委员会能够不偏不倚且不受报复地对在公共部门和私营部门发生的事件进行处理,委员会需要具有独立地位。与作为其前身的委员会一样,平等与人权委员会是一个相对独立的非政府部门公共机构(non-departmental public body,NDPB),平等与人权委员会主席由相关的内阁大臣任命,其经费和预算由政府确定。但是,2006 年《平等法》规定,内阁大臣有义务考虑为确保该委员会在确定其活动、时限和优先事项时"受到尽可能少的限制的必要性"。[3] 议会联合人权委员会建议,如果平等与人权委员会直接向
178 议会负责,如苏格兰人权委员会向苏格兰议会负责,全国审计办公室和选举委员会向英国议会负责一样,这更符合联合国的巴黎原则(UN Paris Principles),[4]该原则规定了人权机构的理想地位、功能

〔3〕 EA 2006, sched 1 para 42(3).

〔4〕 *Principles Relating to the Status of National Institutions*, UN General Assembly Resolution 48/134, December 1993.

和权力。不过,该建议并未被采纳。[5] 政府中负责这一立法和委员会事务的部门一直处在变动状态,一度有5个政府部门对此负有相关的职责。政府平等办公室负责政府层面协调平等策略和立法。主管的部门也从最初的内政部在2010年后转变为文化媒体与体育部(Department for Culture Media and Sport)。该部目前有一名女性事务大臣(Minister for Women),负责女性、经济与儿童照料事务,以及两名副大臣,其中一名分管平等与人权委员会、立法以及同性婚姻事务,另一名分管女性与发展、公司董事会中的女性比例、同性恋与跨性别政策、公共部门平等义务,以及“躯体自信”。

不对议会直接负责,以及由主管大臣掌管人事任命和预算的终极大权,会导致公众对委员会可信度信心的缺失。比如,议会联合人权委员会对平等与人权委员会主席在2009年被再次任命的方式,即在无公开竞争的情况下由时任女性与平等事务大臣直接任命的方式,表达了强烈的批评。联合人权委员会重申了立场,主张不应再将任命委员会委员的权力交由主管大臣行使。[6] 为了应对主张平等与人权委员会直接向议会负责的呼声,2012年政府同意由议会联合

---

〔5〕 JCHR(Joint Committee on Human Rights)(2005 – 6) *Legislative Scrutiny: Equality Bill* 4th Report of Session 2005 – 6, HL Paper 89, HC Paper 766 (London, The Stationery Office), paras 27 – 30, 126 – 42.

〔6〕 JCHR(Joint Committee on Human Rights)(2009 – 10) *Equality and Human Rights Commission*, 13th Report of Session 2009 – 10, HL paper 72, HC Paper 183 (London, The Stationery Office), para 58.

人权委员会对由时任主管大臣提名的平等与人权委员会主席人选奥尼尔女男爵的任职资格进行任前审查;而在对她进行听证询问后,议会联合人权委员会肯定了其任职资格。现在,议会联合人权委员会已经形成了一种机制,每年要就平等与人权委员会的工作召开一次会议进行讨论。平等与人权委员会的独立地位,对于其荣获联合国国别人权促进与保护机构国际协调委员会(ICC)A 等(A-status)地位认证,功不可没。国际协调委员会强调,"最有效的国别机构通常都享有一个宽泛、不受限制的职权范围","一个全覆盖的管辖区域",以及"充足的经费"。[7] 2013 年,平等与人权委员会的 A 等地位受到质疑,原因在于经费大幅度的削减,以及该委员会与当时的主管部门(内政部)达成了一份框架协议,似乎允许内政部对平等与人权委员会的运作施加不正常的影响。在主管部门调整后,平等与人权委员会和文化媒体与体育部(DCMS)之间达成的新框架协议(2013 年 4 月),似乎与联合国巴黎原则相一致。截至 2014 年 1 月,
179 平等与人权委员会的评级仍为 A 等。但是,由于提交进度报告的要求从最初的每 3 年提交一次,变更为每 5 年提交一次,(其对议会所负的)责任遭到削弱。[8]

统一委员会的优点和缺点在 2006 年《平等法》制定过程中被加

---

〔7〕 ICC, *Assessing the Effectiveness of National Human Rights Institutions*(2005)8.

〔8〕 ERRA 2003, s 64(2) amending EA 2006, s 12(4)(b).

以讨论。主张统一委员会的人认为,这会将平等作为一项普遍的原则而提高其地位,提高效率,对于那些想从单一来源获得一致信息和建议的雇主及其他用户来讲是一个利好消息,并且,也是消化吸收新的受保护特征的最佳办法。统一委员会对于处理多重歧视的案件来讲,也变得相对简单。[9]

主要的缺点被认为是在单一委员会下,势力相对庞大的群体如女性或者少数族裔,将吞噬其他势力相对弱小的群体,这一点被残障群体反复提起,他们想维系由残障人权利委员会所达致的成果,而在残障人权利委员会下,残障人发挥着关键作用。从一定程度上讲,这一主张背后的理论依据是某个委员会的主要功能是代表利益群体,或者给他们一个发声的机会。而统一委员会的拥趸则认为,委员会的主要角色是一个职业性角色而非代表性角色,旨在促进平等、执行法律,并确保资源被优先用在最具战略性的议题上。

(二)委员会的结构与管理

观点上的分歧导致在制度安排上的许多妥协。工党政府最终决定采取统一委员会的做法,并成功抵制了试图修改立法草案、增加有

---

〔9〕 See Bob Hepple, Mary Coussey and Tufyal Choudhury, *Equality*: *A Framework* (*Report of the Independent Review of the Enforcement of UK Anti-Discrimination Legislation*) (2000), paras 2.88 – 2.89. 这一问题是由内阁办公室在 2002 年就《种族指令》和《就业框架指令》进行磋商的过程中提出的,而有关统一委员会的详细建议则是在一份白皮书中提出的,参见 *Department of Communities and Local Government* (2004) *Fairness for All*: *A New Commission for Equality and Human Right*, Cm 6185 (London, The Stationery Office)。

关女性、黑人和其他少数族裔在委员会中的固定比例的做法。委员会由10~15名委员组成,其中一名委员经由主管内阁大臣任命担任主席;主席通常在委员会负有职责的事项上富有知识和经验,特别是在歧视与人权问题上。[10] 为了解决残障人权利委员会不愿加入的问题,2006年《平等法》规定平等与人权委员会中必须有一名委员是残障人或者曾经是残障人,并建立了一个法定的、有决策权的残障分委员会(Disability Committee),该分委员会可以在残障问题上行使平
180 等与人权委员会的若干权力。[11] 残障分委员会的主席和至少半数以上的委员必须是残障人,或者曾经是残障人。[12] 在2014年进行的一项独立评估得出结论,法定的残障分委员会应当被一个外部的高级别残障战略咨询委员会所取代。

种族平等委员会之所以不愿意被并入统一的委员会,理由是统一的委员会"无法充分关注社群关系、极端主义以及融合问题"。但是,政府并不愿意将种族平等从平等与人权委员会的核心职能中分离出来;并且,在反对党和其他群体的支持下,拒绝了设立独立的种族分委员会的提议,也没有明确规定少数族群的代表问题,尽管在实践中,有几名委员是黑人或者来自其他少数族裔。在政府承诺平等

[10] EA 2006, sched 1 para 2. 委员会应当任命一位首席执行官,该首席执行官依职权自动成为委员会的委员:paras 1(2),7.

[11] EA 2006, sched 1 para 49 - 64.

[12] EA 2006, sched 1 para 50(1).

与人权委员会的权力不会比现存的几个委员会的权力小，且种族平等委员会的种族平等理事会(racial equality councils)在短期内可以保留后，种族平等委员会改变了立场。尽管种族平等委员会当时得到的承诺是其可以继续运行至2009年，但在特雷弗·菲利普斯(Trevor Phillips)被任命为平等与人权委员会的首任主席后，种族平等委员会与其他几个委员会同时于2007年10月被并入平等与人权委员会。

(三)一般权力与职责

平等与人权委员会负有许多法定的职责。其中，有一项概括职责为：鼓励和支持一个尊重人权、尊严、平等机会以及不同群体之间相互尊重的社会的发展。[13] 如前所述，[14]联合政府试图将这一概括职责移除的企图并未实现。提升对维持不同群体之间良好关系重要性的理解的具体职责[15]在2013年被废除。[16] 这一废除使人们对平等与人权委员会能否利用其权力支持议会跨党派小组(All-Party Parliamentary Group)抵制反犹太主义运动，或者此前种族平等委员会的"将种族主义踢出足球"运动提出了质疑。这一废除反映了一种观点，即平等与人权委员会主要是一个执法机构，因此，应当将前述

〔13〕 EA 2006, s 3.
〔14〕 参见原著第8页。
〔15〕 EA, s 10(1)(4).
〔16〕 ERRA 2013, s 64(1).

性质的运动留给 NGO 去处理。平等与人权委员会剩下的“核心”职
181 责包括促进对平等与多元化重要性的理解,提升对《平等法》中所规定权利的理解与意识,执行《平等法》,在平等与多元化问题上鼓励最佳实践,以及消除非法歧视与骚扰。[17]

此前的委员会在设定和提高标准方面都取得了成功。衡量这一点的主要标准,除了提升公众认知以外,更重要的是通过操作指引。2006 年《平等法》,在 2010 年得以修改,要求平等与人权委员会在制定操作指引前,应当公布建议草案,并与相应的人群进行磋商。这一草案必须经由主管内阁大臣批准后,提交给议会。如果上议院和下议院在 40 天之内并未通过决议否决这一草案,那么该操作指引将在主管内阁大臣确定的日期生效。[18] 未遵守操作指引的规定并不会使一个人承担民事或者刑事责任,但是,操作指引作为可采信的证据,法院或者劳动关系裁判庭必须在相关的案件中加以考虑。[19] 为了取代此前由各个委员会制定的单独的操作指引,平等与人权委员会到目前为止在劳动就业、同工同酬以及服务提供问题上制定了新的操作指引。这些新的操作指引的优点是一以贯之,且与时俱进;缺点是太过冗长、过分琐细且规范性(prescriptive)太强。雇主对前面提到的劳动就业操作指引的了解程度较高,很多雇主对其招录和遴

〔17〕 EA 2006, s 8(1).

〔18〕 EA 2006, s 14.

〔19〕 EA 2006, s 15(4).

选方法进行了重新审视，并根据操作指引采取了相应的措施，增加了少数族裔、女性和残障人的工作机会。[20] 但是，对于中小规模的雇主来说，则容易忽视这一冗长且复杂的操作指引。平等与人权委员会有权力对与平等和人权有关的立法的有效性进行监督，并就这些问题向中央或者地方自治政府提出建议。[21] 它必须适时地发现与其总体目的相关的社会变化，关注旨在实现的结果，以及衡量进步程度的指标。[22]

（四）人权

自 1998 年《人权法》出台以来，许多有志之士一直倡导成立一个职权广泛的人权委员会（Human Rights Commission），负责促进和确保人权的实现，包括平等权，这也是一些其他国家的做法。[23] 而其 182
他人则认为一个大的人权委员会，将所有受保护的特征都纳入调整范围，将变得"太过庞大且笨重，并且有可能忽视平等问题"。[24] 为了回应这一关切，《剑桥评估报告》提出成立一个独立的平等委员会

---

〔20〕 Coussey, M (1992), "The Effectiveness of Strategic Enforcement in the Race Relations Act 1976", in B Hepple and EM Szyszczak (eds.), *Discrimination: The Limits of Law* (London, Mansell) 40 – 43.

〔21〕 EA 2006, s 11.

〔22〕 EA 2006, s 12.

〔23〕 Spencer, S and Bynoe, I (1998) *A Human Rights Commission: The Options for Great Britain and Northern Ireland* (London, IPPR).

〔24〕 ORC Equal Opportunities Group, evidence to Cambridge Review (2000), see Bob Hepple, Mary Coussey and Tufyal Choudhury, *Equality: A Framework (Report of the Independent Review of the Enforcement of UK Anti-Discrimination Legislation)* (2000), para 287.

和一个独立的人权委员会,正如北爱尔兰的做法,且两个委员会之间签署谅解备忘录,就如何处理交叉问题达成共识。[25] 工党政府最终决定成立一个统一的委员会,其职责包括促进人权的实现,但是执法的权力仅限于平等问题,而不包括其他人权。将人权问题纳入平等与人权委员会的调整范围,受到很多人的欢迎,他们乐见平等问题被置于一个更宏大的人权文化中心。

2006 年《平等法》赋予委员会一项职责,即提升对各类人权重要性的理解,[26] 鼓励形成最优实践,提升对人权的意识、理解与保护,并鼓励公共机构尊重《欧洲人权公约》所规定的各项权利。[27] 在 2008 年 4 月,平等与人权委员会就"尊重人权的文化"(culture of respect for human rights)问题启动了一项调查程序,对取得的进展进行评估。这一调查的报告于 2009 年公布,建议平等与人权委员会应当在提升公众对人权和《人权法》的意识方面发挥领导作用,并帮助公共机构将其根据《人权法》负有的积极义务与公共部门平等义务实现融合。平等与人权委员会出台了《2009 ~ 2012 年人权战略》,但是这一人权战略在 2010 年时受到议会联合人权委员会的批评,因为

---

〔25〕 See Bob Hepple, Mary Coussey and Tufyal Choudhury, *Equality: A Framework* (*Report of the Independent Review of the Enforcement of UK Anti-Discrimination Legislation*) (2000), para 2.87.

〔26〕 EA 2006, s 10(2). 这包括各类国际条约所规定、英国并未通过国内法加以转化的人权,但是关注的重点是《欧洲人权公约》规定的权利,参见第 10(3)条。

〔27〕 EA 2006, s 10(1).

“几乎没有包含时间进度或者重大进展的指标，也没有衡量进展或者成效的标准”。议会联合人权委员会“对平等与人权委员会在许多重大人权议题上缺乏参与，表达了失望，”[28]并得出结论，平等与人权委员会“到目前为止并未实现其在人权方面的使命”，并且，其目前的人权战略“需要实质性的提升”。[29]

不过，这一缺陷可能在部分程度上是由议会造成的，因为议会只赋予平等与人权委员会执行《平等法》的权力，并未赋予其在人权问题上以充分的执法权力。

（五）执法权力 183

按照《种族关系法》与《消除性别歧视法》立法者的设想，委员会将充分行使其执法权力，对特定的组织进行调查，并制止其歧视行为。调查的方式有两种。第一种是一般调查（general inquiries），只需提前发布通知，无须委员会认定有具体的违法行为发生，便可以开展此类调查。这些调查不能明确针对某一个组织，且只能最终形成一个报告和建议。强制证人作证的传票通知只能由主管内阁大臣签发。第二种是“确信”（belief）或“指控”（accusatory）型调查，即对由

---

〔28〕 JCHR（Joint Committee on Human Rights）（2009－10）*Equality and Human Rights Commission*，13th Report of Session 2009－10，HL paper 72，HC Paper 183（London，The Stationery Office），para 25.

〔29〕 JCHR（Joint Committee on Human Rights）（2009－10）*Equality and Human Rights Commission*，13th Report of Session 2009－10，HL paper 72，HC Paper 183（London，The Stationery Office），para 83.

特定人所实施的疑似违法行为开展的调查;种族平等委员会和平等机会委员会有权力签发传票,并在经过听证后,可以下达不得歧视的整改通知(non-discrimination notices),要求停止歧视行为。

最初,种族平等委员将其角色定位为监察机构,可以在没有违法歧视证据的情况下对某个机构展开调查,只要有一般的证据证明该机构所在的行业或者某类岗位存在不平等现象,或者因为该机构在其所在的行业处于领先地位。种族平等委员开展了许多重要的调查活动,展示了歧视的实施方式以及应对歧视的方法。[30] 但是,它遇到了司法的敌意,特别是来自时任上议院高等法官及卷宗主事官(the Master of the Rolls)丹宁勋爵(Lord Denning)的敌意,众所周知,丹宁勋爵曾经将种族平等委员会的权力与宗教法庭(Inquisition)的权力相提并论。[31] 在1984年的Prestige一案中,[32]上议院认定,除非种族平等委员会对某些人从事了违法行为形成了怀疑,否则不能对某一机构开启调查。在Hillingdon一案中,[33]将这一规则提升为“合理怀疑”(reasonable suspicion)标准,即“委员会需有一定的证据,这些证据在正常人(reasonable men)看来有理由怀疑某个人实施了

〔30〕 Coussey, M (1992), "The Effectiveness of Strategic Enforcement in the Race Relations Act 1976", in B Hepple and EM Szyszczak (eds.), *Discrimination: The Limits of Law* (London, Mansell) 37 – 40.

〔31〕 Social Science Research Council v. Nasse [1979] 1 QB 144, CA, 172.

〔32〕 R v. Commission for Racial Equality, ex parte Prestige Group Ltd. [1984] ICR 473.

〔33〕 Hillingdon London Borough Council v. Commission for Racial Equality [1982] AC 779.

非法行为,而此处的正常人应当具备委员会所了解的隐蔽歧视的各种经验和知识”。[34]

这些判决,再加上资源不足,使委员会在战略执法(strategic enforcement)方面面临诸多掣肘,导致歧视行为持续存在。作为前述判决所涉调查对象的公司,无一具备平等就业机会政策,而监测机制的缺乏意味着对于求职者和雇员所属民族信息并未留存,也很难获 184
取其他证据。[35] 为前述正式的调查敲响丧钟的另外一个事件是上诉法院在 1982 年 Amari Plastics 一案中的判决,在该判决中,上诉法院认为被上诉人不仅可以对种族平等委员会认定的事实提出异议,也能够对其在整改通知中提出的停止歧视行为的要求提出异议。[36] 被上诉人本已享有各种复杂的程序保障,各级法院在此基础上又“加码”,比如,要求委员会提前告知被调查机构调查职权范围(terms of reference),并在调查开始之前为其提供听证的机会。丹宁勋爵直言不讳地指出,“调查机制的烦琐程度使它有可能最终停摆”。[37] 毫不意外地,种族平等委员会针对特定机构展开的“确信”或者“指控”型调查的数量出现了急剧下降。在 1989 年以后,种族平等委员会将指

---

〔34〕 [1982]AC 779,791(Lord Diplock).

〔35〕 Coussey,M(1992),“The Effectiveness of Strategic Enforcement in the Race Relations Act 1976”,in B Hepple and EM Szyszczak(eds.),*Discrimination:The Limits of Law* (London,Mansell)39.

〔36〕 R v. Commission for Racial Eqaulity,ex parte Amari Plastics[1982]QB 1194.

〔37〕 [1982]QB 1194,1203.

控型调查作为一种最终的救济手段,只有在试图说服某个机构改变其做法的途径已被穷尽后才会考虑。当时,更多采取的做法是与被调查机构之间进行协商,达成一个整改协议,在执行整改协议期间,调查程序中止。这一方法取得了一定的成效,在一些大的机构中,如交通运输工人工会(RMT Union)、国防部皇家骑兵团(House of Cavalry)、伦敦的哈克尼区(London Borough of Hackney)、皇家检察署(Crown Prosecution Service)以及福特公司均成功地实现了自愿整改。而平等机会委员会启动的正式调查程序比种族平等委员会更少,在 1977 年至 2005 年共有 11 次,而最后一次发生在 1995 年。

而残障人权利委员会启动正式调查的权力在法律中的表述方式多少有点不同,事实上将 Prestige 一案中的标准通过法律的形式固定下来,但是允许针对某个特定的人开展非指控型的调查。对残障人权利委员会权力的一个有益补充是规定了"替代执法行动的协议"(agreements in lieu of enforcement action)。残障人权利委员会可以与特定的人达成协议,根据该协议,特定的人承诺不再从事违法的行为,并采取协议中明确约定的积极行动,以此换来委员会放弃采取执法行动的优惠。如果承诺并未得到信守,残障人权利委员会可以申请法院的令状对其加以执行。残障人权利委员会也有权力要求实施了违法行为的人制订一份行动计划,目的是避免重复实施或者延续这一违法行为。

2006 年《平等法》赋予了平等与人权委员会两项权力,这两项权力基本上是参照种族平等委员会的权力而来的:一项权力是开展调研(inquiry),另一项权力是启动正式的调查程序(formal investigation)。前者可以与委员会的职责有关,但是最终只能形成调研报告和改进建议。这一报告和建议并不具有法律效力,但是法院 185
和劳动关系裁判庭会参考调研报告的结论,〔38〕并且,委员会也可以在正式的调查程序中使用在前述调研过程中获得的信息或证据。〔39〕

平等与人权委员会获取处于司法控制之下的信息、文件和口头证据的权力受到了很大的限制。〔40〕统一委员会的优点之一是其开展的调研可以横跨不同的受保护特征,如对可能存在的多重歧视展开调研。调研可以与某一特定的部门相关(平等与人权委员会在2008~2009年就金融、建筑和肉类加工行业开展了相关的调研),〔41〕也可以聚焦于某一个主题(比如,平等与人权委员会曾就人权问题开展过调研),还可以与某个或者多个特定的人相关。〔42〕平等与人权委员会在启动调研之前,必须公布调研的职权范围,并且,更重要的是,它需要将这一调研的职权范围告知可能会涉及的人。〔43〕平等与

〔38〕 EA 2006, sched 2 para 17.

〔39〕 EA 2006, s 16(2)(c).

〔40〕 EA 2006, sched 2 paras 9-14.

〔41〕 Equalities and Human Rights Commission (2010) *Annual Report and Accounts 2008-9*, HC 232(London, The Stationery Office).

〔42〕 EA 2006, s 16.

〔43〕 EA 2006, sched 2 paras 2-5.

人权委员会不能就某个特定的人是否从事了违法行为而启动此类调研;为此,它必须启动正式的调查程序。[44] 平等与人权委员会不得在其报告中指明某个人从事了某一违法行为,也不得提及某个人所从事的某项活动,除非这样做不会将个人置于不利地位,或者为该报告充分反映调研结果所必需。[45] 在公布调研报告之前,平等与人权委员会必须将报告草案送达那些可能受到调研报告结论不利影响的人,并给他们 28 天时间来发表意见,平等与人权委员会需要对这些意见加以考虑,在此基础上最终公布报告。[46]

平等与人权委员会的第二项权力是启动正式的调查。委员会启动调查的前提是它"怀疑"(suspect)某个人可能已经从事了某一违法行为。[47] 这一做法遵从了残障人权利委员会的模式,并且根据政府的表述,确立了"合理确信"(reasonable belief)的"门槛标准"。[48] 这似乎将前述判例法的规则成文法化,但也有意见认为,只有在平等与人权委员会启动调查程序的决定不理性或者严重不合比例标准时,法院才能介入。[49] 仅有一个针对违法行为的投诉并不足以构成

---

〔44〕 EA 2006, s 16(2).

〔45〕 EA 2006, s 16(3).

〔46〕 EA 2006, s 16(5).

〔47〕 EA 2006, s 20(2).

〔48〕 Commission for Equality and Human Rights: The Government's Response to Consultation (2004), para 38.

〔49〕 O'Cinneide, C (2007), "The Commission for Equality and Human Rights: A New Institution for New and Uncertain Times", 36 *Industrial Law Journal* 141, 155.

启动正式调查程序的基础,但是,在一段时间内一系列的投诉则可能会足以构成启动的基础。前述怀疑可以(但不必然)是基于调研过程中发现的问题而产生的。[50] 启动正式的调查程序有严格的程序要求。在开启调查程序之前,平等与人权委员会必须公布调查的职权范围,明确被调查人以及平等与人权委员会所怀疑的违法行为的性质。被列明的调查对象至少有3个机会可以发表自己的看法:首先,他们将被告知调查的职权范围,并就这些职权范围发表意见;[51] 其次,对于调查的主题,他们也有发表意见(不一定是口头的)的机会;[52] 最后,在公布最终的调查报告前,如果调查报告认定其从事了某一违法行为,那么其有28天的时间就调查报告的草案发表意见,而这些意见在调查报告最终公布之前应当予以考虑。[53] 在正式的调查程序中,在获取信息、文件和口头证据方面,平等与人权委员会也享有与前述调研程序相类似的权力。[54] 186

针对特定对象的调查最终可能会形成一份违法行为告知书,对此告知书,被调查对象有上诉权,可以上诉至相应的法院或者劳动关系裁判庭。[55] 告知书可以要求被调查对象准备一份行动计划,目的

---

〔50〕 EA, s 20(3).

〔51〕 EA 2006, sched 2 para 3.

〔52〕 EA 2006, sched 2 paras 6 – 8.

〔53〕 EA 2006, s 20(4).

〔54〕 EA 2006, sched 2 paras 9 – 14.

〔55〕 EA 2006, s 21.

是避免重复实施或者延续这一违法行为,并可以基于这一目的就下一步采取的措施向被调查对象提出建议。[56] 行动计划需要得到平等与人权委员会的批准,[57]委员会也有权力向(英格兰和威尔士的)郡法院或者(苏格兰的)治安官申请令状,要求被调查对象向平等与人权委员会提交行动计划草案或者修改后的行动计划。从行动计划生效之日起5年内,平等与人权委员会可以申请令状,要求被调查对象按照行动计划的内容行事,或者出于类似目的要求其采取特定措施。[58] 无正当理由拒不遵守令状,可能会面临罚款。[59] 平等与人权委员会也有权力评估公共部门平等义务的履行情况,且如果它认定某个公共部门并未遵守这一义务,它有权力签发整改通知。[60] (参见前文第172页)

可以看出,平等与人权委员会的执法模式基本上没有超出其前任的执法模式。特别值得注意的是,它并没有抓住推翻Prestige和
187 Hillingdon案中确立标准的机会,这意味着在无证明违法行为证据的情况下仍然无法启动调查程序。平等与人权委员会本可以像爱尔兰平等委员会(Irish Equality Authority)一样,被赋予在公共部门和私营部门开展平等审计(equality audit)的权力,即使没有证明歧视的具

〔56〕 EA 2006, s 21(4).

〔57〕 EA 2006, s 21(3).

〔58〕 EA 2006, s 21(6).

〔59〕 EA, s 21(9).

〔60〕 EA 2006, ss 31, 32.

体证据,也可以开展平等审计。[61] 从 1989 年开始,北爱尔兰的公平就业立法赋予公平就业委员会(Fair Employment Commission,FEC)及后来的北爱尔兰平等委员会(Equality Commission for Northern Ireland,ECNI)以权力,允许其利用每 3 年一度的评估结论(雇主被要求提交其雇员中天主教和新教群体的代表性方面的信息),以及它们的调查权力,以便与被调查对象达成协议,纠正天主教与新教徒中任何一个群体的代表性不足的问题。这些是平权行动的协议,通常要求被调查对象改变他们招聘、打广告、晋升以及辞退的方式,也可能会设定一些量化的目标和时间表。所达成的协议大部分是自愿性的,但是,也有很多是可以强制执行的。自愿性的协议通常都有一个 3 年的评估期限,而可以强制执行的协议通常都是正式调查程序的后续措施。安东尼·海尔斯(Anthony Health)及其同事开展的研究[62]表明,聚焦于组织层面的变革,相比法律诉讼,就实现公平就业这一点而言更有效,尽管诉讼能够提供一定的经济激励。自愿性的协议往往比强制执行的协议效果更好。

由于《平等法》并未能引入就业平等与薪酬审计,[63]这意味着,

---

〔61〕 O'Cinneide,C(2007),"The Commission for Equality and Human Rights:A New Institution for New and Uncertain Times",36 *Industrial Law Journal* 141,157.

〔62〕 Heath,A, Clifford, P, Hamill, H, McCrudden, C, Muttarak, R (2009), "The Enforcement of Fair Employment Law in Northern Ireland: The Effects of Commission Agreements,MacBride Agreements and Fair Employment Tribunal Cases",unpublished paper.

〔63〕 参见原著第 155 页。

在英国,雇主几无动力与平等与人权委员会达成自愿性协议。不过,该法毕竟朝着强制执行协议方向已经迈出了一步。2006 年《平等法》赋予平等与人权委员会以达成强制执行协议以换取免于执法行动的权力,如同前身残障人权利委员会(DRC)。[64] 平等与人权委员会只有在认为某人实施了某一违法行为的前提下才能这样做。[65] 就被调查对象而言,达成这样的协议也是有激励的:达成协议后,委员会必须承诺不再继续开展正式的调查程序,或者不再下发违法行为整改通知书;而被调查对象也不会仅因为签署了这一协议就被视为承认从事了违法行为。[66] 如果委员会认为协议的一方并未遵守,或者不大可能再遵守该协议中的约定,它可以向(英格兰和威尔士的)郡法院或者(苏格兰的)治安官申请令状,要求其遵守协议,或者采取法院所命令的其他具体行动。[67]

188 平等与人权委员会还享有许多其他的执法权力。如果它认为某个人可能从事某一违法行为,那么它可以申请(英格兰和威尔士的)禁制令(injunction),或者(苏格兰的)禁令(interdict),预防其从事这一行为。[68] 平等与人权委员会也有权力启动法律程序或者参与法律程序,无论这一法律程序是司法审查还是其他程序,只要在委员会

---

〔64〕 EA 2006, s 23.

〔65〕 EA 2006, s 23(2).

〔66〕 EA 2006, s 23(2).

〔67〕 EA 2006, s 24(2), (3).

〔68〕 EA 2006, s 24(1).

看来这一程序与该其职权范围相关联。[69] 最后，2010 年《平等法》修改了 2006 年《平等法》的规定，允许平等与人权委员在个体不能或者不愿意采取行动的情形下，动用其执法权力，包括开展调查和申请禁制令。这些情形包括直接歧视和间接歧视，以及一些若适用于个体将导致直接歧视的安排。如果平等与人权委员会动用了执法权力，并不会影响个体根据《平等法》提起法律程序的资格。[70] 《立法释义》中给出的例子是一家家庭旅馆（B&B）在广告中申明，其不欢迎吉卜赛人和流浪者群体。即使平等与人权委员会采取了行动，某个不被欢迎的个体仍然可以他自己的名义提起法律程序。[71] 平等与人权委员会可以针对涉嫌歧视的行为采取措施，即使它并未发现受到这些行为影响的个体。比如，平等与人权委员会认为某个俱乐部有一条不成文的规定，不接受少数民族的会员，那么委员会就可以针对这一俱乐部采取行动，尽管它并未发现任何受到这一规定影响的个体。[72] 当雇主向求职者询问一些被禁止提问的问题，如有关残障和健康状况的问题时，[73] 委员会也可以行使其权力；委员会还可以要求政党接受多元性报告安排（diversity reporting arrangements）。[74] 这

〔69〕 EA 2006, s 30.

〔70〕 EA, sched 26 para 13 inserting EA 2006, s 24a(4).

〔71〕 EN, para 1024.

〔72〕 EA, sched 26 para 13 inserting EA 2006, s 24a(2); EN, para 1024.

〔73〕 参见原著第 96 页。

〔74〕 EA, sched 26 para 13 inserting EA 2006, s 24a; EN, paras 1022 – 24. 参见原著第 162 页。

些规定取代了此前立法中与歧视性做法和歧视广告有关的规定。

(六)对个体的支持与调解调停

个体的行动构成了平等与人权委员会执法行动的补充,并且,也应该与执法活动相互辉映。2006年《平等法》允许平等与人权委员会为个体及非政府的平等组织提供一系列的支持。首先,其建立了一个提供信息和一般建议的援助热线。联合政府取消了对这一援助
189 热线的资金支持,取而代之的是一个由思富特尔(Siftel,一个私营机构)运营,由英国残障人权利协会(Disability Rights UK)及其他合作伙伴提供支持的综合咨询服务。这一咨询服务可以提供有关法律权利和救济途径以及纠纷解决方式的咨询。但是,它不能提供法律咨询和代理服务,并且,在起诉以后不得就法院或者劳动关系裁判庭的法律程序提供意见,也不得就一个案件的胜诉把握提供咨询建议。

其次,平等与人权委员会曾经有一个法律基金项目(legal grants programme),[75]能够为那些就个体的法律权利进行培训的志愿组织提供资助。它也可以为咨询组织如公民咨询办公室(Citizen's Advice Bureaux)以及法律咨询中心提供资助,这些咨询组织能够提供法律咨询和代理服务,[76]也为咨询师、案件经办人以及律师提供培训。政府已经停止对此类基金项目的财政支持。由反歧视法协会

〔75〕 EA 2006, s 17.

〔76〕 EA 2006, ss 28, 29.

(Discrimination Law Association)开展的一项调查显示,咨询服务的提供者表示,如果没有前述资助,他们无法持续地提供咨询服务,有一些可能要关门大吉。[77]

最后,与其前身一样,平等与人权委员会有权力提供法律咨询和代理服务,为纠纷的解决提供便利,并为个体在与《平等法》有关的法律程序、[78]根据欧盟法中赋予个体权利的规定提起的法律程序,[79]以及在个体的诉求由于英国法与欧盟法相悖或者英国未执行欧盟法而处于不利地位的法律程序中[80]提供任何其他的协助。平等与人权委员会可以支持同时与《平等法》和其他事项相关的法律程序。但是,如果该法律程序不再与《平等法》的规定相关,那么平等与人权委员会不得再对该程序提供支持。[81] 但也有人对此提出抗议,认为这样做会使相关的人权案件无法获得相应的支持。出于对此的回应,该法中增加了一条规定,授权司法大臣(Lord Chancellor)签发命令,对那些完全或者部分是依据《平等法》而提起的案件,后来与《平等法》不再关联,但是仍然完全或者部分与《欧洲人权公约》或者《人权

---

〔77〕 Discrimination Law Association, Reponse to the EHRC Reform Consultation (June 2011) 19 - 20.

〔78〕 EA 2006, s 28. 这并不适用于该法中有关公共交通的规定;S 28(5) as amended by EA 2010 sched 26。

〔79〕 EA 2006, s 28(12).

〔80〕 EA 2006, s 28(13).

〔81〕 EA 2006, s 28(6).

法》所规定的权利相关,允许平等与人权委员会继续对其提供支持。[82]《平等法》还规定,就个体通过法律程序获得的有关成本和支出的补偿,平等与人权委员会有权要求其偿还相关的费用和成本。[83]

此前的委员会利用其权力通过不同的方式提供法律援助。[84]
190 平等机会委员会的政策从一开始便是仅挑选部分示范案例(test cases)提供援助,它们的这一做法在许多案件中取得良好的效果,扩大了欧盟反性别歧视立法的适用范围。2003 年,所有性别歧视、同工同酬案件中大致有 2% 向平等机会委员会提出了援助请求,而平等机会委员会仅为其中不到一半的案件提供了全部或者部分援助。与此形成鲜明对比的是,种族平等委员会在多年来试图为提出援助请求、值得诉讼的案件全部提供法律援助,但是自 2003 年以来,其采取了新的法律策略,仅为提出请求案件中 3.2% 的案件提供法律援助。在这一策略下,法律援助的提供范围也仅限于示范案例,且案件胜诉概率很高的情形。其他以前可能获得种族平等委员会援助的案件,现在都交给种族平等理事会与其他接受种族平等委员会资金支持的机构,以及工会和其他 NGO 来处理。而残障人权利委员会在遴选援

[82] EA 2006, s 28(7).

[83] EA 2006, s 29.

[84] Hepple, B (2006), "The Equality Commissions and the Future Commission for Equality and Human Rights", in L Dickens and AC Neal (eds), *The Changing Institutional Face of British Employment Relations* (The Hague, Kluwer Law International) 101, 109 – 10.

助案件时,也采取了一定的战略标准,并在明确残障法的原则方面取得了巨大的成功。

平等与人权委员会的资源有限(见下文),但在 2013 ~ 2014 财年,还是花了 140 万英镑在诉讼上。根据其公布的诉讼策略,[85] 平等与人权委员会将遴选一些意义特殊的案件,或者有可能与其他机构通力合作的案件,并评估诉讼外的渠道能否为所追求的变化提供更有效且合乎比例的途径。它所列举的案件遴选标准之一:案件是否有利于解决普遍存在的或者体制性的平等或者人权问题,而此前围绕这些问题提起的诉讼均告失败,并有可能经由该案,提升在一个具备战略重要性的机构或者部门的平等或者人权状况。这不可避免地使上诉程序成为关注的焦点,因为它能够澄清、扩展或者强化对平等和人权法的遵守。案件必须有较大的胜诉概率,或者有其他强有力的理由必须介入。至于优先事项,包括公共部门平等义务、宗教自由以及对受剥削移民工人的保护等,在这些事项上,平等与人权委员会已经在由其他主体提起的程序中以第三人的身份介入。

平等与人权委员会在非劳动就业案件中提供调解调停服务的权力在 2013 年被取消。[86] 考虑到司法部此前作出的大力发展调解、调停服务以减轻法院和各种裁判庭的负担,并降低成本的承诺,这一

---

〔85〕 Crick, M(2014), "EHRC's Litigation Strategy", 245 *Equal Opportunities Review* 8.

〔86〕 ERRA 2013, s 64(1) repealing EA 2006, s 27.

做法委实让人感到意外。[87]

191 **(七)资源**

正如我们所见,平等与人权委员会的一些权力被剥夺,其他的权力被削减至所谓的“核心”功能。它的经费预算也被削减了大致2/3,由此带来了严重的人员流失。这一统一的委员会,涵盖所有的歧视类型以及人权的内容,预算从2010年的7000万英镑被削减至1710万英镑,再加一些特定项目的经费,如对生育条款的评估项目等,这些特定项目的经费在2013~2014财年共计780万英镑,2014~2015财年共计800万英镑。职员的人数从2012年3月的368人降到2013年3月的217人,再降到2014年5月的190人,并且,可以预计到这一数据还会下降。本书第八章将对法律框架及资源配置的改变产生的影响进行评估。

二、个体执行

(一)郡法院与治安官法院

《平等法》延续了以往的传统,对劳动争议案件和非劳动争议案

---

〔87〕 2010年,平等与人权委员会共处理了59件非劳动就业的调解案件,其中调解结案率为86%。

件分而治之。对于前者，法律程序必须经过前置的劳动关系裁判庭程序。而对于后者，即那些与服务、公共职能、建筑、教育、结社以及其他附带责任的案件，则必须向郡法院（英格兰和威尔士）或者治安官法院（苏格兰）提起。[88] 郡法院和治安官法院有权力签发令状，移除合同或者其他协议中的某个条款或者对其进行修改，前提是这一条款因鼓励或者提供了《平等法》所禁止的待遇而不具有执行效力。[89] 移民案件需要由移民主管部门处理，[90] 而与残障学生有关的教育案件则需要交由特别的行政裁判庭处理。[91]

《剑桥评估报告》，[92] 以及很多对政府《反歧视法评估报告》进行回应的组织，建议所有的歧视案件均应当先由劳动关系裁判庭处理；如果争议事项与劳动和同工同酬没有关联，那么，这一裁判庭可以被叫作"平等裁判庭"（equality tribunal）。这一建议源自郡法院和治安官法院在这一问题上的巨大不满，它们受理的歧视案件很少，也没有 192

---

[88] EA, s 114.

[89] EA, ss 142, 143; EN, paras 465 – 71.

[90] EA, s 115. 这涵盖了服务和公共职能（不含移民）、建筑、教育（与残障学生有关的教育除外）、结社，以及附属责任。

[91] EA, s 116 and sched 17. 这些特别的裁判庭包括英格兰的初审裁判庭（First-Tier Tribunal）、威尔士的特殊教育需求裁判庭（Special Education Needs Tribunal）以及苏格兰的特殊支持需求裁判庭（Additional Support Needs Tribunal）。此前，这些案件在苏格兰是由治安官法院处理的。

[92] See Bob Hepple, Mary Coussey and Tufyal Choudhury, *Equality: A Framework* (*Report of the Independent Review of the Enforcement of UK Anti-Discrimination Legislation*) (2000), paras 4.12 – 4.17.

机会在这一复杂的领域提高专业水平。此外,在 2013 年之前,与劳动关系裁判庭所受理案件的申请人不同,法院受理案件的申请人面临支付诉讼费的压力,并且,在败诉的情况下还要承担诉讼的其他成本与开支。同时,案件进入法院系统面临的障碍也比劳动关系裁判庭程序要多。政府并未采纳这些建议,理由是这样做会"分化劳动关系裁判庭的专业资源,并造成严重管辖问题,比如与物品和服务歧视相关的诉求,与其他民事侵权的诉由同案存在的情况,民事侵权的诉由仍然需要由法院系统受理"。[93] 这些理由均不具有说服力。将歧视案件集中到统一的裁判庭会节约法院资源,并提高案件处理的效率。管辖上的问题可以通过赋予劳动关系裁判庭的庭长或者地方劳动关系裁判法官以将案件移送给法院的权力加以解决。这些论点在当时并未取得效果,但是,随着裁判庭与普通法院系统的日益趋同(这一点我们随后会加以讨论),这一争论日后可能会重新浮出水面。目前,关注的重点应当是在法院系统内部开展更多的培训和提升专业化水平。在英格兰和威尔士,有几位资深、带薪的劳动关系裁判法官被任命为郡法院的兼职法官,劳动关系裁判法官也有被晋升为巡回法院法官的情况。这就为那些在处理平等案件方面有丰富经验的法官在劳动关系裁判庭和法院两个平台上充分发挥自己的特长提供

---

〔93〕 See Department of Communities and Local Government(2007),*Discrimination Law Review:A Framework for Fairness. Proposals for a Single Equality Bill for Great Britain*(London,DCLG),para 7.23.

了机会。

《平等法》事实上也承认了提升法院(在处理平等案件上)的专业能力的需要,这表现为在《平等法》中增加了一条新的规定,要求法官或者治安官(在平等案件中)任命陪审员(assessor),除非他们有合理理由证明不需要任命。[94] 此前,在英格兰与威尔士,只有在种族歧视案件中才需要任命陪审员,并且,当事双方可以通过合意作出其他安排。在性别歧视案件中,也可以任命陪审员;但是,在与其他受保护特征相关的案件中,法律未就陪审员作规定。在苏格兰,在治安官法院受理的所有歧视案件中,均可以任命陪审员。这一新规定创设了一个推定,即在所有歧视案件中都将任命陪审员。将受保护的特征和禁止行为的范围拓展至所有领域的做法,可能会增加法院的案件数量,但也为法院系统提供了更多获取专业化培训和经验的机会。

(二)劳动关系裁判庭

劳动关系裁判庭对所有劳动就业案件均享有管辖权。这包括影响合同工、合伙人、公职人员、出庭律师和代理人、工会以及其他职业 193
认证机构的歧视案件。它们也可以处理涉及集体合同条款的案件,这些条款由于规定了《平等法》所禁止的待遇而被诉称不具有执行

[94] EA,s 114(7),(8). 民事法院同样可以将非歧视(养老金)案件移送给劳动关系裁判庭。See EA,s 122.

力,比如,某个协议对女性雇员构成间接歧视的情形。[95] 对于违反合同中的性别平等条款,或者职业养老金计划中的性别平等规则,[96]或者职业养老金中的非歧视规则的争议,[97]劳动关系裁判庭享有管辖权。但是,普通法院或者治安官也有可能能够处理与平等条款[98]或者规则,或者非歧视规则相关的案件(见表7.1)。[99]

表7.1 劳动关系裁判庭受理的案件

单位:件

案件类型	2007~2008年	2009~2010年	2011~2012年
性别歧视	26,900	18,200	10,800
同工同酬	62,700	37,400	28,800
种族歧视	4100	5700	4800
宗教/信仰	710	1000	940
性取向	580	710	610
年龄歧视	2900	3800*	5200
残障歧视	5800	3700**	7700
总计1	103,690	75,710	58,850
总计2(不含同工同酬案件)	40,990	38,310	30,050

资料来源:Ministry of Justice:Tribunal Statistics(2013),Table 1 and Tribunals Service,*Employment Tribunal and EAT Statistics* (GB)(2010)Table 1。

*此处数据有误,应为"5200"。——译者注

**此处数据有误,应为"7500"。——译者注

---

〔95〕 EA,s 145.

〔96〕 EA,s 127.

〔97〕 EA,s 120(2)-(5).

〔98〕 EA,s 127(9).

〔99〕 EA,s 120(6).

与歧视相关的案件数量在增加了新的受保护特征后，于2007～2008年达到顶峰，随后一年，案件数量(不含同工同酬案件)下降了14%。但与当年同期劳动关系裁判庭受理的所有案件数量(包括不公平解雇案件)20%的降幅相比，前述降幅稍小；并且与2006～2007年相比，只有10%的降幅。在2009～2010年，所有类型的歧视案件加在一起在数量上有所增加，特别是在年龄歧视领域[2008～2009年的数据分别为：性别歧视：26,900件；同工同酬：45,700件；种族歧视：5000件；宗教或信仰：830件；性取向：600件；年龄歧视：2900件；残障歧视：5800件；案件总计：81,130件；扣除同工同酬案件后总计：35,430件。——译者注]。在2010年《平等法》生效后的一年中(2011～2012年)，年龄和残障歧视案件有明显增加。性别歧视与同工同酬案件数量在2011～2012年出现了下降；不过，理解这些数据时要格外注意，因为它们包括一些多重诉求的案件，在这些案件中，许多雇员基于相同或者类似的原因针对同一个雇主提起了诉求，这些不同的诉求是并案处理的。同时，还需注意的是，同一个诉求有可能 194
包含几个诉由(所谓的管辖案件)。比如，它可能既包括不公平解雇也包括歧视。

表 7.2 劳动关系裁判庭案件处理结果:2011~2012 年未经庭审的处理

单位:件

案件类型	处理数量	撤回申请	ACAS 调解调停	驳回
性别歧视	14,700	4900(33%)	4500(30%)	4200(29%)
种族歧视	4700	1400(30%)	1700(36%)	400(8%)
残障歧视	7300	2300(31%)	3300(45%)	490(7%)
宗教/信仰歧视	850	260(31%)	290(34%)	85(10%)
性取向歧视	590	170(29%)	250(42%)	56(9%)
年龄歧视	3800	1600(43%)	1200(31%)	500(4%)
同工同酬	23,800	10,300(44%)	8800(37%)	4500(19%)
总计(不含同工同酬案件)	31,940	10,630	11,240	5731

资料来源:Ministry of Justice, Tribunal; Statistics Tables 2011 - 12(2013)。此表中的比例是相对劳动关系裁判庭所受理的某一类型的所有案件而言的。

2013 年 7 月 29 日起,劳动关系裁判庭开始对案件进行收费,这一转变最初产生的影响是灾难性的。2013 年 10~12 月受理的案件数量是 9801 件,相比 2012 年同期下降 79%,而相比于 2013 年 7~9 月则下降 75%。2013 年 7~9 月案件受理量相对较高的原因某种程度上包括很多人都赶在收费制实施前提出申请以便能搭上末班车。

歧视案件的处理结果长期以来没有出现大的变动,尽管程序上出现了各种调整。表 7.2 描述了 2011~2012 年未经庭审的案件处理情况,这是《平等法》生效实施后第一年的情况。其中,超过 1/3 的案件按撤诉处理,而另外 1/3 的案件则是经由英国咨询、调解仲裁服务局(ACAS)结案。其他撤诉的案件有可能是在没有借助英国咨询、调解及仲裁服务局的情况下由当事各方和解结案。表 7.3 揭示了经过全部庭审或者初步庭审的案件的处理结果。在所有歧视案件中,只有 2% ~3% 经过庭审后获得了胜诉,而在不公平解雇案件中这 195
一比例为 10%。另一个很重要的数据是,在所有经过全部庭审的各类案件中(不含同工同酬案件),胜诉的比例大致在 25%。

表 7.3 劳动关系裁判庭受理案件:2011 ~ 2012 年庭审结果

单位:件

案件类型	胜诉	经初步庭审后被驳回	败诉	缺席裁决
性别歧视	341(3%)	206(2%)	597(6%)	44(0)
种族歧视	129(3%)	236(6%)	694(17%)	15(0)
残障歧视	220(3%)	250(39%)	750(11%)	34(1%)
宗教/信仰歧视	24(3%)	45(5%)	140(16%)	5(1%)
性取向歧视	20(3%)	29(5%)	60(10%)	-(1%)
年龄歧视	48(1%)	100(3%)	290(8%)	201(9%)
同工同酬	32(0)	41(0)	35(0)	-(0)
总计(不含同工同酬案件)	782	866	2531	299

资料来源:Ministry of Justice, Tribunal Statistics(2013)。表中比例是相对裁判庭受理的某一类型的全部案件而言的。

(三)程序的便利性受限

创设劳动关系裁判庭(最初为产业关系裁判庭)的目的是作为一

种第三方机构,来处理一些涉及事实和公平方面的简单案件。按照最初的设计,这一裁判庭程序应当是非技术性的、成本低廉的,并且便捷迅速的。但在实践中,这一程序变得越来越程式化、成本高昂,并且,越来越像普通的民事法院程序。[100] 这不仅是因为立法包括反歧视法越来越复杂,劳动关系裁判庭不得不对这些复杂的立法进行解释和适用;还因为公共财政开支面临的巨大压力,使政府不得不提高门槛,限制当事人对劳动关系裁判庭程序的使用。[101]

20 世纪 70 年代的反种族和性别歧视法本可以参照其他一些国家的做法,将所有纠纷都交由普通法院系统处理。但是,专门的产业关系裁判庭的存在,使它们理所当然地成为处理职场歧视案件的理想场所。它们在对双方当事人均较便利的地方举行庭审。申请和答
196 辩无须按照事先规定好的格式进行。这一程序基本上是零成本的:不存在申请费,而在当事人或者其代理人故意、滥用权利、以破坏性的或者其他不合理的方式启动程序或者利用程序时,相关的成本会由败诉方承担。

如今,劳动关系裁判庭仅在英格兰、威尔士和苏格兰的数量有限的固定地点开展庭审活动(北爱尔兰建立有自己的劳动关系裁判庭

---

〔100〕 Corby, S and Latreille, P (2012), "Employment Tribunals and the Civil Courts: Isomorphism Exemplified", 44 *Industrial Law Journal* 387.

〔101〕 Hepple, B (2013), "Back to the Future: Employment Law under the Coalition Government", 42 *Industrial Law Journal* 203, 211 – 13.

和公平就业裁判庭）。从 2005 年开始，申请和答辩需要按照相对冗长和详细的格式作出，并且，如果未包含要求提供的所有信息，申请可能会被驳回。从 1980 年开始，裁判庭程序便建立了一定的审查机制，以便剔除一些无价值（unmeritorious）的案件申请；从 1993 年开始，建立了庭前评估机制（pre-hearing assessments，PHAs），对于胜诉希望渺茫的一方当事人，如果想继续庭审程序，裁判庭可以要求其提交一定的保证金。同时，在 1993 年，裁判庭被赋予直接驳回胜诉希望渺茫的申请的权力，当然要受到一些程序性的限制。2013 年，[102] 裁判庭程序中引入了一个更严苛的筛选机制。劳动关系裁判庭的法官必须考虑全案所有的材料，以确认在裁判庭的管辖范围内，申请或者抗辩是否有可取之处。如果法官认定裁判庭并无管辖权，或者申请或者抗辩并无合理的获得支持的可能，那么他必须裁定驳回。如果一方的案件申请经过书面审查后被驳回，那么他可以申请口头的初步审理。如果申请或者抗辩并未被驳回，那么法官可以制作一份案件管理令（case management order）。在该筛选机制投入使用的第一年，大概有 1/10 的案件申请在经过初步的审查后被驳回。

利用劳动关系裁判庭程序所面临的最严重的障碍是从 2013 年 7

〔102〕 Employment Tribunal（Constitution and Rules of Procedure）Regulations 2013，SI 2013 No. 1237，sched 1，rules 26 – 28. 这些新的规则是按照尼古拉斯·安德希尔勋爵（Nicholas Underhill）的调查评估结论作出的。它们对此前的规则进行和简化和释明，但并未作出根本性的改变。

月29 日开始引入的裁判庭程序费用(tribunal fees)。管辖权被划分为两个层次。第一个层次涵盖简单的案件申请,如非法减扣工资。第二层次的申请包括歧视案件。在第二个层次,申请人需要支付250 英镑的申请费和950 英镑的庭审费,总费用1200 英镑。如果某个案件有多个申请人,那么费用还会更高。申请对裁判庭的决定进行复议、申请司法调解以及提起反申请,均需要支付额外的费用。如果向劳动关系上诉裁判庭(EAT)提起上诉,需要支付400 英镑的上诉费以及1200 英镑的庭审费,共计1600 英镑。费用减免在三个层面上存在。在第一个层面,如果申请人正在接受国家的社会救助,如收入支持计划(Income Support),则不需要支付费用。在第二个层面,如果申请人(及伴侣)的收入低于特定标准,这一标准因人而异,从单身且无子女的申请人收入在13,000 英镑以下,到有伴侣且有两个子女的申请人在23,860 英镑以下不等,也不需要支付费用。第三个层
197 面,根据申请人的月可支配收入水平,可以享受多至100%的费用折扣,具体的折扣因人而异,从50 英镑以下享受的100%折扣,到50~250英镑的享受部分折扣。

高额裁判庭程序费用的早期影响表现在2014 年1~3 月案件受理数量出现了近80%的下降。[103] 雇主可能不太愿意与作为申请人的雇员达成和解协议,除非他们看到申请人已经支付了相应的程序

〔103〕 参见原著第194 页。

费用。如果申请人部分或者全部胜诉,那么裁判庭可以就相关成本包括裁判庭程序费用制作一个令状(costs order),要求败诉方承担。据预测,一旦申请人支付相应的程序费用,申请人在随后进行的和解谈判中会主张这部分费用,这会使双方达成和解协议更困难。

(四)三方机制的式微

《剑桥评估报告》[104]曾主张在劳动关系裁判庭内建立专门的法庭处理歧视案件,但发现这一提议几乎没有获得支持,部分原因是将同一案件拆分为歧视案件和其他案件(如非法解雇案件)存在现实的困难。当然,也存在一种风险,即裁判庭内专门处理歧视案件的法官的关注点将越来越窄,且不堪其扰。因此,《剑桥评估报告》将重点放在有关反歧视法的培训,以及具备法律背景的审判长与非法律背景成员(non-legal member)的遴选程序;不过,这一培训的范围似乎由于缺少必要的资源而受到很大的限制。2013年《劳动关系裁判庭条例》(Employment Tribunal Regulations 2013)中规定了一项权力,可以任命由劳动关系法官与陪审员(lay member)组成的专门法庭来处理一些需要具备专业知识的程序,并且,这被认为在一些具体事项如确定工作是否具有同等价值问题上会颇有益处。[105] 不过,这一权力

---

〔104〕 See Bob Hepple, Mary Coussey and Tufyal Choudhury, *Equality: A Framework* (*Report of the Independent Review of the Enforcement of UK Anti-Discrimination Legislation*) (2000), para 4.6.

〔105〕 Employment Tribunal (Constitution and rules of Procedure) Regulations 2013, SI 2013 No. 1237, reg 8(4).

到目前并未被行使。当然这一权力,不应与1976年开始的在种族案件中吸收一名对种族关系具有知识和经验的成员参与的做法混为一谈。[106] 前述条例中对劳动关系裁判庭法官的反歧视法培训作出了安排,且通常来讲,只有当他们接受了这一培训后,才有资格主持歧视案件的庭审。在每个地区会有2~3名法官获得培训机会,并获授权审理同工同酬案件。

198 在劳动关系裁判庭建立时,最初的设想是所有的庭审都由三方构成的合议庭来审理,合议庭由一名具备法律背景的审判长[107](采纳了《剑桥评估报告》提出的建议,现在被称为劳动关系法官)和两名从经与雇主和雇员组织协商后分别形成的陪审员名录中选取的陪审员(无法律背景的成员。——译者注)组成。这些不具备法律背景的成员通常被称为"产业陪审员"(industrial jury)。不过,近年来的趋势是在劳动关系裁判庭与劳动关系上诉裁判庭中均不再吸纳无法律背景的成员。[108] 通常,歧视案件的庭审仍然需要成立一个三方构

[106] 《剑桥评估报告》认为将此局限于种族案件,并不合理。See Bob Hepple, Mary Coussey and Tufyal Choudhury, *Equality: A Framework* (*Report of the Independent Review of the Enforcement of UK Anti-Discrimination Legislation*) (2000). paras 4.8–4.9.

[107] Tribunals, Courts and Enforcement Act 2007, s 48(1), sched 8 paras 35, 36; See Bob Hepple, Mary Coussey and Tufyal Choudhury, *Equality: A Framework* (*Report of the Independent Review of the Enforcement of UK Anti-Discrimination Legislation*) (2000), para 4.11.

[108] Corby, S and Latreille, P (2012), "Employment Tribunals and the Civil Courts: Isomorphism Exemplified", 44 *Industrial Law Journal* 387; Corby, S and Latreille, P (2012), "Tripartite Adjudication: An Endagered Species", 43 *Industrial Relations Journal* 94.

成的合议庭,但是劳动关系法官可以独任审判一系列的案件(如同等价值案件庭审的第一个阶段),或者当事人双方选择独任审判的其他情形。此外,所有的初步庭审都是由劳动关系法官独任完成的,除非他认为有必要通过合议庭进行庭审,或者同意了当事人提出的合议庭庭审的请求。这些初步的庭审可以对一个案件进行初步的审查,并且,法官可以制作一个案件管理令(case management order)。初步的庭审可以被用来确定一些初步的问题,如某个人是否存在残障状况,是否信仰某种宗教或者有某种信仰,或者案件申请的提交是否符合各种时限。劳动关系上诉裁判庭的法官也可以独任审判。[109] 无法律背景成员被边缘化意味着有关产业实践的专门知识的缺失,特别是有关处理歧视案件的实践经验的缺失。在几个著名的案件中,劳动关系裁判庭和劳动关系上诉裁判庭的陪审员(无法律背景成员)成功地抵制住了劳动关系法官试图改变他们以少数服从多数方式作出的歧视认定。[110]

不过,有一个领域还是取得了些许进展,这便是在提升劳动关系法官以及同为司法官员(judicial officer)的无法律背景成员的多元化程度方面。无论是按照工作量付费的劳动关系法官,还是固定薪资

---

〔109〕 ERRA 2013,s 12.

〔110〕 See eg King v. Great Britain China Centre[1991]IRLR 513.在该案中,陪审员的观点得到上诉法院的肯定;Case C-326/96 Levez v. TH Jennings(Harlow Pools)Ltd.[1999]IRLR 36,在该案中,欧洲法院(ECJ)维持了陪审员以少数服从多数方式作出的裁决。

的法官,都是由司法任命委员会(Judicial Appointments Commission)通过公开的竞争程序任命的,而无法律背景的成员则是由裁判庭管理处(Tribunals Service)通过公开的竞争程序任命的。尽管仍然存在很严重的障碍,特别是在任命黑人和少数族裔(BME)法官方面存在严重障碍,近年来实施的透明、公正的任命程序使裁判庭的构成能够更好地反映他们所服务的劳动力的构成状况。

199 **(五)代表诉讼**

平等与人权委员会、女性全国委员会(Women's National Commission)、公民咨询办公室以及其他团体竭力推动的一项改变是引入代表诉讼,但是这一建议受到政府的抵制,其依据的是一个空洞的理由,即"时机尚未成熟"。[111] 人们会因为属于某一身份群体而受到歧视行为的影响。特别是女性所面临的同工不同酬问题是体制性的,需要对整个薪酬结构进行重新检视和调整。就目前而言,某一个群体的成员需要单独地提出诉求。法院或者裁判庭可能在特定情况下将不同的诉求并案处理,但是每个个体需要以自己的名义提出诉求,并启动相应的法律程序。1996 年《劳动关系裁判庭法》中规定了一项权力,可以就程序规则制定政府规章为代表诉讼提供依据,不过,这一权力至今并未行使。下议院中的自由民主党议员和上议院中的莱斯特勋爵共同针对《平等法》提出了一项修正案,允许平等与人权

---

〔111〕 Hansard HL Vol. 716 cols 976 - 81(27 January 2010).

委员会或者已登记注册的工会代表某一特定类别(class)的人提起代表诉讼,前提是这一类别的人将从这一根据《平等法》规定的权利而提起的共性问题诉讼中获益。[112] 政府表示,无须在《平等法》中加入此类规定,因为《劳动关系裁判庭法》已经对此作出了赋权性规定,并且,由于司法部与议会的民事程序规则委员会正在就这一问题开展一项范围广泛的调查评估,因此,就此制定政府规章的时机并不成熟。这一调查评估确实正在开展,不过已经开展了多年,始终未形成结论。[113]

(六)同工同酬程序

从2004年10月1日开始,针对涉及同等价值诉求(equal value claim)的案件,法律引入了一项新的程序,以应对此前的程序因处理此类案件时造成的无端拖延以及并未实现同工同酬目标而受到的广泛批评。[114] 这些改革的目的是鼓励提前交换事实信息,在案件处理的每个阶段建立一个指导性的时间表,在特定问题上有效地利用独立专家,以及限制对专家证人的使用。凯特·戈德温(Kate Godwin)

---

〔112〕 这一修正案是针对同工同酬案件提出的,但可以适用于所有的歧视案件。这样做的依据是《剑桥评估报告》。See Bob Hepple, Mary Coussey and Tufyal Choudhury, *Equality: A Framework* (*Report of the Independent Review of the Enforcement of UK Anti-Discrimination Legislation*) (2000). paras 4.27 – 4.32.

〔113〕 Hansard HL Vol. 716 col 980 (27 January 2010) (Baroness Royall).

〔114〕 See Bob Hepple, Mary Coussey and Tufyal Choudhury, *Equality: A Framework* (*Report of the Independent Review of the Enforcement of UK Anti-Discrimination Legislation*) (2000). paras 4.27 – 4.32.

200 2009年3月发表的研究成果表明,“[新的]政府规章不仅没有实现它们的目的,甚至还代表了一种倒退,因为案件要分配到一个独立专家手里可能要等上数年的时间”。[115]

按照预想,新程序[116]将包含如下内容:

(1)第一阶段的庭审(从2009年开始可以由劳动关系法官独任审理),确定是否将案件提交给由英国咨询、调解仲裁服务局(ACAS)所公布列表中的独立专家,[117]就信息披露作出令状,命令当事双方提交一份经双方同意的工作描述、相关事实的声明,以及未达成共识的事实。

(2)第二阶段庭审(由合议庭主持),如果劳动关系法官确定在案件中任命独立专家,那么将启动这一阶段庭审。合议庭将确定争议的事实,并就专家报告的提交时间确定一个日期。独立专家根据裁判庭在第二阶段庭审中确定的事实作出报告。

(3)第三阶段庭审(由合议庭主持),在这一阶段庭审中,独立专家的报告将被作为证据采信,除非合议庭认为这一报告并不是依据

---

[115] Godwin, K (2009), "Equal Value: Justice Denied?", 186 *Equal Opportunities Review* 16, 16.

[116] Employment Tribunals (Equal Value) Rules of Procedure, sched 3 to the Employment Tribunals (Constitution and Rules of Procedure) Regulations 2013 SI 2013 No. 1237, which came into force in July 2013, replace the 2004 rule.

[117] 2010年《平等法》第131条规定,劳动关系裁判庭有权要求独立的、经英国咨询、调解仲裁服务局(ACAS)认证的专家,就申请人的工作与作为参照对象的工作是否具备同等价值提交一份报告。

相关问题的事实作出的。除非合议庭同意,双方当事人不能寻求其他专家的支持;当然,合议庭也可以同意这一请求,如在独立专家采取的方法受到质疑的情况下。[118] 然后,合议庭需要就同等价值问题作出决定,或者可以要求另外的专家再准备一份报告。[119]

戈德温的研究[120]发现,将独立专家排除在认定事实环节外,极大地拖延了程序,有些案件仅在提交给独立专家之前的初步问题查明阶段就花费了数年。法律从业者的感受是专家数量不足造成了案件迟延。[121]

根据戈德温研究中被调查者的回复,处理同等价值案件所花的时间在 8 ~ 12 年。向劳动关系裁判庭提出的同工同酬诉求中 90% 由当事人撤回申请(撤诉),通常发生在当事人达成调解协议以后;只有一小部分是通过裁判庭的庭审而解决的(见表 7.2)。这一程序或许 201
能够起到鼓励当事人自行和解的作用;但是,自《剑桥评估报告》发表以来的进展尚不足以改变此前的结论,即在个体同工同酬案件中这一程序改进的空间不大。劳动关系裁判庭被新赋予的命令开展同工

---

〔118〕 Middlesbrough Borough Council v. Surtees(No. 2)[2007] IRLR 981, EAT.

〔119〕 Equal Value Rules of Procedure, para 8(2).

〔120〕 Godwin, K (2009), "Equal Value: Justice Denied?", 186 *Equal Opportunities Review* 16, 16.

〔121〕 1983 ~ 2013 年,共有 732 个案件中任命了专家;其中,2009 ~ 2010 年共有 68 个案件任命了专家,但是到了 2012 ~ 2013 年,这一数量降低至 10 件,且同期专家列表中专家的数量从 27 人也降到了 24 人。

同酬审计(equal pay audit)的权力[122]可能会有所帮助,但是,要对男女之间薪酬不平等的状况进行实质性的改变,只有通过制订同工同酬计划、改变对比的基础,并提高工作评估考核的方法才能实现。[123]

(七)法律援助

"高质量的咨询、援助和代理对于确保实现歧视、骚扰和欺凌的受害人能够实现正义至关重要。"[124]研究表明,有代理人的当事人,跟无代理人、由本人出庭的当事人相比,在庭审中胜诉的概率要高。[125] 而当前歧视案件中当事人聘请代理人的比例,不得而知。这些代理人不仅包括律师,也包括工会、劳动关系顾问、案情咨询师、公民咨询办公室,公益机构(如"无门槛代理"组织)、民事法律咨询服务机构以及其他机构,但是不同机构和个人提供的代理服务的质量差异极大。近年来,在劳动关系裁判庭受理的所有类型的案件中,工会代表出庭担任代理人的案件数量大幅下降,且出庭的案件通常限于公共部门。在所有类型案件中律师出任代理人的案件数量也呈下

---

〔122〕 EA,139A introduced ERRA 2013,s 98. 参见原著第133页。

〔123〕 参见原著第119页。

〔124〕 See Bob Hepple, Mary Coussey and Tufyal Choudhury, *Equality: A Framework (Report of the Independent Review of the Enforcement of UK Anti-Discrimination Legislation)* (2000), para 4.34.

〔125〕 就残障相关案件,可参见 Meager et al. (1999) *Monitoring The Disability Discrimination Act (DDA)* 1995 (Department for Education and Employment)。

降趋势。[126]

聘请律师的经费来源多种多样：就私人途径而言，包括通过法律成本保险（legal expense insurance）、平等与人权委员会、[127]工会或者其他机构等途径。自 2013 年 4 月，新的民事法律咨询服务（Civil Legal Advice service）得以成立，成为公民了解、接触特定法律包括反歧视法的门户。这一服务是电话热线，有一定数量的专业咨询人员提供电话咨询。

在有些案件中，律师利用“有条件的律师费用协议”（Conditional Fee Agreement，CFAs）或者“以损害赔偿金为基础的协议”（Damages Based Agreement，DBAs）。这两种协议通常也被称为“不赢无费”协议（no-win no fee），但这一表述可能并不准确，因为依据协议的内容不同，当事人仍然可能需要支付咨询费和其他费用。在“有条件的律 202
师费用协议”中，律师同意如果案件败诉就不收费，作为交换，在案件胜诉的情况下，他可以收一笔远高于正常代理费的费用。从 1995 年开始，“有条件的律师费用协议”和“以损害赔偿金为基础的协议”被允许在一些案件中使用；自 2000 年开始，随着绝大部分民事案件中法律援助被取消，二者的适用范围得到进一步的扩张。在裁判庭受

〔126〕 The Tribunals Service's *Employment Tribunals and EAT statistics*, 1 April 2011 – 31 March 2012. 该数据显示，劳动关系裁判庭受理案件中工会代表代理的案件从 2007 ~ 2008 年的 29, 100 件，下降到 2011 ~ 2012 年的 5500 件；而律师代理的案件从 2007 ~ 2008 年的 117, 600 件，下降到 34, 000 件。这些数据并未按照案件的类型进行细分。

〔127〕 参见原著第 190 页有关平等与人权委员会的诉讼策略的论述。

理的歧视案件中,这两种费用安排很少被使用,原因是败诉一方只有在极特殊的情况下才会被判支付损害赔偿。

在"以损害赔偿金为基础的协议"中,律师同意如果案件败诉就不收费,但是如果案件胜诉,则将从损害赔偿金中分得一定比例。这一费用安排在非诉案件(non-contentious work)中已经存在了许多年,但是不能用于法院受理的案件。裁判庭受理的案件可以使用这一费用安排,因为裁判庭的案件被归入"非诉案件"的范畴,尽管这一划分显得很怪异。"以损害赔偿金为基础的协议"能够为歧视的受害人筹集启动法律程序的经费提供一种低风险的途径,并且,律师也有为当事人追求最优结果的激励。这对涉及多名当事人的歧视和同工同酬案件尤其适合,因为最终赔偿的总额有可能足够高,使事务律师或者出庭律师愿意冒着零费用的风险来代理这一案件。而单个案件中的损害赔偿很少会高到让律师愿意冒这一风险。曾经代理过公共部门数千名女性职工的同工同酬案件的事务律师斯蒂芬·克罗斯(Stefan Cross)认为,"不赢无费"的安排提升了女性对同工同酬权利的理解,对歧视性的集体合同提出了挑战,并为长期薪酬偏低的女性劳动者赢取了高额的赔偿或者和解赔偿金。[128] 不过,"以损害赔偿金为基础的协议"也面临很多来自工会的批评,他们认为有些采取

[128] Cross, S (2008), "What Good Are No-Win No-Fee Lawyers?", 174 *Equal Opportunities Review* 18, 18.

“不赢无费”安排的律师“为一些低收入的女职工就雇主本来就会同意支付的补偿安排给出最基本的建议，却从女职工最后获得的和解赔偿金中分走高达30%的份额”。[129] 他们认为，律师会向当事人施压，要求其尽早接受雇主提出的和解建议，尽管这一和解金额可能会低于其诉求的真实价值，目的是尽可能降低一无所获的风险。同时，有些“以损害赔偿金为基础的协议”中包含有显失公平的（律师）“退出”条款，这使当事人有时不得不同意和解数额，以避免为整个案件支付全部的律师费用。2010年之前，律师可以从当事人所获赔偿金中分得的比例并无限制。

出于对前述批评意见的应对，工党政府出台了2010年《以损害赔偿金为基础的协议条例》（Damages Based Agreements Regulations 2010），规定了此类协议要具备法律效力所必须包含的条款，将代理人可以获得损害赔偿金的比例上限设定为35%（含增值税）。[130] 司法部援引了理查德·穆尔黑德（Richard Moorhead）的研究结论对35%的上限提供支持；但是，穆尔黑德教授本人在向“制定法文件的 203
价值特别委员会”（Merits of Statutory Instruments Select Committee）作证时指出，对于那种认为风险代理费通常导致对当事人过度收费的观点，他的研究并不认可；并且，他认为，证据显示风险代理费相比

〔129〕 McKenna, B (2008), “The Union Perspective on Equal Pay”, 174 *Equal Opportunities Review* 13, 16.

〔130〕 SI 2010/1206, reg 5.

按小时付费的安排而言,为当事人提供了一个更好的选择。[131] 法律协会(Law Society)反对设定上限的做法,理由是应当根据案件的复杂程度在费用安排上保有一定的灵活性。研究显示,根据案件的复杂程度,费用的比例通常在5% ~10%、25% ~30%以及40% ~50%这几个区间。[132] 至于前述条例是否会对那些胜诉率较高的案件产生不利的影响,仍然有待观察。

(八)举证责任

在举证责任上,最基本的法律规则有两点:第一是"谁主张,谁举证";第二是实行高度盖然性(balance of probabilities)的证明标准。此即所谓的法定举证责任。对此,最高法院强调,如果劳动关系裁判庭能够通过某种方式根据证据作出歧视存在的认定(positive findings),那么就不宜加重当事人的举证责任。[133] 但是,如果对此存有疑问,法院已经明确,不能仅依据原告的受保护特征就认定存在歧视的直接证据。很少有被告会直接承认此类歧视的存在;毕竟,对原告的待遇有可能是无意之失,且是建立在认知或者刻板印象之上的。因此,其结果通常取决于从法院或者裁判庭认定的初步事实(primary facts)中能够合理推导出的结论。上级法院会经常下发操

---

[131] House of Lords Merits of Statutory Instruments Committee, Damages-Based Agreements Regulations 2010, appendix: evidence, March 2010.

[132] House of Lords Merits of Statutory Instruments Committee, Damages-Based Agreements Regulations 2010, appendix: evidence, March 2010.

[133] Hewage v. Grampian Health Board[2012]EqLR 884, UKSC.

作指南，以指导法院合理进行推导，通常会回避变动不居的举证责任概念。[134] 与其他类型的案件相比，种族歧视案件中只有很小比例的案件裁判庭愿意进行推导（得出歧视存在的结论），这说明上级法院的操作指南存在不足。

基于此，许多劳动关系法官欢迎依据欧盟法律，通过制定法规则对举证责任倒置作出规定。有关举证责任倒置的规则，始于《举证责任指令》（Burden of Proof Directive），这一指令适用于性别歧视；随后是《种族指令》和《就业框架指令》，使《消除性别歧视法》和《种族 204
关系法》以及有关其他类型歧视的政府规章中相关的规则得以修改。但是，由于指令的局限性，在基于肤色和国籍的种族歧视案件、与种族歧视有关的欺凌案件、与工作无关的残障歧视案件或者与行使公共职能有关的性别歧视案件中，举证责任并未实现倒置。

《平等法》第 136 条将举证责任倒置拓展适用于基于某种受保护特征而实施的直接或者间接歧视、骚扰和欺凌案件。

> 如果依据既存事实，在不存在其他解释的情况下，法院可以认定某甲违反了相关的规定，那么法院必须认定这一违法行为已经发生……但（这一点）并不适用于当某甲能够

[134] See eg King v. Great Britain China Centre [1991] IRLR 513, CA; Zafar v. Glasgow City Council [1998] IRLR 36, HL.

证明他并没有违反上述规定的情形。[135]

这实际上是一个包含两个阶段的程序。在第一阶段,申请人需要按照高度盖然性标准证明某些事实已经发生,基于这些事实,法院或者裁判庭可以(could)认定,在没有其他解释的情况下,被申请人实施了歧视、骚扰或者欺凌行为。如果申请人并未证明这些事实存在,那么他将败诉。[136] 这里需要特别强调"可以"一词。"在这一阶段,裁判庭无须得出一个确定无疑的结论,即依据此类事实得出违法歧视行为存在的结论。"[137]《立法释义》中给出的例子是,一名华裔男士在工作中申请晋升,但是连面试的机会都没得到。他发现,他的很多白人同事尽管资质和经验都不如他,但还是获得了面试机会。这便是裁判庭能进行合理推导,推导出违法歧视存在的事实。举证责任随后会转移给雇主,由其证明前述安排的原因并非基于雇员的民族起源。[138] 相关的证据可能仅是被申请人(雇主)未遵守相关操作指南中的规定。而被申请人提出的辩解理由不会在这一阶段而是在下一阶段被加以考虑。

证明了此类事实之后,举证责任就转移给被申请人,被申请人必

---

〔135〕 这一点既适用于劳动关系裁判庭程序,也适用于法院程序。

〔136〕 在这一阶段,裁判庭既可以采信被申请人的证据,也可以采信申请人的证据。参见 Madrassay v. Nomura[2007]IRLR 246,CA。

〔137〕 Igen Ltd. v. Wong[2005]IRLR 258,CA annex.

〔138〕 EN,para 452.

须按照高度盖然性的标准证明前述安排绝非基于申请人受保护的特征而作出的。在这一举证责任的行使上，法院或者裁判庭通常会要求被申请人提供有说服力的证据。如果未能提供此类证据，那么根据劳动关系上诉裁判庭庭长的表述，裁判庭无须直截了当地阐明它 205
不接受这一解释。

> 在举证责任所涉事项上，（裁判庭所使用的语言）必须原则上足以传达以下信息（当然需要附上合理的理由），即"在他的解释是对的这一点上，我们并未被说服"，而无须明确说"我们并不接受他的解释"。[139]

2010年《平等法》第138条为证明歧视的存在提供了一个利器。认为自己被非法歧视的人可以按照规定的格式制作调查问卷。调查问卷及结论均是可采信的证据。如果未能回答调查问卷中的问题，或者提供的答案是回避性的、模糊不清的，法院或者裁判庭可以进行合理推导。事实上，这一规定自1975年《消除性别歧视法》和1976年《种族关系法》以来即存在。这一程序有时候会使启动法律程序变得毫无必要，特别是在调查问卷的结论能够说服申请人并不存在歧视的情况下。它也能施加压力，使被申请人更愿意和解。这一规定

[139] Pothecary Witham Weld v. Bullimore [2010] IRLR 572, EAT.

在2013年被废止,[140]给出的原因除了“对工商业构成不必要的负担”外,没有其他的原因。将来,申请人只有依靠诉前信(pre-action letter)来获取信息;但是与法定程序相比,这一程序的有效性存疑,因为法院和裁判庭会否依据拒绝答复的事实或者回避性的答案而作出对被申请人不利的推定,并不确定。当向裁判庭提出申请以后,申请人可以收集证据,也可以在合适的条件下要求裁判庭签发命令,要求被申请人提供相关的信息。

(九)时限

当事人需要在违法行为发生之日起6个月内向郡法院或者治安官法院提起诉讼,不过,法院和治安官可以在“公平合理”(just and equitable)的范围内对这一期限进行延长。[141] 如果申请人将案件提交给了学生投诉机制处理,[142]或者提交给平等与人权委员会进行调解、调停,[143]那么这一期限可以延长至9个月。

当事人需要在违法行为发生之日起3个月内向劳动关系裁判庭提出申请。[144] 对于涉及武装力量的案件,这一时限为6个月。[145] 劳
206 动关系裁判庭可以在公平合理的范围内对前述期限进行延展。如果

---

[140] ERRA 2013, s 66.

[141] EA, s 118(1).

[142] EA, s 118(3).

[143] EA, s 118(3). 参见原著第207页。

[144] EA, s 123(1). 对于持续一段时间的行为,起算点为这一行为最后发生之日。

[145] EA, s 123(2).

案件涉及对平等条款或者平等规则[146]的违反，那么在典型案件中，雇员需要在劳动合同终止6个月内向劳动关系裁判庭提出申请。[147]如果案件是非典型案件，比如，雇主向申请人隐瞒了特定信息，或者申请人丧失了行为能力等，那么这一时限会长一些。武装力量人员向劳动关系裁判庭提出申请的时限也额外多3个月。[148]

这些时限与此前立法中规定的时限基本相同。劳动争议案件仍然是一个特例，申请时限为3个月；而非向郡法院或者治安官法院起诉的6个月时限。将劳动争议案件与非劳动争议案件区别对待，似乎除了将歧视案件与不公平解雇案件一视同仁外，没有其他合理的理由，而在不公平解雇案件中的时限也是3个月。这对于歧视案件的申请人来讲要求有些严苛，因为不公平解雇案件是在劳动关系终止后发生并提起的，而歧视案件可能发生在劳动关系过程中，但基于可以理解的原因，申请人在劳动关系终止之前不大愿意提起申请。这也是为什么在同工同酬案件中，申请人可以在劳动合同终止后6个月内提起申请。类似的时限（起算点）应该适用于所有的歧视案件。

已经超过时限的同工同酬案件不能再向劳动关系裁判庭提出申请，但是可以在6年内向普通法院提起诉讼（在苏格兰普通的时限为

〔146〕参见原著第121页。

〔147〕EA，s 129. 在随后的第130条中有补充性规定，其界定了哪些不是典型案件。

〔148〕EA，s 129（3）.

5 年）。普通法院如果认为该案由劳动关系裁判庭审理更方便（more conveniently），则可以驳回起诉。[149] 在 Birmingham City Council v. Abdullah 一案中[150]，最高法院认定（3∶2 多数），如果一个案件由于超过时限而将被劳动关系裁判庭拒绝受理，那么在任何情况下都不能认定为该案由劳动关系裁判庭更方便。

（十）调解与调停

调停是替代纠纷解决机制的一种，旨在减少讼累。这是一个自愿的程序，由第三方参与，协助当事人达成和解协议，双方当事人可
207 以拒绝。在劳动就业领域，提供调停服务的机构主要是英国咨询、调解仲裁服务局。正如我们之前已经提到的，[151] 劳动歧视案件中有1/3的案件在接受了英国咨询、调解仲裁服务局的调停后主动撤回了申请。这一服务在启动劳动关系裁判庭程序之前以及程序进行过程中均可提供给双方当事人。[152]

2013 年《企业与规制改革法》规定，申请人在启动劳动关系裁判庭程序之前，必须将案件提交给英国咨询、调解仲裁服务局（ACAS）。申请人必须向英国咨询、调解仲裁服务局提交一份表格，服务局随后会联系申请人及被申请人，为他们提供调停服务。如果

---

〔149〕 EA，s 128［formerly Equal Pay Act s 2(3)］.

〔150〕 【2012】EqLR 1147，UKSC.

〔151〕 参见原著第 194 页。

〔152〕 在 2004 年 10 月至 2009 年 4 月，对于调停程序设有固定的期限，不过这一期限并不适用于歧视案件和同工同酬案件。

双方当事人愿意接受,服务局会尽力帮助他们达成一份协议。如果任何一方拒绝参与,或者在1个月内未达成协议,那么事前的调停阶段将告一段落。如果咨询、调解仲裁服务局的工作人员认为达成协议无望,可以提前宣告结束调停;或者如果认为有可能达成协议,则可以将前述期限延长两周。向英国咨询、调解仲裁服务局提交表格这一行为,意味着向劳动关系裁判庭申请的时限自动中止。

英国咨询、调解仲裁服务局工作人员有义务"努力促成和解"。调停的结果可能是一个有法律执行效力的和解协议。劳动关系上诉裁判庭(EAT)已经明确,英国咨询、调解仲裁服务局并不是一个执法机构。服务局的工作人员没有责任来确保和解协议的条款对雇员是公平的,且不得就案件的是非曲直提出建议。只要英国咨询、调解仲裁服务局的工作人员善意地履行自己的职责,劳动关系裁判庭就不会就其是否正确地解释了自己的职责这一问题进行判断。[153]

至于调解则有多种形式,有时候也会被作为调停的同义语来看待。它基本上就是"一个谈判的过程,但是在结构上由一个中立的第三方干预,试图帮助当事人达成一个为双方能接受的协议"。[154] 调解的干预程度也有很大差异:调解员可以仅为双方当事人自己进行和解的努力提供些许便利,也可以就案件的是非曲直对各方当事人

〔153〕 Clarke v. Redcar & Cleveland Borough Council[2006]IRLR 324, EAT.

〔154〕 Mackie, K, Miles, D, Marsh, W and Allen, T(2005) *The ADR Practice Guide*, 2nd edn(Haywards Heath, Tottel)11.

发表看法,提出建议。这是一个灵活、开放式的程序,其走向和结果在很大程度上取决于调解员的性格和技巧。这一程序是自愿的,但可以达成一个具有法律执行效力的调解协议。在实践中,就仍有劳动关系且愿意继续劳动关系的申请人而言,可能会发现调解很有用。

亨特(Hunter)与伦纳德(Leonard)主张在性别歧视案件中建立一种"以权利为基础"(rights-based)的调解模式,这一调解模式"会
208 将法律权利的实现和消除歧视作为优先事项"。[155] 调解员需考虑双方当事人之间经济地位不平等的现实,确保最终达成的调解协议不会对当事人的法律权利造成损害。不过,对于提议的此类调解,并无公共资源支持,也无为其提供支持的意愿。当今的调解多数局限在一些意义重大的性别骚扰和歧视案件中,由私人机构提供资金支持,在这些案件中大型机构竭力避免因诉讼而引发的巨额成本或者负面的曝光。

自 2007 年起,"调解案件管理讨论服务"(Mediation Case Management Discussions,CMD)机制在英格兰和威尔士得以建立。这一机制由一位接受过培训的劳动关系法官促成,该法官仍然保持

---

〔155〕 Hunter, R and Leonard, A (1997), "Sex Discrimination and Alternative Dispute Resolution: British Proposals in the Light of International Experience", *Public Law* 298, 312.《剑桥评估报告》建议在性别骚扰案件中,按照这一调解模式先行试点。不过,这一建议并未被采纳。See Bob Hepple, Mary Coussey and Tufyal Choudhury, *Equality: A Framework* (*Report of the Independent Review of the Enforcement of UK Anti-Discrimination Legislation*) (2000), para 4.64.

中立，并协助当事各方解决他们的纠纷。该法官帮助双方识别争议焦点，但是并不作决定，也不就案件的是非曲直提供建议。“调解案件管理讨论服务”是私下进行的，调解过程是保密的。如果调解没有达成协议，那么该案进入庭审后将由另外一名法官来审理。在对2006年6月至2007年3月有关歧视案件的司法调解的功效进行评估后发现，尽管雇主和申请人均认可这一程序，但是这一程序管理起来成本很高，且对未经庭审和解或者其他方式解决争议的案件比例，从数据上看似乎没有显著影响。经司法调解的案件，至少从数据上来看，其结果未必比未经调解的案件更好。[156] 并且，很重要的一点是，司法调解是有偿的。

（十一）赔偿

对于歧视、骚扰和欺凌这种违反制定法义务的侵权（statutory torts）来讲，在郡法院和治安官法院主要的救济方式包括当事人权利宣告（declaration of the rights），损害赔偿金，包括对受伤害情感的赔偿，以及禁制令。[157] 法律并未规定提出建议的权利。劳动关系裁判庭可以进行权利宣告，裁决进行赔偿，包括对受伤害感情的赔偿，以及提出适当的建议。[158] 如果在一个案件中，被证明存在非故意的间

---

〔156〕 Ministry of Justice（2010）*Evaluating the Use of Judicial Mediation in Employment Tribunals*（London，Ministry of Justice Research Series 7/10）. 57 – 58.

〔157〕 EA，s 119. 在苏格兰，相应的救济方式为权利宣告、恢复原状以及禁令（interdict）。

〔158〕 EA，s 124（2）.

接歧视,法院在作出赔偿的裁决前需要考虑是否先采取其他救济措施;而裁判庭则需要考虑是否先进行权利宣告或者提出建议。[159] 法
209 院或者裁判庭无权直接判决因歧视而被拒绝录用的人入职;判决雇员重新入职(re-engagement)或者复职(reinstatement)的决定,只有在该案同时涉及不公平解雇时才能适用。[160]

衡量损害赔偿金或者补偿金数额需要参酌的因素早已得以明确。[161] 主要的参酌因素包括收入损失和养老金的损失。补偿金应当尽最大可能将申请人恢复到没有违法行为发生时的状态。与不公平解雇不同,由于欧盟法院判例法的原因,在损害赔偿金的数额上是没有上限的。[162] 表7.4的数据显示,近年来判决赔偿数额的中位数始终保持在10,000英镑以下,并且从2010年以来开始有下降的苗头。这一数据比判决赔偿的平均数额能够提供更准确的信息,这一平均赔偿额在2009年时上升至20,910英镑。不过,其原因是有几

---

[159] EA,ss 119(5),(6),124(4),(5).此前,在这一点上,不同受保护的特征各自做法有所不同。See Bob Hepple,Mary Coussey and Tufyal Choudhury, *Equality:A Framework* (*Report of the Independent Review of the Enforcement of UK Anti-Discrimination Legislation*) (2000),para 4.44.还可参见原著第86页。

[160] 《剑桥评估报告》中提出建议,应当将这一权力给予裁判庭。See Bob Hepple, Mary Coussey and Tufyal Choudhury, *Equality: A Framework* (*Report of the Independent Review of the Enforcement of UK Anti-Discrimination Legislation*)(2000),para 4.49.

[161] Ministry of Defence v. Wheeler[1998]IRLR 23;Ministry of Defence v. Cannock [1994]IRLR 509.《平等机会评论》(Equal Opportunities Review)包含有对分年度的赔偿判决的详细分析,非常有价值。

[162] Case C-271/91 Marshall v. Southampton and South West Area Health Authority (No.2)[1993]CR I-4367;[1993]IRLR 445.

个案件的天价赔偿使平均赔偿额得到提高，这实际上扭曲了关于判决赔偿额的信息。

表 7.4　劳动关系裁判庭 2010～2013 年* 裁决赔偿额中位数情况

单位：英镑

案件类型	2013 年	2011 年	2010 年
年龄	5809	8000	7250
残障	7700	7646	8000
种族	5000	4000	7865
宗教	2875	1000	56, 976
性别	8000	8986	8000
性取向	4000	4500	4000
多重歧视	7450	12, 000	14, 423
全部案件**	7700	7518	8000

资料来源：*Equal Opportunities Review* 249(July 2014) Table 1。

* 原著为 2010～2012 年，应为笔误；原著中无 2012 年数据。——译者注

** 此处数额系将表内全部类型案件作为统计范围计算出的裁决赔偿额的中位数，表 7.5 亦同。——译者注

理论上讲，对于一些严重的、故意的行为，如果补偿金不足以对被告进行惩罚，那么在英格兰和威尔士的侵权法上，还可以适用惩罚性赔偿金。[163] 尽管惩罚性赔偿金超越了“补偿”的范畴，有些裁判庭

〔163〕 Kuddus v. Chief Constable of Leicestershire Police [2011] UKHL 29; [2002] AC. 122.

还是会考虑在歧视和骚扰案件中作出惩罚性赔偿金的裁决。

但是,在了解范围内,此类惩罚性赔偿金的裁决在上诉中无一得
210 到维持。[164] 不过,对于那些因为被告实施侵权行为造成或者加重的精神伤害,法院和裁判庭却愿意判处加付赔偿金(aggravated damages)。这一赔偿金的关注重点是对受害人的影响,而非惩罚或者震慑。上诉法院就此下发了操作指南,[165] 这一指南随后又被院长指南(presidential guidance)更新,提出了精神损害赔偿额度的三个区间:

(1)最高一档,赔偿额度在19,800~33,000英镑,主要针对情节最严重的案件,比如,长期实施歧视性骚扰活动的情形;

(2)中间一档,赔偿额度在6600~19,800英镑,针对情节严重的案件,而又不适合适用最高一档的情形;

(3)最低一档,赔偿额度在660~6600英镑,针对情节并不严重的情形,比如,歧视是一个孤立的事件或者仅发生过一次的情形。

表7.5的数据显示,针对情感伤害作出的赔偿(包括加付赔偿金)中位数额基本上处于最低一档。在2012年和2013年,有2/3的判决赔偿数额在最低一档。在个别案件中,针对情感伤害,法院或者裁判庭会单独判决加付赔偿金。2013年,此类赔偿数额大致在1000~7000英镑。

---

[164] Equal Opportunities Review 201(July 2010)11, Box 3, 16, Box 4.

[165] Vento v. Chief Constable of West Yorkshire Police(No. 2)[2013] IRLR 102, CA; updated to take account of inflation in Da' Bell v. National Society for the Prevention of Cruelty to Children [2010] IRLR 19 and in Simmons v. Castle [Practice Note] [2013] EWCA Civ 1288, [2013] 1 WLR 1239.

表 7.5　2010 ~ 2013 年* 劳动关系裁判庭针对情感伤害判决赔偿额中位数

单位:英镑

案件类型	2013 年	2011 年	2010 年
年龄	2500	3500	4250
残障	5250	5000	6000
种族	4500	4000	4500
宗教	2875	1000	5500
性别	5000	6000	5000
性取向	4000	5000	4000
多重歧视	6000	12, 000	10, 500
全部案件	5000	5000	5000

资料来源:*Equal Opportunities Review* 249(July 2014)Table 2。

* 原著中无 2012 年数据。——译者注

(十二)整改建议

长期以来,劳动关系裁判庭都有权力签发整改建议,建议雇主采取特定的措施消除或者减轻歧视对申请人的不利影响。不过,在实践中,这一权力很少被动用。[166] 围绕这一权力的法律规定被按照非 211 常狭隘的方式加以解释:比如,上诉法院认定,裁判庭不得建议雇主在下一个空缺出现时对申请人实施晋升,因为这样会导致将其他候

〔166〕 2013 年,裁判庭在 30 个案件中签发了整改建议,但只有 8 个整改建议涉及申请人本人,有 21 个案件中的整改建议都是比较宽泛的:*Equal Opportunities Review* 249(July 2014)11。

选人排除在考虑范围之外。[167] 并且,许多歧视案件都是在劳动关系终止以后提起的,这也往往意味着作出的整改建议通常无法让申请人本人获益。然而,很多申请人希望经由他们的案件能使其他人在将来获益,并在和解过程中,愿意以放弃较高的情感伤害赔偿来换取被申请人接受整改建议以帮助其他人。

《平等法》借鉴了北爱尔兰《平等就业待遇命令》(Fair Employment Treatment Order)的做法,扩大了劳动关系裁判庭的权力,据此,它们可以签发整改建议,建议被申请人在一定时间段内采取特定措施,以消除或者减轻对申请人以及"任何其他人"的不利影响。[168] 比如,裁判庭可以建议开展有关平等的最佳实践的培训,或者为残障人提供合理的便利。如果被申请人在没有合理理由的情况下未遵守与申请人有关的整改建议,那么裁判庭可以判决其支付额外的赔偿。[169] 然而,如果被申请人并未遵守与"任何其他人"有关的整改建议,并不存在法律上的惩罚措施。这一权力大概在 30 多个案件中被动用;但是,2014 年《去规制法案》(Deregulation Bill 2014)建议废除这一权力,理由是它会对"工商业构成不必要的负担",尽管在征求意见环节只有 12% 的人认为应当废除这一规定。(最后通过的 2015 年《去规制法》废除了将整改建议扩大适用于"任何其他人"的规定。——译者注)

---

〔167〕 British Gas v. Sharma[1991]IRLR 530,CA.

〔168〕 EA,s 124(3).

〔169〕 EA,s 124(7).

第八章　余论：立法后评估

一、统一：过多还是偏少？ 213

《平等法》的整体目的是实现有关平等立法的统一、简化和现代化。这与20世纪70年代开始的健康与安全立法的整合过程存在惊人的相似。英国有关立法的传统观点出自知名经济学家和逻辑学家耶方斯(WS Jevons)，即立法并无原则，“立法必须根据经验推进，立法必须是培根式的(归纳推理。——译者注)”。[1] 这一观点为20

---

〔1〕 这一句话为蒂利亚德(Tillyard)所援引，参见 Tillyard, F(1936) *The Worker and the State*, 2nd edn(Tillcoultry, NCLC Publishing Society)16。培根式的方法是由弗朗西斯·培根勋爵提出的，并在其1620年的著作《新工具》(*Nowum organum*)一书中加以阐释，他是这一科学方法的奠基人。这一方法由一系列旨在通过使用归纳推理的方法将某一现象的诸多原因隔离开的程序所组成。

世纪初许多社会思想家所拥护,比如,西德尼·韦伯(Sidney Webb)将英国“一个世纪的工厂立法试验”描述为“英国实用实证主义的经典例证”。[2] 不过,时至今日,持有存在某种“试错”过程的观念通常被认为是错误的。[3] 相反:

> 要理解从1788年《烟囱清扫者规制法》(Regulation of Chimney Sweeper Act of 1788)和1802年《学徒健康与道德法》(Health and Morals of Apprentices Act of 1802)开始成型、至今仍然意义深远的保护性立法所具有的零碎化特征,就必须从议会内外的工会和进步群体的抗争,以及与雇主和拥护自由资本主义的理论家们形成的强大群体的抵制之间此起彼伏的斗争中寻找答案。[4]

在英国,平等立法的历史也是一部斗争史,在议会内外与那些有偏见的人或者排“外”的人的斗争,与那些势力强大的、需要说服其相

---

〔2〕 Webb(1926)ix.

〔3〕 Kahn-Freund, O(1977) *Labour and the Law*, 2nd edn (London, Stevens). 33; Wedderburn, KW(Lord)(1971) *The Worker and the Law*, 2nd edn(Harmondsworth, Penguin). 238; Wedderburn, KW (Lord) (1986) *The Worker and the Law*, 3rd edn (Harmondsworth, Penguin). 385 *et seq*.

〔4〕 Hepple, B (1983), "Individual Labour Law", in GS Bain (ed.), *Industrial Relations in Britain* (Oxford Basil Blackwell) 405.

信平等可以提高经济和社会效用的商业和政治团体的斗争,[5]以及 214
与那些放任自由市场的理论家们的斗争,这些理论家试图为精英主义、排外、偏见、贪婪和社会悲观主义提供正当化理据。[6] 这一运动在 20 世纪 60 年代时关注的重点是种族歧视,70 年代关注的是性别歧视,80 年代和 90 年代关注的是残障歧视,进入 21 世纪后关注的是年龄、性取向、宗教/信仰歧视。这一运动取得的胜利往往也是部分性的,其结果是形成了零碎的、补丁状的以及相互抵牾的立法,造就了一部断断续续的立法史。[7]

由罗本斯勋爵(Lord Robens)担任主席的调查委员会,在对 1972 年的健康安全立法进行系统梳理后,发现共有 9 大类立法,分别调整不同的产业活动,并由 500 多项次级的制定法文件(statutory instruments)加以补充。这一状况与 2010 年前平等立法的情况非常相似。早前的健康与安全立法,与反歧视法一样,包含了大量的琐细且未实现有机融合的制度细节。这些立法既不具有内在的逻辑,无法一以贯之,也远谈不上全面,在英国 2300 万工人中有 500 万工人并未受到任何形式的职业健康安全立法的保护。正是由于委员会提

〔5〕 威尔金森与皮克特举示出证据,证明减少不平等现象是"提升我们每个人的生活质量的最好方法",参见 Wilkinson, RG and Pickett, K(2009) *The Spirit Level: Why Equal Societies Almost Always Do Better*(London, Allen Lane);而这些证据受到的抨击则向我们揭示了在这一领域不同观念之间持续不断的争论。See www.equalitytrust.org.

〔6〕 这些被多林看作"社会不平等的五张面孔"。See Dorling, D(2010) *Injustice: Why Social Inequality Persists*(Bristol, Policy Press)5.

〔7〕 参见原著第 11 页。

出的建议,综合性的《职业健康与安全法》得以在1974年通过,将适用范围拓展至所有的劳动者,甚至还包括其他主体。2010年《平等法》也是一部综合性的立法,适用于包括劳动就业、服务与公共职能、建筑、教育与结社等在内的方方面面。受保护的特征基本上涵盖了整个英国人口。

新的职业健康安全制度的基本逻辑是取代原来的补丁式立法的做法,采取自我监管的方式,鼓励减少对国家管制的依赖,强化个人责任和自愿的内生动力。[8] 这一“自我监管”方式有诸多支持机制,包括工人安全代表、安全委员会、为管理层所规定的积极法律义务,以及在健康与安全委员会(Health and Safety Commission)的政策统合与健康与安全执行局(Health and Safety Executive)的统一管理之下实现的诸多监察机构的整合。这一点也与新的平等法框架有异曲同工之妙:新的平等法框架由回应性规制(responsive regulation)、积极义务(尽管此处仅限公共部门),以及一个整合后的委员会组成。

215 毫无疑问,近几十年来英国职业健康安全状况得到大幅度提升的重要因素之一便是综合性健康与安全体制的建立。本章将探讨的问题是,新整合的、由一个委员会统一执行的《平等法》法律体系,能

〔8〕 Robens, A (Lord) (1972) Committee on Safety and Health at Work, *Report of the Committee* 1970 – 2, Cmnd 5034 (London, HMSO), para 28.

否改变平等问题的面貌,实现实质平等。抑或这仅仅是“法学家的法律”意义上的改进,对歧视的受害人和弱势群体的利益保护并没有太大意义?

第一个问题是,与之前的立法相比,《平等法》在调整对象上是否足够全面,能够对普通人的利益保护产生影响?对此进行评判的标准之一便是国际公认的平等标准。平等权利信托基金(Equal Rights Trust,ERT)在 2008 年起草的《平等原则宣言》(Declaration of Principles on Equality),代表了“人权和平等专家的道德和职业共识”。[9] 该宣言列明了以下原则:所有人均享有平等的权利(第 1 项原则);获得免受各种原因的歧视的平等保护(第 6 项原则);以及国家有义务在其开展的各项活动中确保给予平等权以“完全效力”(full effect)(第 11 项原则)。平等不存在高低贵贱之分。同样的规则应当适用于所有的受保护特征,除非存在令人信服的正当理由,不得设置例外。在很大程度上讲,《平等法》实现了这些目标,但是在有些方面做得还不够,以至于减损了其效用;在其他方面,它进行整合的步子又迈得过大了点,有可能减损其作为法律的可信度。

笼统地讲,《平等法》的起草者努力做到了将各种例外情形限定于平等的一般原则领域。直接歧视的正当事由抗辩仅能存在于年龄

〔9〕 Equal Rights Trust(2008) *Declaration of Principles on Equality*(London, Equal Rights Trust)2.

歧视[10]与残障歧视中。[11] 一些过时的、稍显机械的例外,如在职业要求方面的例外,[12]得以进行现代化改造;不过,对此注定会有一些争论。持续的压力最终导致一项最具争议的例外情形即 65 岁的法定强制退休年龄,在其还未生效之前就被联合政府叫停。[13] 但是,其他的例外情形仍然存在,如将儿童排除在禁止年龄歧视的保护之外;[14]移民决定涉及对残障、国籍,或者国家或民族起源,以及宗教/信仰的歧视时,不认定为歧视[15];在工作环境外,遭受基于宗教/信仰或者性取向而实施的骚扰的,不受法律保护等。与服务提供过程中的年龄歧视有关的例外,是由次级立法增加的,范围不必要的宽泛
216 且模糊不清,[16]这可能主要是因为直接年龄歧视本身就是可以通过正当事由加以抗辩的,如果采取的手段相对于追求的合法目的是合乎比例的话。

《平等法》在实施整合过程中采取的一项广受欢迎的措施是,将间接歧视的概念适用于所有受保护的特征(包括残障),而间接歧视的概念是在追求实质平等的过程中日益重要的一项工具。[17] 辨识

[10] 参见原著第 78 页。
[11] 参见原著第 91 页。
[12] 参见原著第 110 页。
[13] 参见原著第 113 页。
[14] 参见原著第 38 页。
[15] 参见原著第 138 页。
[16] 参见原著第 136 页。
[17] 参见原著第 97 页。

这一违法行为的实质是，某项将某个群体置于不利境地的规定、标准或者操作实践，是否具有正当理由。标准的抗辩事由即某项规定是“实现合法目的的合比例手段”，现在适用于所有的歧视案件。这使司法机关能够继续采用 Elias 一案中确立的严格审查标准。[18] 合法目的是否足够重要，以至于需要限制平等权这一基本权利？所采取的措施是否与目的具有合理的相关性？所采取的措施是否以实现所追求目的的必要为限？在公共部门和私营部门对平等问题实现主流化的进程受到最高法院在 JFS 一案判决[19]的鼓舞，在该案中，最高法院认定，决策者必须时时考虑某一规定、标准或者操作实践的歧视影响，以及在实现目标的手段中是否存在歧视影响更小的手段。

《平等法》在下列三个方面的整合努力存在不足。第一个是同工同酬方面。目前，基于性别的薪酬不平等案件与基于其他受保护特征的薪酬歧视案件之间仍然存在区分。如果这一事项是由劳动合同调整的，那么不同于其他受保护的群体，女职工不能提起一个普通的直接歧视或者间接歧视的诉讼。尽管在平等条款被违反的情况下也允许女职工提起普通歧视诉讼的规定（concession），但意义不大，如雇主的工厂中可能并不存在可以作为参考对象的男性职工。这反倒

---

〔18〕 R(on the application of Elias) v. Secretary of State for Defence [2006] IRLR 934, CA. 参见原著第 88 页。

〔19〕 R(on the application of E) v. Governing Body of the JFS [2009] UKSC 15. 参见原著第 89 页。

使相关立法显得没有必要的复杂,且仍然效果不彰。[20] 废除有关女性的同工同酬的特别规定,意味着所有受保护的群体均可以利用制定法侵权和直截了当的合同约定对遭受的歧视来寻求救济,这将改善法律的执行状况。这也意味着将取消法律在参考对象问题上令人困惑的规则;避免出现“全有或全无”(all-or-nothing)的方法,这一方法使女性在其工作与作为参照对象的男性工作不具有完全相同的价值时,无法按照“相应的比例”主张薪酬;并可以全额获得此前少付的薪酬(back-pay)。[21]

217 《平等法》整合程度不够的第二个方面是受保护特征的范围存在不够全面的问题。在人权问题上,一元论的观点要求规定所有形式的身份歧视皆为非法,正如《欧洲人权公约》第 14 条的做法,列举了一系列具体的特征,并加上了“或者其他身份”这一兜底条款。而《平等法》则是将此前立法中已经规定的 9 种受保护的特征统一规定在该法中;此后,很快“种姓”也将作为种族的一种类型被增加进来(参见前文译者注中有关“种姓”问题的最新立法进展。——译者注)。《平等法》并未增加任何其他在人权文件中提到的受保护特征,如基因特征、出生、社会出身、政治观点及语言。司法系统对“来源国”(national origin)采狭义解释,使相关的法律规定无法被用来制

---

〔20〕 参见原著第 122 页。

〔21〕 Newman, D(2012),“Repeal the Law on Equal Pay”,223 *Equal Opportunities Review* 8.

止那些由于被模糊地划入“国外出生”“移民”“寻求难民庇护者”而受到严重歧视或者骚扰的现象，《平等法》对此无动于衷。[22] 在移民职能行使过程中针对非欧盟国民的歧视为《平等法》所认可，是合法的。[23] 尽管同性婚姻现在已经得到认可，但是单身人士、同居但未结婚的人士，以及民事伴侣基本上得不到该法的保护。[24]

2010 年《平等法》通过后，面对要求提高对其他身份群体保护的呼声，历届政府的回应均是“没有证据”显示针对某一个特定群体存在严重的歧视。没有什么能比这一回应更好地展示英国的“实用实证主义”（practical empiricism）了。但是，这一回应是与平等的原则相悖的，因为平等的原则意味着，任何因个体特质或者特征而对其进行的不公平分类，对其尊严造成不利影响的，均应当被禁止。这一原则并不意味着在任何情况下均不允许差别或者不平等待遇，而是说应当证明这一不平等状态存在正当性，是实现合法目的的合比例手段。

《平等法》整合程度不够的第三个方面是对国际及欧洲人权标准的遵守程度。本书已经提到，《平等法》的有些规定据称是与英国所承担的特定义务相冲突的。这些规定包括，将儿童排除在禁止年龄歧视的保护范围之外的规定，这有可能使他们无法享受《联合国儿童

〔22〕 参见原著第 49 页。
〔23〕 参见原著第 138 页。
〔24〕 参见原著第 63 页。

权利国际公约》规定的权利;[25] 有关"残障"的医疗定义,与联合国《残疾人权利公约》中所采取的"社会"模式是不相适应的;[26] 对于直
218 接宗教歧视缺乏正当事由抗辩的规定,这可能与《欧洲人权公约》第9(2)条的规定相冲突;[27] 将单身人士、同居但未婚人士以及民事伴侣排除在保护范围外,可能违反了《欧洲人权公约》第8条和第14条的规定;[28] 缺少对照护者(carer)特别保护的规定,可能与欧盟法律相冲突;[29] 废止有关交叉歧视和第三人骚扰规定的做法,违反了欧盟法律的要求;[30] 对武装力量实施豁免,可能与联合国《残疾人权利公约》的规定并不协调;[31] 以及对移民功能的豁免,可能违反了《欧洲人权公约》第8条、第9条和第14条的规定,以及联合国《残疾人权利公约》的规定。[32] 其他方面的问题也可能会逐步出现,并最终需要通过新的立法来消除这些差距。

然而,《平等法》在宗教/信仰领域整合的步子又迈得太大。《平等法》中对于直接宗教歧视并未规定正当事由抗辩,而在《欧洲人权公约》第9(2)条中对限制一个人的宗教表达规定了这一抗辩事由,

---

〔25〕 参见原著第40页。
〔26〕 参见原著第43页。
〔27〕 参见原著第55页。
〔28〕 参见原著第63页。
〔29〕 参见原著第76页。
〔30〕 参见原著第77页。
〔31〕 参见原著第137页。
〔32〕 参见原著第138页。

因此二者之间有可能会发生冲突。将来，欧盟可能会通过一项禁止在物品、服务和其他非工作领域的宗教歧视的指令，在为此进行谈判时，政府应当确保包含一项正当事由抗辩；并且，应当适时对《就业框架指令》与此有关的规定提出修改建议。前述措施还应当辅之以为宗教礼拜或者活动提供合理便利的义务，当然，前提是不会给其他人造成不当的困难。[33]

与此类似，将公共部门平等义务的所有内容均拓展适用于宗教/信仰，也是存在问题的。在这一方面，重点是要消除在种族、性别和残障歧视方面的义务规定之间的不一致，然后将其整合为统一的一项义务。将这一义务拓展适用于年龄并不会出现特别的问题，且这一拓展是很重要的，因为公共机构在为老年人的医疗保健和社会服务方面设置优先事项问题上发挥着关键作用；同样，将这一义务拓展至性取向也并无不当，只要私人和家庭生活的权利得到尊重。[34] 很显然，公共机构应当有义务消除基于宗教/信仰的歧视和骚扰，并有义务在不同群体之间营造良好的关系。但是，在宗教/信仰问题上对平等的“提升”(advancement)或许会鼓励隔离与分化，而非融合；并且，这样做也可能会与其他权利，如表达自由相关的权利，发生 219
冲突。[35]

〔33〕 参见原著第56页。
〔34〕 参见原著第57页。
〔35〕 参见原著第164条。

尽管存在诸多缺陷,《平等法》还是能够帮助实现路径的变革,即从身份政治到一元化人权观的转变。在很大程度上讲,这取决于律师与法官接受和适用一元化人权观的意愿。众所周知,对原则的体系化和成文法化,对于英国普通法传统来说,是一个外来事物,因为普通法运作的基础是个案和先例,是由律师为其当事人寻求实用救济的需求和习惯所驱动的。这些方法是英国遵从议会意愿(subordination to the will of Parliament)的政治遗产的一部分,也反映了西德尼·韦伯所说的"英国实用实证主义"的特点。

但是,从另一个角度来看,许多因素导致了近几十年来司法系统对平等立法的解释和适用采取目的论的方法。这些因素包括:欧盟法院对平等待遇作为基本权利的认可,这意味着成员国的法院必须给予其法律效力;上议院和最高法院的一系列判决,特别是由黑尔大法官撰写的判决,明确了直接歧视和间接歧视的含义和范围;[36] 在法律学术界对平等诸原则的演绎中,其中有些原则已经突破一度看起来牢不可破的理论与实务的界限;以及接受过大学教育的法官数量增加,他们更愿意在判决中援引当代学者的论述。但是,在高层级的法院中,女法官的数量之少仍然令人咋舌:最高法院的大法官仅有1名女性[现为3名,布莱克大法官(Lady Black)和艾登大法官(Lady Arden)分别于2017年和2018年加入最高法院。——译者

〔36〕 参见原著第91页。

注],上诉法院的法官中仅有8%是女性。司法任命委员会正在努力改变这一状况:高等法院女法官的比例从2008年的12%提到2014年的23%;地区法院的法官中有23%是女性。但是,除非司法系统的组成能够准确地反映全体人口的结构,并且,也能够回应女性从业者日益增多的法律职业上的状况,否则公众对司法系统理解和执行平等法的能力是缺乏信心的。这一点也同样适用于黑人法官和亚裔法官偏少的现象(目前为2%～4%)。

1998年《人权法》出台以来,律师已经更习惯从人权角度思考问题。要理解这一点,只需要对比上诉法院在1913年的判决与现代解释反歧视立法的判例法即可:前者基于科克勋爵(Lord Coke)的权威,认定女性并不属于1843年《事务律师法》(Solicitor's Act 1843)中所定义的"人",因此不能充任事务律师。〔37〕对此,简单对比就不难发现司法态度所发生的根本转变。这一点的例证是斯泰恩勋爵和 220
黑尔大法官在Prague Airport一案〔38〕中对英国批准的国际人权条约和禁止种族歧视的国际习惯法的援引,以及对联合国消除种族歧视委员会裁决和学界有关出身歧视的JFS案〔39〕的论著的倚重。司法

---

〔37〕 Bebb v. Law Society[1914]1 Ch 286, CA. 这一认定为后来1919年《性别失格(移除)法》[Sex Disqualification(Removal) Act 1919]所推翻。

〔38〕 R(European Roma Rights Centre) v. Immigration Officer at Prague Airport[2004] UKHL 55;[2005]2 AC1, HL, paras 44－47, 98－103. 参见原著第70页。

〔39〕 [2009] UKSC 15;[2010] IRLR 136, para 82(Lord Mance). 参见原著第49页。

对平等立法目的的日益认同,可以通过将上诉法院与上议院在 20 世纪 80 年代为种族平等委员会(CRE)行使权力所设置的障碍与近年来对新的公共部门平等义务的目的解释对比加以理解;[40] 丹宁勋爵曾并不光彩地将种族平等委员会与宗教法庭(Inquisition)[41] 相提并论。如果 2010 年《平等法》中包含有关于目的的明确规定,那么法官的任务要轻松许多。在未就其目的作明确规定的情况下,法官们需要参考 2006 年《平等法》第 3 条所规定的平等与人权委员会的目的与宗旨。联合政府一度试图废除这一有关平等与人权委员会目的和宗旨的规定,但并未得逞。这一目的和宗旨体现了尊重个体人权、尊严和价值,参与社会的平等机会以及相互尊重的价值观。[42] 2010 年《平等法》重复了这些目的和宗旨的规定。当对《平等法》具体规定的意图存疑时,法院和裁判庭应当考虑这些规定背后的价值。它们也需要考虑国际和欧洲人权法中确立的标准。[43]

---

〔40〕 参见原著第 170 页。
〔41〕 参见原著第 183 页。
〔42〕 参见原著第 17 页。
〔43〕 参见原著第 18 页。

二、改变组织政策与行为

变革式平等[44]的愿景得到了以下因素的支持：私营部门和公共部门中采取积极措施的可能性日益增大，政党对候选人的遴选[45]以及公共部门平等义务得以拓展至所有受保护的特征。[46] 不过，这些也是《平等法》中能够体现《剑桥评估报告》所倡导的“回应性规制”[47]和“强化版的自我监管”的仅有的措施。[48] 私营部门并不负有提升平等的义务。此前有关积极义务的过时规定，被《平等法》第158条所取代，其规定依据是欧盟法。欧盟法承认与所有受保护特 221
征相关的积极行动的合法性，只要这些积极行动是实现三个合法目的之一的合比例手段：消除不利境遇，满足特殊需要以及鼓励代表性不足群体参与。《平等法》第159条是由自由民主党提议，并在最终说服最初曾表示反对的保守党支持的情况下才得以生效，其允许在招聘和晋升活动中采取“并列择一”的做法，不过这一做法似乎在实

---

〔44〕 参见原著第1页。

〔45〕 参见原著第156页。

〔46〕 参见原著第163页。

〔47〕 McCrudden, C (2007b), “Equality Legislation and Reflexive Regulation: A Response to the Discrimination Law Review's Consultative Paper”, 36 *Industrial Law Journal* 255, 255.

〔48〕 参见原著第155页。

践中很少被采用。事实上,这一规定在进行高级任命的过程中非常有用。基于对英国有约束力的欧盟法的规定,我们可以颇有信心地预测,英国法将来不会发展到规定配额,或者为某一特定群体预留工作或者教育机会。如果为某一大类身份群体采取了积极行动,那么风险之一在于会为该群体中并未受到不利待遇的成员提供特殊待遇,在印度,这一群体被称为"奶油阶层"(creamy layer)。[49] 例如,某所大学针对一大类群体,如黑人及其他少数族裔采取了积极行动,最终可能会发现录取了很高比例的华裔或者印度裔的学生,而这两个群体本身在大学学生中的比例已经是较高的;而并未录取到孟加拉裔的女学生或者非洲-加勒比裔的男学生,这两个群体在大学中的代表性不足。由此可见,在考虑社会经济不公的基础上进行精准施策,至关重要。

风险之二是,如果基于身份而采取的积极措施设计不合理,有可能会强化刻板印象。例如,欧盟法院在一项判决[50]中确认,为工作中的母亲提供婴儿照护设施,而不为工作中的父亲提供婴儿照护设施的做法是合法的,也是合比例的。对此,弗莱德曼指出:

---

〔49〕 Sankaran, K (2010), "Towards Inclusion and Diversity: India's Experience with Affirmative Action", in O Dupper and C Garbers (eds.), *Equality in the Workplace* (Cape Town, Juta) 296.

〔50〕 Case 476/99 Lommers v. Minister van Landboww, Natuurbeheer an Visserij [2002] ECR I-2891; [2002] IRLR 430.

> 真正的变革性改变只有在父母双亲平等地承担育儿职责时才会发生。针对女性采取的特殊措施，尽管用意良好，但是会存在强化她们作为主要的婴儿照护者的角色，并加重她们所遭受的不利境遇的风险。这并不意味不应当对父母作出特殊规定，否则将重蹈形式平等的覆辙……相反，只有这些措施适用于父母双方时，方能实现真正的变革。[51]

司法对积极行动措施的审查应当意在支持那些真正追求实质平等的措施，只要决策者能够证明这一目的是合法的，而且这些措施是合乎比例的。[52] 在教育机构或者公司的董事会中实现更高程度的多元化，可以是一项合法的目的。这是因为，它能够在这些环境中加 222
入受排斥群体的视角，并有可能会带来结构性变化的激励。对女性、残障人群以及其他弱势群体更大的代表性，能够为那些此前被排除的群体提供榜样。[53] 《平等法》第 158 条和第 159 条为实现变革提

---

[51] Fredman, S (2010a), "Facing the Future: Substantive Equality under the Spotlight", in O Dupper and C Garbers(eds.), *Equality in the Workplace* (Cape Town, Juta) 28－29；就对此前一项维持"仅限母亲"待遇(mother-only benefits)的判决的批评，还可参见 Browne, J(2006), *Sex Segregation and Inequality in the Modern Labour Market*(Bristol, Policy Press)129－134。

[52] Fredman, S(2010), "Facing the Future: Substantive Equality under the Spotlight", in O Dupper and C Garbers(eds.), *Equality in the Workplace* (Cape Town, Juta)27.

[53] Fredman, S(2010), "Facing the Future: Substantive Equality under the Spotlight", in O Dupper and C Garbers(eds.), *Equality in the Workplace* (Cape Town, Juta)35－37.

供了机会。公共部门平等义务将鼓励公共机构采取积极行动措施;这可能成为变革性平等的一个重要工具。

当然,更多地要取决于平等与人权委员会能否有效地行使其权力。借力2014年新的欧盟指令,[54]采购合同与政府补贴的合规要求将成为公共机构要求供应商改善其操作实践的工具之一。遗憾的是,这一具体义务发生作用的范围随着逐渐增多的外包以及公共服务,特别是医疗、社会护理和教育的私有化,而逐步缩小。尽管概括义务的规定适用于任何行使公共职能的人(包括私人机构),具体义务则只能适用于列明的公共机构。[55]

公共部门平等义务被证明是阻止或者延迟公共服务削减的有力武器,实现这一点的前提是证明在提供这些公共服务的过程中公共部门未充分考虑所采取的措施对弱势群体的影响。[56] 但是,这一义务有两个缺陷,即在议会立法中(primary legislation)中缺乏与利益相关人进行磋商、吸收其参与的规定,以及司法审查的标准较低。首先,《平等法》中此类规定的缺失,意味着需要在英格兰、苏格兰和威尔士分别制定相应的政府规章。英格兰政府规章的主要不足之处在于,公共部门与利益群体,特别是那些将从积极行动中获益的群体进行磋商互动机制的缺失。比如,工会任命和支持了数千名平等代表,

〔54〕 参见原著第169页。

〔55〕 参见原著第165页。

〔56〕 参见原著第173页。

他们会为工作场所的工会会员就平等问题提供咨询建议。他们能否发挥作用取决于雇主认可并与他们进行磋商的意愿。根据英国工会联盟的估算，大约有36%的平等代表，雇主愿意与其进行频繁地沟通；而只有26%的雇主与平等代表开展了协商，而22%的雇主从未与平等代表进行协商。[57] 法律并未规定雇主有与这些代表进行磋商的义务。英国工会联盟曾支持了一项修正案，要求将平等代表履 223
行其职能和接受培训的时间视为工作时间，但工党政府对此并未支持。政府给出的原因很熟悉：缺少"足够的实证证据来证明平等代表履行职能和接受培训的时间应当通过法律加以规定"。[58] 这一立场与政府规章中要求雇主与由雇员选举产生的平等代表进行协商、确保他们能够获得培训并获得履行职能的带薪时间的规定形成了鲜明对比。[59] 在平等问题上，信息、对话以及雇员与利益群体的平衡参与，对于有效规制来讲，至关重要。这一点似乎在苏格兰和威尔士得到了认可，根据被授予的权力，在《具体义务条例》(Specific Duties Regulations)中专门有"磋商沟通"义务的规定。

公共部门平等义务的第二个主要缺陷是，并未采纳乌斯利勋爵

〔57〕 这些数据来源于由吉布森女男爵(Baroness Gibson of Market Rasen)所作的一份有关英国工会联盟的报告，吉布森女男爵是据此提出了一项修正案。See Hansard HL Vol. 716 col 984(27 January 2010).

〔58〕 Hansard HL Vol. 716 col 984(27 January 2010).

〔59〕 Deakin, S and Morris, GS(2012) *Labour Law*, 6th edn(Oxford, Hart Publishing), para 9.46.

所提修法建议,要求公共机构为实现法律目的而采取合乎比例的措施。法院反复强调,"适当考虑"标准并不是要求实现某一特定结果的义务。在现实中,其效果是用官僚机构的各种填表要求以及遵循程序的要求,取代了实际行动。[60]

在采取回应性规制方式问题上,存在的最大问题在私营部门。私营企业并不负有提升平等的积极义务。在一定程度上讲,克服这一问题的方式之一,是由平等与人权委员会动用其调查权力,对其有合理理由怀疑存在歧视行为的企业展开调查,并致力于与其进行谈判达成一份具有法律约束力的积极行动协议以替代具体的执行措施。[61] 但是,由于并未规定雇主有开展就业与同工同酬审计的义务,就雇主而言,很难获得足够的激励去采取积极行动以提升弱势群体的平等就业机会,并缩小男女之间的薪酬差距。用麦克拉登的话说,"对引入强制性监测(monitoring)的建议不予采纳……是对回应性规制在英国能够获得成功的可能性的最大打击"。[62]

各式政府对待私营部门的总体态度大致相同,只有在自愿的方法不奏效的情况下,才会"稍后"考虑进行立法。正如《剑桥评估报

---

〔60〕 参见原著第174页。

〔61〕 参见原著第172页。

〔62〕 McCrudden, C(2007), "Equality Legislation and Reflexive Regulation: A Response to the Discrimination Law Review's Consultative Paper", 36 *Industrial Law Journal* 255, 265.

告》所指出的，〔63〕这一逐步升级的方式（evolutionary approach）是严重错误的。这一方式在过去经常失效，例证便是1968年《种族关系法》所规定的自愿程序。〔64〕没有理由相信，一个纯粹自愿的指南或 224
者指引会在将来科技更复杂的社会中发挥更好的作用，在这一社会中，组织越来越扁平化、层级越来越少，因此，也降低了"命令—控制"方法的有效性。并且，将"硬"规制与"软"规制对立起来的二分法也是错误的。一种形式的规制（自愿主义）并不是另外一种规制（执法措施）的替代方案。自愿方式可能会影响一些组织的行为（比如，处于领头羊地位的公司，如果它的市场主要是针对少数民族群体，那么它可能想制定平等政策）；但是，对于其他由于社会经济方面的原因拒绝进行改变的机构来说，这一方法可能无法奏效。规制的方法需要对不同机构的不同行为模式进行有针对性的回应。尽管规制者最开始努力说服规制对象与他们合作，但是他们需要准备好逐步升级、严格的制裁措施，直到规制对象遵守其要求。规制者需要准备好不同强度的制裁措施，且最严厉的制裁措施应当能够足以震慑最顽固的违法者。

---

〔63〕 See Bob Hepple, Mary Coussey and Tufyal Choudhury, *Equality: A Framework* (*Report of the Independent Review of the Enforcement of UK Anti-Discrimination Legislation*) (2000), para 3.4.

〔64〕 参见原著第12页。

三、改善执法状况

直到第三代反歧视立法,即 1975 年《消除性别歧视法》和 1976 年《种族关系法》的出现,平等机会委员会和种族平等委员会开展的行政执法活动以及个体提起民事程序的权利才变成执法的常规方法。这一模式为2006 年《平等法》和2010 年《平等法》所延续。原则上讲,这一模式提供了最佳的执法方法。在统一的《平等法》出台前,便建立一个统一的委员会的决定,使这一过渡阶段变得复杂。2007年,下议院特别委员会表示,"政府对于过渡阶段管理上的优柔寡断、变动不居、久拖不决使得委员会履职的能力从第一天开始就大打折扣"。[65] 议会联合人权委员会在开展调查后,在 2010 年 3 月得出结论:平等与人权委员会运行的前 3 年充斥着管理失策、缺少财务控制和各种利益冲突的问题。[66] 或许,这些过渡期遇到的困难可以通过

---

〔65〕 Department of Communities and Local Government Select Committee (2007) *Equality*, Sixth Report, 2006 - 7 session.

〔66〕 JCHR (Joint Committee on Human Rights) (2009 - 10) *Equality and Human Rights Commission*, 13th Report of Session 2009 - 10, HL paper 72, HC Paper 183 (London, The Stationery Office), para 82. 至于平等与人权委员会的解释,可参见 Equality and Human Rights Commission (2009) *Annual Report and Accounts* 2006 - 8, HC 632 (London, The Stationery Office) and (2010) *Annual Report and Accounts* 2008 - 9, HC 232 (London, The Stationery Office)。

保留此前的3个旧的委员会继续运行的方式加以克服，同时将其调整范围进行相应拓展，以涵盖新增的受保护特征。但这样做又意味着，可能要牺牲成立统一委员会并使其功效大于各部分简单相加的优势。

对于平等与人权委员会是否还能与其目的和宗旨一致，是存在疑问的。2010年以来，该委员会将其活动限定于其“核心”职能，而其经费预算被削减了2/3。有必要认识到平等与人权委员会已经从 225
传统的“命令—控制模式”向以“回应性规制”为基础的执法模式转变。平等与人权委员会的角色是提供信息、说服，并在必要的时候执行法律。这涉及教育、监测，激励组织开展自愿行动，并且，如果认为歧视行为正在发生时开展调查，同时，通过下发整改通知、启动司法程序和进行制裁的方式来执法。

平等与人权委员会还承担一个更广泛的职能。政府并未能如愿地废除2006年《平等法》第3条所规定的概括义务，但是，平等与人权委员会监测进展的职责被限定于2006年《平等法》第8条、第9条所规定人权有关的具体义务。该法第10条中规定的“社群”义务，本可以在体育和类似活动中作为反对种族主义的法律依据，却被废除。尽管存在这些限制，平等与人权委员会发挥的作用仍然可以超越智库(think tank)。它可以将自己作为平等与人权的卫士和执法者。令人欣慰的是，在平等与人权委员会新领导层的领导下，该委员会正在根据其有限的经费预算进行调整适应，而又不放弃它所肩负的更广泛的作用。在许多知名度很高的案件中,平等与人权委员会进行了成功的干预。从回应性规制的角度看,更重要的一点是,平等与人权委员会正在搭建伙伴关系,比如,与警察合作,以减少在截停搜查中存在的与种族相关的不合比例行为。但是,如果通过正式调查的方式对个案进行跟踪,或许能够使其权力达到更大的功效。这是应对和克服因取消劳动关系裁判庭就组织变革方面签发整改建议的权力所造成困难的一种方式。平等与人权委员会就各种问题,如公共部门平等义务等下发操作指引。但是,在这一方面,平等与人权委员会应当积极主动,而不是等事件发生以后再被动介入。比如,在牧师只对大学中性别隔离的听众发表演讲时,平等与人权委员会为什么不尽早介入以制止宗教极端主义?

在个体执法程序上,除了对有关举证责任的规定进行明确和扩展外,《平等法》并未作其他重大的改变。[67] 通过制定政府规章在劳动关系裁判庭程序中允许提起代表诉讼的权力并未被行使;同工同酬程序在2004年被修改,也未达到它们所追求的目的。调解,包括在劳动关系裁判庭中与司法调解有关的制度,也只发挥了很有限的作用,而有关早期调停的最新规定的效果仍然处于不确定的状态。其最重要的改变在于对准入门槛的限制。这部分程度上是由于日益格式化的程序和审查机制使劳动关系裁判庭越来越像普通的法院。

---

〔67〕 参见原著第203页。

对程序便利性最严重的打击是裁判庭程序费用的引入，这使裁判庭受理的案件数量出现了80%的下降，同时由公共资金支持的法律援 226
助基本消失。综合来看，这些因素意味着个体权利越来越不可能得到行使。[68]

《平等法》并未修改法院和裁判庭判决救济的权力，除增加了一项新的权力，裁判庭可以签发使申请人以外的人获益的整改命令。这一本来就很少动用的权力，在生效和运行仅3年后便被废止。[69]在实务中，裁判庭继续判决数额相对较低的加付赔偿金判决（包含对情感的伤害），并且，在实践中不大行使其由于判例法而获得的判决惩罚性赔偿金的权力。除了极个别案件，如年长女性受到市政公司的骚扰案件外，通常只有在涉及大量申请人的同工同酬案件中，被申请人才需要担心被判决承担高额的赔偿。这很显然是雇主不愿意接受代表诉讼的原因之一。[70]

四、法律的局限：贫穷与弱势

有大量的证据显示，在英国长期持续存在较严重的收入不平等

〔68〕 参见原著第195页。
〔69〕 参见原著第211页。
〔70〕 参见原著第199页。

现象,在男女之间、不同民族群体之间、不同社会阶层之间以及生活在贫困地区的人与生活在其他地区的人之间的经济收入方面存在深层次、体系性的不平等问题。[71] 社会不公是一个复杂的、多面的问题,其产生有很多原因,包括缺少工作、教育或者获得技能的机会,儿童贫困,支离破碎的家庭,在健康状况上的不平等,无法获得社会住房,以及基于年龄、性别、残障、种族和宗教而存在的歧视等。[72] 由工党政府设立的全国平等小组,提供了详细的证据支持这一分析结论。[73] 该小组指出,社会阶层与固定的特征,如性别、残障或者民族不同,因为它既是劳动力市场的结果,又是影响人们生活发展走向的传输机制的一部分。[74] 特别需要指出的是,"人们在刚刚成年时在职业和经济方面的表现在很大程度上取决于他们的出身"。[75]

227 1999 年,当时的工党政府承诺采取一种"融合的、激进的政策",

---

〔71〕 National Equality Panel(2010)*An Anatomy of Economic Inequality-The UK Report of the National Equality Panel*(London,Government Equalities Office);Hills,S,Sefton,T and Steward,K(2009)*Towards a More Equal Society? Poverty,Inequality and Policy since* 1997 (Bristol,Policy Press).

〔72〕 Hills,S,Sefton,T and Steward,K(2009)*Towards a More Equal Society? Poverty,Inequality and Policy since* 1997 (Bristol,Policy Press)11.

〔73〕 National Equality Panel(2010) *An Anatomy of Economic Inequality-The UK Report of the National Equality Panel*(London,Government Equalities Office),esp ch 9.

〔74〕 National Equality Panel(2010) *An Anatomy of Economic Inequality-The UK Report of the National Equality Panel* (London,Government Equalities Office)243.

〔75〕 National Equality Panel(2010)*An Anatomy of Economic Inequality-The UK Report of the National Equality Panel*(London,Government Equalities Office)393.

来对基于多重原因而造成的弱势群体问题进行回应。[76] 公共部门平等义务仅限于身份平等的几种特定类别。这一做法起源于北爱尔兰的立法，以及斯蒂芬·劳伦斯谋杀案调查委员会有关“制度化种族主义”认定。从总体上减少社会经济不公的必要性使围绕这一问题的公共讨论日渐被提上日程。举例而言，1999 年名为“新机遇”的白皮书（New Opportunity White Paper）[77]建议规定公共机构负有减少社会经济不公的义务。2010 年《平等法》第 1 条引入了这一义务，但是这一义务从未得到执行，且现在已经被废除。但是，这一义务试图解决的相关社会问题仍然存在。

一个真正综合全面且变革性的平等方法，很明显并不意味着社会经济不公的所有方面都必须通过一项单一的义务或者一部统一的立法加以解决。这当然可以通过将公共部门有关身份平等的义务进行拓展来实现，在这一义务中加入无论人们的“社会出身”而提升结果平等的内容，而“社会出身”在欧洲和国际人权法上已经被认可为受保护的特征。[78] 但是，“社会出身”固化特征与社会—经济身份的动态特征并无法准确对应。比第 1 条规定的法律义务更重要的是一

---

〔76〕 Department of Social Security (1999) *Opportunity for All: Tackling Poverty and Social Exclusion*, First Annual Report, Cm 4445 (London, The Stationery Office) 23; see generally Hills, S, Sefton, T and Steward, K (2009) *Towards a More Equal Society? Poverty, Inequality and Policy since* 1997 (Bristol, Policy Press) 8 – 16.

〔77〕 Department of Social Security (1999) *Opportunity for All: Tackling Poverty and Social Exclusion*, First Annual Report, Cm 4445 (London, The Stationery Office).

〔78〕 参见原著第 36 页。

系列其他社会经济措施,包括在学校和教育方面、劳动力市场方面、税收和财政支出的分配效应方面,以及为一些特定的群体如领取养老金的群体提供资源。这些至关重要的社会经济措施远超身份平等法的范畴。

《平等法》只是代表了对社会经济不公现象作出回应的一种方式。这并不是包治百病的良方。社会经济不公和社会排斥的恶性循环仅依靠与身份平等有关的立法是无法打破的,至少有两个原因,笔者在几年前曾经提到过这一点:

> 第一个原因是……如欧利希(Ehrlich)及其他人所指出的那样,法律需要明确性(specificity)。法律概念需要相对清晰,并且只能对特定的人执行。换句话讲,法律程序只有通过具体个体之间的个体化冲突才能运转……第二个原因是,法律只能瞄准社会不公的诸多原因中的一个因素,即"歧视"。对明确性的要求使对这一概念的定义既范围狭窄又技术性强……无论我们使用反面的概念,如直接或者间接歧视,或者宽泛的正面的概念,如"平等机会",甚至是"公平机会",但是如果相信这些概念能够转化为具体的法律术语,仅靠这些法律术语就能帮助我们达致(变革)平等的彼岸世界,那未免也太魔幻了……在导致"社会不公的恶
> 228 性循环"(cycle of disadvantage)的诸多原因中,法律的选择

> 显得太过具体和挑剔，使它无法靠自身实现真正的实质性的平等权利。[79]

法律的这些局限性也适用于诸如“社会包容”和“团结”等社会政策，以及适度考虑降低社会经济不公的必要性的义务。我们需要把《平等法》仅作为社会变化过程中的一个因素来看待。不能期望法律把原来享有特权的精英阶层相对于弱势群体所享有的那些权力剥夺，“但是它可以用来将这一权力转化为合法程序，而通过这些程序对他们的利益予以认可”。[80]

有观点认为，基于贫穷而对个体实施的歧视，如排除从某一贫穷地区来的人或者失业的人，应当被规定为非法。如果该个体来自某一遭受不公的身份群体，这可能构成间接歧视。但是，不具备任何一种法律所认可的受保护特征的穷人，则无法受到此种保护。尽管人们通常认为法律对于贫困的主要经济表现形式无能为力，但是法律被认为可以不考虑一个人的财富拥有状况而禁止污名化和敌意，并

---

〔79〕 Hepple, B (1992) Have Twenty-five Years of the Race Relations Act in Britain been a Failure? in B Hepple and EM Szyszczak (eds.), *Discrimination: The Limits of Law* (London, Mansell) 19, 20 – 27.

〔80〕 Hepple, B (1992) Have Twenty-five Years of the Race Relations Act in Britain been a Failure? in B Hepple and EM Szyszczak (eds.), *Discrimination: The Limits of Law* (London, Mansell) 19, 31.

承认个体的尊严与价值。[81] 将贫困界定为一种身份存在诸多问题,[82]即使贫困长期存在且在穷困的家庭里实现代际传递,也不例外。举例而言,贫困与种族或者性别不同,因为至少在理论上存在逃离贫困、实现相对富足的可能性。贫困或者社会经济阶层并不是一个人的关键特质或者特征。有关身份平等的法律可以处理污名化问题,并承认个体价值,但是通常无法有效实现富人与穷人之间的财富再分配。当然,法律也有可能间接地起到财富再分配的作用,因为贫困通常都是与某一个弱势群体的身份联系在一起的。这会导致在某一身份群体内部的再分配,那些充分利用身份平等法提供的机会的成员,与那些没有获得机会或者没有利用获得的机会的成员相比,能够实现更大的成功。再分配的目的需要通过福利立法、税收及类似的措施来实现。这些措施的功能可能会为社会和经济权利所强化,比如,获得医疗服务的权利、获得职业培训和工作机会的权利,或者获得社会福利的权利。但是,身份平等立法自身通常并不是实现这一目的的合理工具。

---

〔81〕 Fredman, S(2010), "Facing the Future: Substantive Equality under the Spotlight", in O Dupper and C Garbers(eds.), *Equality in the Workplace* (Cape Town, Juta)39.

〔82〕 南非 2000 年《促进平等预防与预防不公平歧视法》(The South African Promotion of Equality and Prevention of Unfair Discrimination Act, Act 4 of 2000)第 34(1)条将"社会经济身份"作为不公平歧视的潜在事由,这一术语包括贫困;尽管这一事由尚未被激活。

五、法律与政治

229

本书的主题之一便是《平等法》标志着从单一身份的政治与法律向平等作为基本人权的政治与法律的重大转型。这一理想状态尚未得到完全实现，从前述对各种限制或者除外规定的详尽分析，以及平等与人权委员会就违反人权事件上执法权力的局限中不难得出这一结论。[83] 但是，《平等法》与它的前身一样，都是各种利益相互冲突的社会与政治团体之间相互妥协的结果。那些反对法律拓展适用范围的人将继续夸大不同群体之间的差异，而有些持对立观点的人仍然会利用这些差异来强化他们相对其他群体的优势地位。那些主张改革的群体，与那些抵制改革的群体之间的相对的社会经济实力，成为决定平等法走向的关键因素。就理解《平等法》而言，纯粹的功能主义视角，相比强调实力对比的观点，其价值意义要逊色很多。的确，立法通常对新出现的意识形态和政治冲突表现出形式上的关注，这也就是为什么围绕废除 2006 年《平等法》第 3 条（有关平等与人权委员会概括义务的规定。——译者注）的提议展开的辩论如此重要的原因。《平等法》象征着人权价值在政治架构中不断上升的地位。

---

〔83〕 参见原著第 181 页。

这是笔者作为一个民主多元化论者的观点,笔者将这些价值视为社会和政治理念,它们能将社会黏合在一起。

在争取平等的过程中,更大范围内的弱势群体的法律权利逐渐得到认可,法律也逐渐从最初的解决个体的直接歧视行为,演进为处理一些隐蔽形式的间接歧视。新的第五代平等观,得以在 2010 年《平等法》中体现,其建立的前提是除非机构采取积极措施确保平等的实现,否则,弱势群体的成员无法享受到平等的生活机会或者获得对他们平等价值的尊重。迄今为止取得的进展呈现零碎、补丁状,并时常伴有官僚主义的特征。《平等法》提供了一个巨大的机会,将平等原则置于更宽泛的人权文化框架下并提升其地位,而不仅限于平等待遇与平等价值领域。我们无须宣称法律可以救济一切不平等现象。但是,统一的平等与人权委员会和统一的法律确实不大可能再被视为仅代表了部分人的利益,特别是在那些影响白人男性的问题,比如,年龄、宗教/信仰以及性取向问题都被统一纳入法律调整范围的情况下更不可能。如今,平等与人权委员会可以在变革式平等的总体现代原则基础上,发出更强音。这一原则承认,如果想要使个体或者群体在民事、社会和经济领域享受到真正的人权,就有必要提升个体和群体的能力。

230 过去几年,在平等领域出现了倒退。比如,对于原本有效的反歧视措施实施去规制,对平等与人权委员会的权力进行限制以及限制获得法律救济的机会,这很容易让人们对平等法的前景陷入一种悲观的认识。相反，笔者选择采取一种更积极、更细致入微的方法。笔者此前提出过建议，对于原本为《平等法》规定但已被废止的一些权利，比如，涉及第三方骚扰、[84]交叉歧视[85]以及废除调查问卷程序的问题，[86]是有解决办法的。有一些新规定的权利，可以被创新性地运用，比如，对于发现存在对女性薪酬存在歧视的企业，命令其开展薪酬审计。[87] 此外，还有一些所谓的“家庭友好型”权利，比如，共享育婴假和育婴假补贴的权利，以及新规定的要求灵活工作的权利。公共部门平等义务也为采取变革性的行动提供了一些可能性。引入裁判庭程序费以及法律援助的缺失，意味着工会和非政府组织需要开发法律诉讼的替代解决方案，包括传播有歧视行为的公司的信息或者呼吁对其进行抵制。

很明显，促进平等不能与更广泛意义上的保护弱势群体免受剥削的问题割裂开。这要求制定确保体面标准的一般措施。比如，全国最低工资标准需要提高，受益对象是薪酬在“生存工资”(living wages)标准以下的500万名工人(其中大部分是女性)；并且，有关最低工资的执法应当更有效。然后，就是从国外招聘的劳务派遣工人问题。2010年《劳务派遣工人条例》(Temporary Agency Workers

〔84〕 参见原著第102页。
〔85〕 参见原著第76页。
〔86〕 参见原著第205页。
〔87〕 参见原著第133页。

Regulation 2010)将欧盟 2008 年《劳务派遣工人指令》(Temporary Agency Workers Directive)转化为英国的国内法,需要对其进行修改,以避免劳务派遣工人受到剥削。雇主许可机构(Gangmaster Licensing Authority)的管辖范围应当被拓宽,涵盖护理机构和建筑行业。同时,应当给雇主许可机构提供更多经费资源,确保其执法活动有效开展。有关人口贩卖和强迫劳动的法律的调整范围也需要进行拓展,并加强执法活动。

任何有关平等立法前景的悲观主义看法注定是短命的。对于那些致力于平等事业的人来说,现有的和新规定的法律权利可以通过多种方式加以利用,如可以重新激活平等与人权委员会,可以开发新形式的纠纷解决机制强化非政府组织和工会的作用以及倡导对开放的劳动力市场进行再规制,以保护弱势的个体。这并不是争取平等斗争的结束,而仅仅是一个新开端。

参考文献

Advisory, Conciliation and Arbitration Service (ACAS) (2010) *Annual Report and Accounts* 2009/10 (London, ACAS).

Albertyn, S (2006), "Substantive Equality and Transformation in South Africa", 23 *South African Journal of Human Rights* 253.

Alldridge, P (2006), "Locating Disability Law", 59 *Current Legal Problems* 289.

Ashtiany, S (2014), "Caste Discrimination in the UK", 247 *Equal Opportunity Review* 14.

Barnard, C (2004), "The Future of Equality Law: Equality and Beyond", in C Barnard, S Deakin and G Morris (eds.), *The Future of Labour Law. Liber Amicorum Sir Bob Hepple* (Oxford, Hart

Publishing) ch 10.

——(2012) *EU Employmemt Law*, 4th edn (Oxford, Oxford Univensity Press).

——and Hepple, B (2000), "Substantive Equality", 59 *Cambridge Law Journal* 562.

Barrett, B (2010), "When Does Harassment Warrant Redress?", 39 *Industrial Law Journal* 194.

Bell, M (2002) *Anti-Discrimination Law and the European Union* (Oxford, Oxford University Press).

Bercusson, B (1996) *European Labour Law* (London, Butterworths).

Bingham, T (2010) *The Rule of Law* (London, Allen Lane).

Browne, J (2006) *Sex Segregation and Inequality in the Modern Labour Market* (Bristol, Policy Press).

——(2011) "O'Neill and the Political Turn against Human Rights", *International Journal of Political Science.*

Cambridge Review (2000): see Hepple, Coussey, Choudhury (2000).

Cheung, SY and Heath, A (2007), "Nice Work if You Can Get It: Ethnic Penalties in Britain", 137 *Proceedings of the British Academy* 507.

Choudhury, T (2000) *Discrimination on Grounds of Religion or Belief*, Independent Review of the Enforcement of UK Anti-Discrimination Legislation, Working Paper No. 6 (Cambridge Centre for Public Law).

Cohen, G(2003), *If You're an Egalitarian, How Come You're So Rich?* (Cambridge, MA, Harvard University Press).

Collins, H (2003), "Discrimination, Equality and Social Inclusion", 65 *Modern Law Review* 16.

Commission for Racial Equality (2005) *Citizenship and Belonging: What is Britishness?* (London, CRE).

Corby, S and Latreille P (2012a), "Employment Tribunals and the Civil Courts: Isomor-phism Exemplified", 44 *Industrial Law Journal* 387.

——(2012b) "Tripartite Adjudication: An Endagered Species", 43 *Industrial Relations Journal* 94.

Cornford, F (1908) Microcosmographia Acadomica: *Being a Guide for the Young Academic* (Cambridge, Bowes and Bowes).

Coussey, M (1992), "The Effectiveness of Strategic Enforcement in the Race Relations Act 1976", in B Hepple and EM Szyszczak 232
(eds.), *Discrimination: The Limits of Law* (London, Mansell).

——(2002) *Tackling Racial Equality: International Comparisons*,

Home Office Research Study 238 (London, Home Office).

——and Jackson, H (1991) *Making Equal Opportunities Work* (London, Pitman).

Creighton, WB (1979) *Working Women and the Law* (London, Mansell).

Crick, M (2014), "EHRC's Litigation Strategy", 245 *Equal Opportunities Review* 8.

Cross, S (2008), "What Good Are No-Win No-Fee Lawyers?", 174 *Equal Opportunities Review* 18.

Davies, Lord (2011) *Women on Boards: Review* (Department for Business, Innovation and Skills).

De Marco, N (2004) *Blackstone's Guide to the Employment Equality Regulations* 2003 (Oxford University Press).

Deakin, S and Morris, GS (2012) *Labour Law*, 6th edn (Oxford, Hart Publishing).

Department for Communities and Local Government Select Committee (2007) *Equality*, Sixth Report, 2006 – 07 session.

Department of Communities and Local Government (2004) *Fairness for All: A New Commission for Equality and Human Right*, Cm 6185 (London, The Stationery Office).

——(2007a) *Fairness and Freedom: The Final Report of the*

Equalities Review (London, DCLG).

——(2007b) *Discrimination Law Review: A Framework for Fairness. Proposals for a Single Equality Bill for Great Britain* (London, DCLG).

Department of Social Security (1999) *Opportunity for All: Tackling Poverty and Social Exclusion*, First Annual Report, Cm 4445 (London, The Stationery Office).

Department of Trade and Industry (2001) *Towards Equality and Diversityi: Implementing the Employment and Race Directives*, Consultation Papers (London, DTI and Cabinet Office).

Discrimination Law Review (2007): see Department of Communities and Local Government (2007b).

Dorling, D (2010) Injustice: *Why Social Inequality Persists* (Bristol, Policy Press).

Doyle, B (1995) *Disability Discrimination and Equal Opportunities: A Comparative Study of Employment Rights of Disabled Persons* (London, Mansell).

——(1999) *Reform of the Disability Discrimination Act*, Independent Review of the Enforcement of UK Anti-Discrimination Legislation, Working Paper No. 4 (Cambridge Centre for Public Law).

Dworkin, RM (2000) *Sovereign Virtue: The Theory and Practice of Equality* (Cambridge, MA, Harvard University Press).

——(2002) "Paternalism" in *Stanford Encyclopedia of Philospohy*, available at http://plato.stanford.edu/entries/paternalism.

——(2006) *Is Democracy Possible Here?* (Princeton, NJ, Princeton University Press).

Ellis, E (1998) *EC Sex Equality Law*, 2nd edn (Oxford, Clarendon Press).

——and Watson, P (2012) *EU Anti-Discrimination Law*, 2nd edn (Oxford, Oxford University Press).

Equal Rights Trust (2008) *Declaration of Principles on Equaliy* (London, Equal Rights Trust).

Equalities Review (2007): see Department of Communities and Local Government (2007a).

Equality and Human Rights Commission (2009) *Annual Report and Accounts* 2006-8, HC 632 (London, The Stationery Office).

——(2010) *Annual Report and Accounts* 2008 - 9, HC 232 (London, The Stationery Office).

233 Equality Commission for Northern Ireland (2008) *Section 75—keeping it Effective: Final Report* (Belfast, ECNI).

European Commission against Racism and Intolerance (1998)

Legal Measures to Cambat Racism and Intolerance in the Member States of the Council of Europe, Report prepared by the Swiss Institute of Comparative Law, Lausanne (Strasbourg, Council of Europe).

Feldman, D(1999, 2000), "Human Dignity as a Human Value", [1999] *Public Law* 682 – 702; [2000] *Public Law* 61 – 76.

Fredman, S(1997a) *Women and Law* (Oxford, Oxford University Press).

——(1997b) "Reversing Discrimination", 113 *Law Quarterly Review* 575.

——(1999) *A Critical Review of the Concept of Equality in UK Anti-Discrimination Law*, Independent Review of the Enforcement of UK Anti-Discrimination Legislation, Working Paper No. 3 (Cambridge Centre for Public Law).

——(Ed) (2001) *Discrimination and Human Rights: The Case of Racism* (Oxford, Oxford University Press).

——(2004) "The Ideology of New Labour Law", in C Barnard, S Deakin and G Morris (eds.), *The Future of Labour Law, Liber Amicorum Sir Bob Hepple* (Oxford, Hart Publishing) ch1.

——(2008) *Human Rights Transformed* (Oxford, Oxford University Press).

——(2010a) "Facing the Future: Substantive Equality under the

Spotlight", in O Dupper and C Garbers (eds.), *Equality in the Workplace* (*Cape Town, Juta*).

——(2010b) "Positive Duties and Socio-Economic Disadvantage: Bringing Disadvantage on to the Equality Agenda", European Human Rights Review 288.

——(2011) *Discrimination Law*, 2nd edn (Oxford, Oxford University Press).

——and Spencer, S (eds.) (2003) *Age as an Equality Issue* (Oxford, Hart Publishing).

Godwin, K (2008), "Bullying and Harassment: EOR Survey 2008", 176 Equal Opportunities Review 17.

——(2009) "Equal Value: Justice Denied?", 186 *Equal Opportunities Review* 16.

Government Equalities Office (2008) *The Equality Bill-Government Response to the Consultation*, Cm 7454 (London, The Stationery Office).

——(2009a) *Equality Bill: Making it Work. Ending Age Discrimination in Services and Public Functions* (London, GEO).

——(2009b) *Equality Bill: Making it Work. Policy Proposals for Specific Duties* (London, GEO).

——(2010) *The Equality Bill: Duty to Reduce Socio-Economic*

Inequalities—A Guide (London, GEO).

——(2011) *Building a Fairer Britain: Reform of the Equality and Human Rights Commision* (London, GEO).

——and Schneider Ross (2009) *Equality Duties: Assessing the Cost and Cost Effectiveness of Specific Race, Disability and Gender Equality Duties* (London, GEO).

Halford, J (2009), "Paying Attention to Inequality: The Development of Positive Equality Duties", 14 *Judicial Review* 21.

Hardy, ST (gen ed), *Sweet & Maxwell's Encyclopedia of Employment Law* (London, Sweet & Maxwell).

Harris D, O'Boyle, M, Bates, E and Buckley, C (2009) *Law of the European Convention on Human Rights*, 2nd edn (Oxford, Oxford University Press).

Heath, A, Clifford, P, Hamill, H, McCrudden, C and Muttarak, R (2009), "The Enforcement of Fair Employment Law in Northern
Ireland: The Effects of Commission Agreements, MacBride Agreements 234
and Fair Employment Tribunal Cases", unpub-lished paper.

Heath, AF and Cheung, SY (2006) *Ethnic, penalties in the Labour Market: Employer and Discrimination* (London, Department for Work and Pensions Research Report No. 341).

Hepple, B (1968) *Race, Jobs and the Law in Britain* (London

Allen Lane/Penguin); 2nd edn (1970) (Harmondsworth, Penguin).

——(1983a) "Individual Labour Law", in GS Bain (ed), *industrial Relations in Britain* (Oxford, Basil Blackwell).

——(1983b) "Judging Equal Rights", 36 *Current Legal Problems* 71.

——(1992) "Have Twenty-five Years of the Race Relations Act in Britain been a Failure?", in B Hepple and EM Szyszczak (eds.), *Discrimination: The Limits of Law* (London, Mansell) 19.

——(2000) "Freedom of Expression and theProblem of Harassment", in J Beatson and Y Cripps (eds.), *Freedom of Expression and Freedom of information: Essays in Honour of Sir David Williams* (Oxford, Oxford University Press) 177.

——(2002) "Enforcement: The Law and Politics of Co-operation and Compliance", in B Hepple (ed), *Social and Labour Rights in a Global Context: International and Comparative Perspectives* (Cambridge, Cambridge University Press).

——(2004) "Race and Law in Fortress Europe", 67 *Modern Law Review* 1 – 15.

——(2006a) "The Equality Commissions and the Future Commission for Equality and Human Rights", in L Dickens and AC Neal (eds.), *The Changing Institutional Face of British.*

Employment Relations (The Hague, Kluwer Law International) 101.

——(2006b) "The European Legacy of Brown v. Board of Educaton", *Univerity of Illinois Law Review* 605.

——(2008) "The Aims of Equality Law", 61 *Current Legal Problems* 1.

——(2009) "Equality at Work", in B Hepple and B Veneziani (eds), *The Transformation of Labour Law in Europe: A Comparative Study of* 15 *Countries* 1945 – 2004 (Oxford, Hart Publishing) ch 5.

——(2012) "Agency Enforcement of Worplace Equality", in L Dickens (ed) Making Employment Rights Effective: Issues of Enforcement and Compliance (Oxford, Hart Publishing) ch 4.

——(2013) "Back to the Future: Employment Law under the Coalition Government", 42 *Industrial Law Journal* 203.

——and Choudhury, T (2001) *Tackling Religious Discrimination: Practical Implications for Policy-Makers and Legislators* (London, Home Office Research Study 221).

——and Szyszczak, EM (1992) *Discrimination: The Limits of Law* (London, Mansell).

——Coussey, M and Choudhury, T (Cambridge Review) (2000) *Equality: A New Frame-work. Report of the Independent Review of the*

Enforcement of UK Anti-Discrimination Lgislation (Oxford, Hart Publishing).

——Lord Lester of Herne Hill QC, Ellis, E, Rose, D and Singh, R (1997) *Improving Equality Law*:*The Options* (London, Justice and the Runnymede Trust).

Hills, J, Sefton, T and Stewart, K (2009) *Towards a More Equal Society? Poverty*, *Inequaliy and Policy since* 1997 (Bristol, Policy Press).

Hindley, G (1990) *The Book of Magna Carta* (London, Constable).

Hunter, R and Leonard A (1997), "Sex Discrimination and Alternative Dispute Resolution: British Proposals in the Light of International Experience", *Public Law* 298.

JCHR (Joint Committee on Human Rights) (2005 - 6)
235 *Legislative Scrutiny*: *Equality Bill* 4th Report of Session 2005 - 6, HL Paper 89, HC Paper 766 (London, The Stationery Office).

——(2008 - 9) *Legislative Scrutiny*: *Equality Bill*, 26th Report of Session 2008 - 9, HL Paper 169, HC Paper 736 (London, The Stationery Office).

——(2009 - 10) *Equality and Human Rights Commission*, 13th Report of Session 2009 - 10, HL Paper 72, HC Paper183 (London, The

Stationery Office).

Kahn-Freund, O (1977) *Labour and the Law*, 2nd edn (London, Stevens).

Kenner, J (2003) *EU Employment: From Rome to Amsterdam and Beyond* (Oxford, Hart Publishing).

Le Grand, J (1991) Equity and Choice: An Essay in Economics and Applied Philosophy (London, HarperCollins).

Lester, A (Lord Lester of Herne Hill QC) (2001), "Equality and United Kingdom Law, Past Present and Future", *Public Law* 77.

Lester, A and Bindman, G (1972) *Race and Law* (Harmondsworth, Penguin) Mackie, K, Miles, D, Marsh, W and Allen, T (2005) *The ADR Practice Guide*, 2nd edn (Haywards Heath, Tottel).

McColgan, A (2005) *Discrimination Law: Text, Cases and Materials*, 2nd rev edn (Oxford, Hart Publishing).

——(2009), "Class Wars: Religion and (In) Equality in the Workplace", 38 *Industrial Law Journal* 1.

McCrudden, C (1986), "Rethinking Positive Action", 15 *Industrial Law Journal* 215.

——(2004a) "Equality and Non-Discrimination", in D Feldman (ed), *English Public Law* (Oxford, Oxford University Press) ch 11.

——(2004b)"Affirmative Action: An Empirical Assessment",24 *Oxford Journal of Legal Studies* 363.

——(2007a) *Buying Social Justice: Equality, Government Procurement and Legal Change* (Oxford University Press).

——(2007b) "Equality Legislation and Reflexive Regulation: A Response to the Discrimination Law Review's Consultative Paper", 36*Industrial Law Journal* 255.

——(2008) "Human Dignity and the Judicial Interpretation of Human Rights",19*European Journal of International Law* 655.

McKenna,B (2008),"The Union Perspective on Equal Pay",174 *Equal Opportunities Review* 13.

McClaughlin, C (2014), "Equal Pay, Litigation and Reflexive Regulation: th Case of the UK Local Authority Sector", 43*Industrial Law Journal* 1.

Ministry of Justice (2010) *Evaluating the Use of Judicial Mediation in Employment Tribunals* (London, Ministry of Justice Research Series 7/10).

Modood,T (1992),"Cultural Diversity and Racial Discrimination in Employment", in B Hepple and EM Szyszczak (eds.), *Discrimination: The Limits of Law* (London,Mansell) ch 13.

Monaghan, K (2013) *Equality Law*, 2nd edn (Oxford, Oxford

University Press).

Napier, B (2014), "Equal Pay in 2013", 246 *Equal Opportunities Review* 8.

National Equality Panel (2010) *An Anatomy of Economic Inequality—The UK Report of the National Equality Panel* (London, Government Equalities Office).

Newman, D (2012), "Repeal the Law on Equal Pay", 223 *Equal Opportunrities Review* 8.

Nuffield Council on Bioethics (2007) *Public Health: Ethical Issues* (London, NCOB).

O' Cinneide, C (2007), "The Commission for Equality and 236
Human Rights: A New institution for New and Uncertain Times", 36 *Industrial Law Journal* 141.

——(undated) *Taking Equal Opportunities Seriously: The Extension of Positive Duties to Provide Equality* (London, Equality and Diversity Forum).

O' Neill, O (2005), "The Dark Side of Human Rights", 81 *International Affairs* 427.

Parekh, B (chair) (2000) *The Future of Mutli-Ethnic Britain: Report of the Commission on the Future of Multi-Ethnic Britain* (London, Profile).

Political and Economic Planning (1967) *Report on Racial Discrimination* (*London, PEP*).

Race Relations Board (1966 – 7) *First Annual Report* (London, HMSO).

Rawls, J (1971) *A Theory of Justice* (Cambridge, MA, Harvard University Press).

Robens, A (Lord) (1972) Committee on Safety and Health at Work, *Report of the Committee* 1970 – 2, Cmnd 5034 (London, HMSO).

Robinson, J (2003), "Age Equality in Health and Social Care", in S Fredman and S Spencer (eds.), *Age as an Equality Issue* (Oxford, Hart Publishing) 97.

Rose, EJB and associates (1969) *Colour and Citizenship: A Report on British Race Relations* (Oxford, Oxford University Press for Institute of Race Relations).

Rubenstein, M (2007), "What Is the Next Frontier for Discrimination Law?", 166 *Equal Opportunities Reiew* 31.

——(2008) "Sex Discrimination Act (Amendment) Regulations 2008: an EOR Guide", 176 *Equal Opportonities Review* 25.

——(2009a) "The EOR Guide to the Equality Bill: Part I—General Principles", 189 *Equal Opportunities Review* 22.

——(2009b) "The EOR Guide to the Equality Bill: Part 2—Protected Characteristics", 190 *Equal Opportunities Review* 28.

——(2010) "Default Retirement Age to Go", 204 *Equal Opportunities Review* 20.

Sankaran, K (2010), "Towards Inclusion and Diversity: India's Experience with Affirmative Action", in O Dupper and C Garbers (eds.), *Equality in the Workplace* (Cape Town, Juta).

Schiek, D (2005), "Broadening the Scope and the Norms of EU Gender Equality Law: Towards a Multidimensional Conception of Equality Law", 12*Maastricht Journal of European and Comparative Law* 427.

Schuller, T and Watson, D (2009) *Learning through Life: Inquiry into the Future of Lifelong Learning* (Leicester, NIACE).

Sen, A (1992) *Inequality Re-Examined* (Oxford, Clarendon Press).

——(1999) *Development as Freedom* (Oxford, Oxford University Press).

——(2006) *Identity and Violence: The Illusion of Destiny* (London, Allen Lane).

——(2009) *The Idea of Justice* (London, Allen Lane).

Spencer, S and Bynoe, I (1998) *A Human Rights Commission:*

The Options for Great Britain and Northern Ireland (London, IPPR).

Stephen Lawrence Inquiry (1999) *Report of an Inquiry by Sir William MacPherson of Cluny*, Cm 4262 – I (London, HMSO).

Street Report: Street, H, Howe, G and Bindman, G (1967) *Anti-Discrimination Legislation* (London, PEP).

Tawney, RH (1931) *Equality, with an Introduction by Richard M Titmuss* (London, Unwin Books, 1964).

Thane, P (2000) *Old Age in English History* (Oxford University Press).

Tillyard, F (1936) *The Worker and the State*, 2nd edn (Tillcoultry, NCLC Publishing Society).

237 Uccellari, P (2008), "Multiple Discrimination: How Law Can Reflect Reality", 1 *Equal Rights Review* 24.

Webb, S (1926), "Preface" in BL Hutchins and A Harrison, *A History of Factory Legislation*, 3rd edn (London, King and Son).

Wilkinson RG and Pickett K (2009) *The Spirit Level: Why Equal Societies Almost Always Do Better* (London, Allen Lane).

Women and Work Commission (2006) *Shaping a Fairer Future* (London, Women and Work Commission).

——(2009) *Shaping a Fairer Future: A Review of the Recommendation of the Women and Work Commission Three Years On*

(London, Women and Work Commission).

Wedderburn, KW (Lord) (1971) *The Worker and the Law*, 2nd edn, (1986) 3rd edn (Harmondsworth, Penguin).

索　引

（此处页码为原书页码，请按本书边码检索）

Bill of Rights 权利法案

Dignity 尊严

Fairness 公平

Gender 性别

Harassment 骚扰

Marriage and civil partnership 婚姻与民事伴侣

Organisational policy andbehavior 组织政策与行为

Political parties 政党

Positive action 积极行动

Race discrimination 种族歧视

Victimisation 欺凌

Wales 威尔士

译后记

我对平等与非歧视问题的理解,很长一段时间仅限于手头几本教科书的论述,没有进行过深入的思考和研究,以至于每学期在本科生的“劳动与社会保障法课”上讲及平等就业内容时,常感捉襟见肘、力不从心。一个偶然的机会,时任加拿大渥太华大学人权教育与研究中心主任拉玛什教授(Lucie Lamarche)邀请我参加西班牙奥尼亚特国际法社会学研究所于 2013 年 6 月举办的“女性获得社会保障和社会保护的权利”(Women's Rights to Social Security and Social Protection)研讨会。这次研讨会有来自 10 余个国家的 20 余名学者参加,围绕性别平等与社会保障问题进行了两天的高强度讨论,极大地加深了我对平等问题的理解。在这次研讨会上,我结识了牛津大学的桑德拉·弗莱德曼教授(Sandra Fredman),她是英国知名的平等法、劳动法研究专家,她提出的平等的四个维度(变革性维度、认可维度、再分配维度和参与维度),令人颇受启发。会后,她还将研究成果发给我,并对我的论文提出完善建议,令人感动。在对论文进行修改的过程中,我吸收了弗莱德曼教授的建议,试图从前述四个维度来检视社会保障问题,获得了不一样的视角。修改后的论文被收录于与研讨会主题同名的论文集中,[1]这也算是自己对平等问题进行深入理解的初步尝试。

2013 年 9 月,我参加了中国政法大学在吉林举办的"高校教师平等与反歧视培训研讨会",接受了平等与反歧视问题的知识培训,也加深了对中国平等问题的理解和认识。随后,受中国政法大学刘小楠教授的邀请断断续续参加过几届"反歧视年会",有幸聆听很多平等法研究的前辈们的高见,更难得的是,有机会了解残障歧视、性取向歧视的现状,使我受益匪浅。我在其中一次年会上提交的论文后来发表在《山西师大学报》(社会科学版)的"妇女与性别研究"专栏。此外,2014 年,出于对职业健康安全的关注,我翻译了美国《比较劳动法律与政策》期刊刊发的一组有关 8 个国家的反职场欺凌立法规制的文章,由此形成的《职场生态的新观念:职场欺凌的法律规制》由北京大学出版社出版。[2] 这一译著中涉及对有些国家如澳大利亚、美国有关平等立法的介绍,部分程度上也拓展了对平等问题的

---

〔1〕 See chapter 5 Social Protection in China: Is there a gender equality problem? in *Women's Rights to Social Security and Social Protection*, Lucie Larmache and Beth Goldblatt eds, Hart Publishing, 2014.

〔2〕 参见[加]凯瑟琳·励佩娥主编:《职场生态的新观念:职场欺凌的法律规制》,李满奎译,北京大学出版社 2014 年版。

理解。

2014 年的译著出版后,我就一直在物色下一本翻译的著作。为了进一步加深自己对国外平等法理论的理解,我有两本书备选:一本是弗莱德曼教授的《反歧视法》(*Discrimination Law*),[3]另一本是剑桥大学鲍勃·赫普尔教授(Bob Hepple)的《平等法》(*Equality: A Legal Framework*)。[4] 这两本书均是在英国 2010 年《平等法》出台后出版的有关平等法的专著。前者偏重理论,后者偏重对立法的解读和评估,对于理解英国乃至欧盟的平等法理论均颇有裨益。在通过法律出版社联系弗莱德曼教授的著作翻译授权时,我被告知,该书的中文翻译授权已经花落他家;随即又通过法律出版社联系赫普尔教授著作的翻译授权,并如愿获得了授权。

赫普尔教授是英国剑桥大学荣誉退休教授,著作等身,在劳动法、平等法、侵权法以及法律教育等领域均有深入研究。由他牵头对英国平等法律框架存在的弊端和缺陷进行研究,由此形成的《剑桥评估报告》,对完善英国平等法律框架提出诸多完善建议,以这一评估报告为基础形成的法律草案几经波折,最后在英国议会得以通过,即英国 2010 年《平等法》。因此,称赫普尔教授为英国《平等法》的设计师并不为过。该法通过后,赫普尔教授旋即就这一法律出台的历

---

〔3〕 Sandra Fredman, *Discrimination Law* (Clarendon Law Series) 2nd Edition, Oxford University Press, 2011.

〔4〕 Bob Hepple, *Equality: A Legal Framework* (2nd Edition), Hart Publishing, 2014.

史背景以及立法的内容进行评估分析,形成了本书的第1版;在《平等法》通过后,联合政府对平等与人权委员会权力的削减,以及对劳动关系裁判庭程序受理费用的引入,对《平等法》的执行以及救济方式产生了重大的影响,使对本书第1版的修订成为必要。在这一背景下,赫普尔教授于2014年推出了本书第2版,增加了立法后评估的内容。需要提醒的是,英国包括《平等法》在内的法律变动频繁,建议在阅读本书时结合英国的最新立法,以确保相关信息的准确无误。

本书的翻译断断续续花费了1年左右的时间,实际上也只有寒暑假才有时间集中进行翻译。因是兴趣所致,所以也谈不上辛苦。在此,感谢法律出版社法治与经济分社沈小英社长对本书出版的大力支持。感谢法律出版社陈妮编辑协调翻译授权事宜,感谢单洁编辑细致的编校工作,反反复复提出了很多建设性修改建议,对她们的专业和敬业精神表示钦佩。感谢国家人权教育与培训基地——西南政法大学人权研究院院长付子堂教授、执行院长张永和教授欣然同意将译著纳入"中国人权评论译丛"系列丛书,感谢人权研究院科研管理部周力部长为出版工作作出的协调努力。在翻译过程中,就部分术语的翻译我请教了武汉大学法学院张万洪教授和西南政法大学-英国考文垂大学中外合作办学项目的范小强先生(John Fowler),他们给予了我很专业的建议,特此致谢。此外,还要感谢我指导的硕士研究生黄菲、李富成、罗雨琪、罗铭铭,他们认真地校对了译著的初稿,并协助我完成了立法目录、案例目录、索引目录的输入和校对工作。

在我写下这篇文字时,正值新型冠状病毒肺炎疫情肆虐、举国上下齐心抗疫的阶段,近半个月未踏出房门半步,其间不断地刷新新闻网站,迫切地希望看到“拐点”已至的好消息;希望在战“疫”取得胜利后,能够重新审视我国与平等相关的法律制度,确保无论是在平时还是在突发事件发生时,人人都能平等地得到法律的保护。也希望本书的翻译出版能够为我国平等法律制度的完善提供一点微不足道的信息参考。

李满奎

二〇二〇年二月十四日

图书在版编目(CIP)数据

平等法：第二版／(英)鲍勃·赫普尔(Bob Hepple)著；李满奎译. -- 北京：法律出版社，2020

书名原文：Equality：The Legal Framework(Second Edition)

ISBN 978－7－5197－4305－5

Ⅰ. ①平… Ⅱ. ①鲍… ②李… Ⅲ. ①平等－人权法－研究 Ⅳ. ①D912.704

中国版本图书馆 CIP 数据核字(2020)第053933号

平等法(第二版) **PINGDENGFA (DI-ER BAN)**	[英]鲍勃·赫普尔(Bob Hepple) 著 李满奎 译	策划编辑 沈小英 责任编辑 陈 妮 单 洁 装帧设计 李 瞻

出版 法律出版社
总发行 中国法律图书有限公司
经销 新华书店
印刷 中煤(北京)印务有限公司
责任校对 杨锦华
责任印制 吕亚莉

编辑统筹 法治与经济出版分社
开本 A5
印张 16.125
字数 314千
版本 2020年8月第1版
印次 2020年8月第1次印刷

法律出版社／北京市丰台区莲花池西里7号(100073)
网址／www.lawpress.com.cn
投稿邮箱／info@lawpress.com.cn
举报维权邮箱／jbwq@lawpress.com.cn
销售热线／400－660－8393
咨询电话／010－63939796

中国法律图书有限公司／北京市丰台区莲花池西里7号(100073)
全国各地中法图分、子公司销售电话：
统一销售客服／400－660－8393/6393
第一法律书店／010－83938432/8433　西安分公司／029－85330678　重庆分公司／023－67453036
上海分公司／021－62071639/1636　深圳分公司／0755－83072995

书号：ISBN 978－7－5197－4305－5　**定价**：108.00元
(如有缺页或倒装，中国法律图书有限公司负责退换)